BEST SELLER

Manuel Cerdán y **Antonio Rubio** son indudablemente los periodistas estrella del periodismo de investigación. Redactores del diario *El Mundo*, se han encargado de escribir e investigar sobre los casos más controvertidos de la política de los últimos años. Autores de *El caso Interior: GAL, Roldán y fondos reservados* y *El origen del GAL*, publicados en Temas de Hoy.

MANUEL CERDÁN
ANTONIO RUBIO

Lobo

DEBOLSILLO

Diseño de la portada: Departamento de diseño de Random House Mondadori
Fotografía de la portada: © Carlos Miralles

Octava edición en DeBOLS!LLO: abril, 2005

Printed in Spain – Impreso en España

ISBN: 84-9793-079-7
Depósito legal: B. 13.923 - 2005

Fotocomposición: gama, s. l.

Impreso en Novoprint, S. A.
Energia, 53. Sant Andreu de la Barca (Barcelona)

P 830797

A María Victoria, por su ayuda y las horas de ocio que le he robado. A Víctor y Nieves, mis hijos, que quieren ser periodistas

MANUEL CERDÁN

Para Jorge y Álvaro, que ya leen, entienden, preguntan y quieren respuestas

ANTONIO RUBIO

ÍNDICE

A PROPÓSITO DE *LOBO*

El presente libro es el fruto de una larga y ardua investigación sobre un personaje tan singular como es Mikel Lejarza, *Gorka*, *Lobo*, Miguel Ruiz... o como ustedes quieran llamarle. Se da la coincidencia de que nuestra andadura profesional se inicia en 1974, al mismo tiempo que *Lobo* se infiltra en ETA. Es decir, cuando estos dos periodistas empezaban a aporrear las teclas de las Olivetti, Mikel afilaba sus garras para dar el zarpazo a la dirección de los *polimilis*.

Las redadas policiales de Madrid y Barcelona que acabaron con la detención de un numeroso grupo de etarras y el posterior fusilamiento de *Txiki*, fueron vividas con avidez por aquellos incipientes periodistas. Fue el punto de partida de una larga trayectoria profesional. Desde entonces y durante muchos años hemos investigado y escrito sobre los servicios secretos y los grupos terroristas que han actuado en España. Hemos podido comprobar que son dos fenómenos inseparables. Unos no pueden vivir sin los otros. Aunque eso sí, salvando las distancias para evitar confusiones, pues mientras los primeros son servidores del Estado, los terroristas son unos viles asesinos.

Terroristas y espías han ido de la mano durante demasiado tiempo, pero hasta ahora pocos habían entrado en sus vidas, en sus sentimientos, en sus amores, en sus debilidades y sus miedos. Hemos intentado reflejar, a través de Mikel, esos momentos de debilidad y grandeza que han salpicado las vidas de los agentes secretos. Hemos intentado exponer cómo algunos pasaban, de un día a otro, de héroes a villanos.

Todos esos espías forman parte de la transición española y, juntos, han escrito muchas páginas de nuestra historia. También han ocupado numerosas portadas de la prensa. Desde el atentado de Carrero Blanco a la pérdida del poder del PSOE, pasando por la caída de ETA-político-militar, el nacimiento y la muerte de la *guerra sucia*, el atentado contra Antonio Cubillo, la revelación de los «papeles del CESID», las escuchas ilegales al Rey, el «caso Godó» o las guerras de las televisiones privadas, entre otras noticias.

Y en medio de todas esas «guerras» siempre ha estado un personaje, un «topo», una tenia, un transformista, un héroe e incluso un villano. Su nombre es Mikel Lejarza. Su alias en ETA era *Gorka*; su nombre en clave en los servicios secretos, *Lobo*.

Durante meses, hemos mantenido con el protagonista numerosas entrevistas. Podemos decir que Miguel se ha vaciado ante estos dos periodistas. Por ello, debemos agradecerle que haya tenido la confianza de revelarnos numerosos asuntos relacionados con su vida privada y otras muchas interioridades del SECED y de su sucesor, el CESID. La discreción del periodista es sagrada cuando está en juego la vida de muchas personas. De ahí que —y ya lo adelantamos— muchos de los nombres están cambiados o han sido omitidos, así como todo lo referente a los lugares de residencia de sus protagonistas.

Hemos contado con la ayuda inestimable de *Lobo* para realizar este libro, que no obstante no es el libro de *Lobo*, sino el trabajo de dos periodistas que han buceado con total independencia en la vida del «topo» de ETA y han sacado sus propias conclusiones, sin ningún tipo de limitaciones ni sugerencias.

Para reconstruir las operaciones en las que intervino *Lobo* nos hemos entrevistado con decenas de personas. Hemos mantenido dos largos e instructivos encuentros con *Wilson* en Vitoria. También con Unzurrunzaga en su despacho de San Sebastián. Hemos hablado con agentes de los servicios de información que participaron con Mikel en algunas de las acciones, así como con algunos de sus jefes. Todos valoraron el grado de eficacia del infiltrado.

Hemos desempolvado multitud de documentos sobre la *guerra sucia* y los servicios de información de aquella época que estaban olvidados en los archivos del CESID. En Santa Cruz de Tenerife Antonio Cubillo nos confirmó que durante su etapa de Argel fue objetivo de las tramas parapoliciales en varias ocasiones, y así se lo hicieron saber a él los servicios secretos argelinos. Recabamos datos e información de varios colaboradores del Batallón Vasco Español (BVE) y de los GAL, de ex altos cargos del Ministerio del Interior, de la Policía y la Guardia Civil.

Hemos conversado con amigos y enemigos de Mikel. De su etapa de Barcelona hemos obtenido testimonios directos de algunos de los espiados y de sus colaboradores más directos en el caso de las escuchas ilegales.

Asimismo, hemos constatado el odio que todavía sienten contra *Lobo* en el colectivo de refugiados al otro lado de la frontera. Ese grupo de vascos sigue sin olvidar la traición y aprueba que ETA lo mantenga en la lista de sentenciados a muerte. En esos viajes a Francia hemos estado en la cooperativa de Sokoa y en los lugares donde Mikel vivió en Hendaya. También hicimos un recorrido por la ruta de *Lobo* en Euskadi: Bilbao, Galdácano, frontera hispanofrancesa...

Como somos periodistas de investigación, amantes de las pruebas, hemos preparado un anexo con documentos inéditos del CESID que confirman la mayoría de las afirmaciones que se hallan en el libro. Esos documentos ven por primera vez la luz y sirven para explicar cómo han funcionado en España los servicios de información militares.

El historiador y periodista Ryszard Kapuscinski dice que «el periodismo consiste en estudiar la historia en el momento mismo de su desarrollo». Eso es lo que hemos intentado hacer. Nos hemos adentrado en esa historia para reconstruir las vidas de *Lobo*, de ETA y de los servicios secretos españoles, para descubrir así algunos pasajes oscuros de la transición.

Manuel Cerdán y Antonio Rubio

1

OPERACIÓN LOBO. LA CUENTA ATRÁS

En enero de 1974 comienza la cuenta atrás de la *Operación Lobo*, planeada para desmantelar a la ETA que asesinó al almirante Carrero Blanco y colocó una bomba en la cafetería Rolando de Madrid. Los servicios secretos de Presidencia del Gobierno, el SECED,[1] en una brillante operación con la clave «*Lobo*», consiguen desarticular a ETA–político-militar, la facción de la banda terrorista conocida como los *polimilis*.

Un joven vizcaíno, llamado Mikel Lejarza Eguía, tras ser captado por los servicios secretos españoles, logra infiltrarse en las entrañas de ETA en Francia y facilita la detención de todos los generales de los *polimilis*. Dos de sus máximos dirigentes, Múgica Arregui, *Ezkerra*, y Pérez Beotegui, *Wilson*, eran los enemigos públicos número uno de la lucha antiterrorista. ETA, sorteando todos los controles policiales de Madrid, se había atrevido a asesinar al presidente del Gobierno, el almirante Luis Carrero Blanco, el delfín político de Franco.

1. El Servicio Central de Documentación (SECED) es el antecedente del CESID (Centro Superior de Información de la Defensa), que en 2001 se transformó en CNI (Centro Nacional de Inteligencia).

Mikel Lejarza es el protagonista de la *Operación Lobo* y quien, tras lograr la confianza de ETA, propicia después la detención en Madrid y Barcelona de los dos dirigentes y de otros altos mandos de la organización armada. Durante su infiltración, Mikel pasa a ser *Lobo* para el SECED y *Gorka* para ETA.

El cerebro que estudia y planea la captación del joven Mikel es un policía de los servicios secretos, el inspector de primera Emilio S. Mateos. Actúa de reclutador y manipulador. Suyo es ese olfato de sabueso policial que culminaría en una larga y brillante operación antiterrorista.

S. Mateos es un tipo de Zamora, de 1,70 de estatura, fuerte, de carácter seco y con buena presencia. Siempre viste trajes y usa corbata. No tiene aspecto de policía e infunde seguridad. Es a S. Mateos a quien se le ocurre el nombre en clave —*Lobo*—. ¿Y por qué *Lobo*? El propio S. Mateos se lo explica a Mikel tras convencerle de que va a hacer un gran servicio a su país: «Te vas a encontrar en la soledad esteparia y en una dureza de vida... Necesitarás adaptarte al terreno, como hacen los lobos, que luchan por la supervivencia, y al final, cuando tengas rodeada a la presa le darás una voraz dentellada».[2]

Al policía no le falta razón. El ciudadano que se necesita captar es un joven apolítico y sin conocimientos sobre ETA. Nunca ha asistido a ninguna manifestación y no entiende por qué sus compañeros de trabajo brindaron con cava la muerte de Carrero Blanco. Para él, ese suceso histórico había pasado inadvertido.

2. Confesión realizada a la periodista Pilar Urbano en el libro *Yo entré en el Cesid*. S. Mateos aparece en ese trabajo periodístico con el seudónimo de Carlos Corzo.

Mikel cae en los brazos del SECED de carambola. La historia de ese joven vasco, convertido en el «topo» que más daño ha infligido a ETA, comienza a mediados de 1970, cuando Lejarza ha cumplido los veintidós años.

A pocos kilómetros de Galdácano, el pueblo vizcaíno donde vive Mikel, actúa con mano de hierro el comisario José Sainz, el policía que más sabe de ETA. Sainz, a quien se conoce popularmente con el sobrenombre de *Pepe el Gordo*, ya ha adelantado al director general de la Seguridad, el coronel Eduardo Blanco, varios informes en los que muestra su temor por el arraigo que está adquiriendo la organización terrorista entre los jóvenes vascos.

Según el comisario, «ETA es un auténtico problema y hay que buscar verdaderas soluciones porque el sentimiento separatista está calando entre los más jóvenes y en los colegios religiosos, sociedades juveniles e infantiles, *ikastolas* y demás centros de enseñanzas. Existen profesores y el ambiente adecuado para que aprendan a odiar a España... a la que se presenta como opresora de Euskadi».[3]

Después de esos informes, el Gobierno decide nombrar, en agosto de 1970, a Sainz como jefe superior de Policía de Bilbao. Tras su nombramiento, la primera circular que *Pepe el Gordo* distribuye entre sus hombres es que capten «colaboradores» que proporcionen información sobre los movimientos de los jóvenes etarras.

Los policías, en su búsqueda, llegan hasta un guardia jurado llamado Canuto Eguía, que poco después presenta a los

3. José Sainz, *Testimonios de un policía español*, 1993, p. 178. El libro fue editado por los familiares del comisario.

inspectores de la Jefatura Superior de Bilbao a su sobrino Mikel Lejarza Eguía, todavía sin garras de lobo.

Mikel, católico practicante, amante del teatro y asiduo asistente a las reuniones del club parroquial de Galdácano, está a punto de cumplir los veintidós años (su cumpleaños es en octubre), y tiene muchas inquietudes. Viaja con asiduidad al sur de Francia, hace excursiones por las montañas del País Vasco y busca nuevos aires. Se da la circunstancia de que Mikel es un amante de los libros de aventura y, gracias a las amistades de su tío materno, se verá envuelto en una rocambolesca «aventura» en la que él es el protagonista principal.

Lobo sólo es un cachorro

En 1970 se confirma definitivamente que ETA representa un gran problema para el régimen de Franco. La organización terrorista vasca lleva a cabo su primer secuestro en la persona de Eugene Beihl, cónsul de la República Federal de Alemania en San Sebastián.

El secuestro se ejecuta el 1 de diciembre y sirve, según ETA, para protestar por el proceso de Burgos. En la capital castellana un tribunal militar juzga a dieciséis presuntos etarras, de los cuales seis son condenados a muerte y el resto a penas superiores a los quinientos años de cárcel. Esta sentencia provoca multitud de manifestaciones dentro y fuera de España y el Gobierno decreta suspender, una vez más, el artículo 18 del Fuero de los Españoles.

Además, el régimen franquista recibe otra bofetada de los independentistas vascos: durante la inauguración de los sextos campeonatos del mundo de pelota, que preside Francisco Franco y que se celebran en el frontón Anoeta de San Sebastián, un joven vasco, Joseba Elósegui, se lanza hacia la cancha envuelto en llamas. Elósegui, a pesar de las quemaduras, logra salvar la vida.

A consecuencia del proceso de Burgos la actitud del pueblo vasco se radicaliza y Mikel es testigo directo de cómo sus compañeros y amigos se echan a la calle y reclaman libertad para los procesados, a pesar del riesgo que eso supone en aquellos momentos de tensión y control policial.

«Se manifiestan, se escuchan canciones a favor de los presos y ése es el tema monocorde de conversación en todos los bares de los pueblos. La gente dice que si el Gobierno fusila a los compañeros del proceso de Burgos[4] se va a liar una buena y que Franco no podrá aguantar las críticas y presiones de otros países.»

Mikel comenta con su tío Canuto cuál es el espíritu de la mayoría de los jóvenes de su entorno y el ambiente que se respira en el pueblo. Lejarza, un joven espabilado, ya conoce lo que es ETA, quiénes son los amigos del pueblo que militan en ella y quiénes simpatizan con el movimiento separatista. Pero él se mantiene al margen. En ningún momento se involucra con algunos compañeros del club juvenil de la parroquia que se trasladan a Bilbao para tomar parte en las manifestaciones y las carreras callejeras contra los *grises*.[5]

4. Los condenados en el proceso de Burgos son: Jesús Abrisqueta, Víctor Arana, Enrique Gesalaga, Gregorio López Irasuegui, Antón Carrera, Jone Dorronsoro, Arantza Arruti, Itziar Aizpurua y los sacerdotes Jon Etxabe y Julen Calzada. Más Javier Larena, Jokin Gorostidi, Teo Uriarte, José Dorronsoro y Mario Onaindía.

5. Término que se utilizaba en aquellos años para referirse a la policía, también conocida como Policía Armada, porque sus agentes vestían un uniforme de color gris.

Como consecuencia de esas manifestaciones y revueltas, los amigos y conocidos de Mikel van cayendo y comienzan a engrosar las listas de detenidos. Lejarza se mueve en un mar de dudas.

El comandante Andrés Cassinello, que ya se ha convertido en el hombre fuerte de los servicios secretos de José Ignacio San Martín, el jefe de la Organización Nacional Contrasubversiva (ONC),[6] idea un plan para que Franco pueda conmutar las penas de muerte que se han decretado en el proceso de Burgos, quede bien ante la opinión internacional y su imagen no se deteriore internamente. Cassinello convence a la madre de Izco de la Iglesia, uno de los condenados, de que escriba una carta al Caudillo para solicitar la gracia de su hijo y recordarle que es viuda de un antiguo excombatiente requeté.

La carta surte efecto y el Generalísimo, en un acto presentado como de buena cristiandad, concede el derecho de gracia para Izco de la Iglesia y los otros cinco condenados: Javier Larena, Jokin Gorostidi, Teo Uriarte, José Dorronsoro y Mario Onaindía.[7]

6. En septiembre de 1968 Francisco Franco encarga al ministro de Educación Villar Palasí que organice un servicio de información para contrarrestar los movimientos estudiantiles en la universidad y para frenar las influencias del Mayo del 68 francés. Entonces se crea la ONC y el primer jefe es el comandante de artillería José Ignacio San Martín. En marzo de 1972, la ONC se transforma en el SECED (Servicio Central de Documentación), que primero depende del Ministerio de la Gobernación (actual Interior) y después de Presidencia del Gobierno, a las órdenes directas de Carrero Blanco.

7. Onaindía, que fue «extrañado» en 1977 y llegó a ser diputado vasco por Euskadiko Ezkerra y senador por el Partido Socialista de Euskadi-EE, escribió en el año 2001 un libro de memorias, *El precio de la libertad,* donde recuerda algunos de los momentos que vivió durante el proceso de Burgos y, especialmente, cuando se enteró de que el tribunal militar que lo iba a juzgar había pedido la pena de muerte para él y cinco compañeros más: «La primera sensación que se apoderó

En 1971 Mikel Lejarza, que está en el segundo curso de arte y decoración en la academia Leonardo da Vinci de Bilbao, en un baile de la parroquia y al son del «Submarino Amarillo» de los Beatles, conoce a una chica de su misma edad. Se llama Loli Arce Murga.

Las relaciones entre Mikel y Loli se estrechan y un día la chica comunica al joven que va a ser padre. La boda se celebra de «penalti», como se define en aquella época a las mujeres que iban al altar encinta, en septiembre de 1971. Y en abril de 1972 nace el niño, el primer hijo de Mikel Lejarza.[8]

Tras la boda, la convivencia entre Mikel y Loli se hace insoportable, incluso antes de que nazca el niño. Los enfrentamientos y reproches son algo habitual, y Loli, en un momento de acaloramiento, se sincera y confiesa a Mikel que el hijo que espera es de otro hombre.

—Eres un imbécil, siempre te he puesto los cuernos y tú no te has enterado. Me casé contigo porque ya estaba embarazada y necesitaba un tonto útil que cargara con el niño. Ya te has enterado. ¿Y ahora qué?

Mikel se limita a responder a su mujer de la mejor forma posible.

—Hacía tiempo que lo sospechaba. Mis amigos ya me avisaron de que te lo habías «montado» con mucha gente,

---

de mí era un sentimiento confuso dominado por la sospecha de que había terminado una fase importante de nuestra vida y no teníamos la más remota idea de cómo iba a proseguir. A veces me sobresaltaba el estremecimiento de tener que afrontar una muerte segura que nos aguardaba sin haber vivido realmente, sin haber conocido el amor ni haber hecho ninguna de las cosas que me habría gustado: conocer países, estudiar, leer, investigar, etc.» (p. 445).

8. En la actualidad Mikel está casado en segundas nupcias y tiene cuatro hijos: dos de cada matrimonio.

pero nunca lo creí, hasta que un día te pillé dándote el «lote» con un tío en las fiestas de San Vicente de la Barquera. Desde aquel día supe que los comentarios de mis amigos eran verdad, pero tuve la desgracia de enamorarme de ti y de quererte.

Loli no calla y las observaciones de Mikel la envalentonan mucho más.

—Sí, sí, con todo el que podía y tú no te enterabas. Tanto estudio, tanta decoración, tanto teatro y tanta leche. Ahora ya sabes el papel que has interpretado en esta función: la de cornudo.

La mujer de Mikel intenta echarle en cara las muchas horas que ha perdido mientras él se dedicaba a ensayar y formaba parte del cuadro de actores del club parroquial. Lejarza es un gran aficionado al teatro y antes de casarse con Loli encarnó el papel de Mersault, el protagonista de *El extranjero* de Albert Camus. La obra, que se iba a representar en Galdácano, no llegó a estrenarse porque la Guardia Civil, por órdenes superiores, intervino y suspendió la función.

La última maledicencia de Loli hace diana en Mikel, que abandona la casa dando un portazo y sin mirar hacia atrás. Tras la bronca matrimonial, Mikel se echa la manta a la cabeza: deja definitivamente a su mujer, pide la liquidación en su trabajo de auxiliar administrativo en la empresa Omarzabal y Compañía, abandona sus estudios de arte y decoración y monta una pequeña empresa de interiorismo.

Mikel se dedica entonces a reformar bares, cafeterías, tiendas, casas y todo lo que sale. Para llevar a cabo su proyecto empresarial, recurre a un amigo de su pueblo natal, Villaro, que se llama Miguel Antonio Iturbe Totorika y que acaba de salir de la cárcel de León, donde ha estado cumpliendo pena por sus vinculaciones con ETA.

Mientras Mikel entabla contactos y amistades en los círculos pro etarras, su tío Canuto, que tiene auténtica devoción por el sobrino, no deja de hablar maravillas de él a los hombres de *Pepe el Gordo*. Destaca de él su condición de persona seria, honesta, perseverante, patriota y buen conocedor de los simpatizantes de ETA. Mikel se deja querer cuando su tío le regala los oídos y le detalla las atenciones que tienen con él sus amigos los polis.

Con el paso del tiempo, ETA se convierte en un problema de índole nacional para el franquismo. El número de simpatizantes de la causa etarra alcanza la cifra de diez mil y otros cinco mil están dispuestos a cualquier cosa, incluso a empuñar las pistolas.[9] Los servicios secretos, que en marzo de 1972 ya forman parte del SECED y cuentan con el apoyo total del almirante Carrero Blanco, deciden enviar a Bilbao a varios oficiales para organizar una red de informadores y apoyar a la Policía y a la Guardia Civil en la lucha contra ETA.

Esos oficiales antiterroristas disponen de una nueva e importante partida económica, que con el tiempo será conocida como «fondos reservados», que va a ser destinada para comprar información sobre ETA. Los agentes de los servicios secretos tienen la orden de no escatimar gastos en la obtención de información.

9. Según un informe interno de ETA de aquella época al que han tenido acceso los autores.

El apoyo del tío Canuto

Lleno de dudas, Mikel comienza a visitar a su tío Canuto con más asiduidad manteniendo con él largas conversaciones sobre el ambiente que se respira en el País Vasco y sobre lo que piensan sus amigos más directos. Mikel le confiesa:

—Mis compañeros sueñan con convertirse en militantes de ETA, héroes del pueblo, héroes de sus chicas. Sueñan con tener una pistola en el cinto, con romper su monotonía en el pueblo y con que un día el País Vasco sea independiente.

El tío Canuto, que ha vivido la guerra civil y la posguerra, sabe que comienzan a correr malos vientos y que esta situación no es buena para España.

—Mira, Mikel. Si esto continúa así, no va acabar bien. Cada día hay más muertos, más secuestros, más desórdenes y, al final, terminaremos con otro enfrentamiento civil. Mis amigos —se refiere a la Policía— me han dicho que el Gobierno no va a ceder a ninguna presión y que la integridad de España está por encima de todo. Así que a partir de ahora va a haber «mano dura».

Las premoniciones del viejo Canuto Eguía se confirman y 1972 se convierte en el año del terrorismo internacional y nacional. El 5 de septiembre, un grupo de terroristas palestinos, perteneciente a Septiembre Negro, consigue entrar en la Villa Olímpica de Munich y asesina a once deportistas israelíes. La policía alemana, que repele el ataque, mata a cinco palestinos y apresa a otros tres.

Y en España, tras el proceso de Burgos, ETA reaparece con más fuerza: secuestra al empresario Lorenzo Zabala, se enfrenta en diversos tiroteos con la policía, comete varios atracos a entidades bancarias para recaudar fondos y coloca bombas en organismos oficiales.

Mientras tanto, la salud del Generalísimo comienza a flaquear. Ha cumplido ochenta años y durante el desfile de la Victoria se ve en la necesidad de utilizar un bastón silla de caza para soportar la parada militar.

Pero a Franco le sigue quitando el sueño la actividad de los independentistas vascos. Incluso llega a reconocer en un Consejo de Ministros: «La lucha contra ETA va a durar, se ha hecho crónica».

El almirante Carrero Blanco toma nota de lo tratado y comentado por Franco en ese Consejo de Ministros y ordena al comandante San Martín que incremente la nómina de colaboradores y espías del SECED.[10]

De repente, a Mikel se le presenta una serie de problemas en sus negocios y acumula una deuda de cerca de un millón de pesetas de la época. Lejarza confía en un amigo de su pueblo que le vende una fórmula mágica para traer vehículos desde Canarias e invierte todo su dinero en el supuesto negocio, que acaba en estafa.

Mikel es engañado por su amigo de la infancia, que se queda con todo el dinero y le da largas cuando se lo reclama. Lejarza tiene que afrontar solo el crédito que ha pedido a un

10. En 1972 el número de miembros o funcionarios del SECED era de doscientos, más cinco mil colaboradores, de los cuales dos mil eran directos. Hasta ese momento, entrar en los servicios secretos es relativamente fácil. La primera exigencia y casi única consiste en pensar como ellos: «No existía más requisito para la selección que la idoneidad estimada por el SECED y la superación de unos cursos y etapas de formación». (Documento interno del CESID sobre «La información en España: 1939-1997», cap. II, p. 4.)

banco de la zona y busca desesperadamente nuevos caminos y amigos para solucionar su problema económico.

Mientras Mikel se debate en encontrar el modo de salir del atolladero, en Madrid y Bilbao los jefes de la lucha antiterrorista deciden que hay que pasar a la acción y comenzar a introducirse en los ambientes etarras. La consigna es: «Hay que introducir topos en ETA cueste lo que cueste».

El jefe de los servicios secretos, el comandante San Martín, dispone de un amplio presupuesto para hacer realidad la consigna y comienza a untar económicamente a los confidentes, que ya han caído en sus redes, y a ofrecer sustanciosas cantidades a aquellos que todavía se lo están pensando. Los hombres del comisario Sainz advierten que esta nueva forma de trabajar, con dinero en mano, sirve para abrir muchas puertas y visitan de nuevo al guardia jurado Canuto Eguía, el tío de Mikel Lejarza.

Por fin, el inspector Juan Antonio Linares, el hombre de confianza del comisario Sainz, conoce personalmente al sobrino de Canuto. Juan Antonio y Mikel congenian de inmediato, hacen buenas migas y comienzan a verse con cierta asiduidad. Primero, en Bilbao, y más tarde en las afueras de la capital vizcaína, donde pueden hablar con más tranquilidad.

Linares comienza a poner los cimientos de lo que será una gran amistad. El policía incluso llega a convertirse en el confidente que Mikel necesita para descargar sus problemas personales, familiares y económicos.

Las ideas y reflexiones de Lejarza son cada día más claras:

«Hay que acabar con esa idea del pueblo vasco de que las Fuerzas de Seguridad son fuerzas de ocupación y de que un sector de gente se siente como los partisanos durante la Segunda Guerra Mundial.»

Mikel va aún más lejos en sus pensamientos:

«Es indudable que ETA ha conseguido su propósito: que Euskadi odie a los militares, a la policía y a la Guardia Civil. Ahora ETA necesita víctimas para que ese odio no decaiga y vaya en aumento. Por eso, la lucha antiterrorista debe ser más inteligente y efectiva.»

Juan Antonio Linares se siente satisfecho porque intuye que Mikel está a un solo paso de convertirse en uno de sus colaboradores y traslada sus impresiones a su jefe, *Pepe el Gordo*:

«Estamos en el buen camino, y además es un tío serio que sabe lo que quiere. Miguel puede ser nuestro hombre dentro de ETA, aunque para ello hay que trabajar mucho y sin prisa. Eso deben tenerlo claro en Madrid, hay que ir sin prisa.»

José Sainz, el policía con mayores conocimientos sobre la organización terrorista vasca, está de acuerdo con los planteamientos de su subordinado y traslada esa misma impresión a la dirección del SECED en Madrid.

San Martín y su equipo reciben con satisfacción las noticias que llegan desde Bilbao. En Madrid comienzan a soñar con que algún día el SECED también pueda emular a los servicios secretos alemanes, que acaban de detener a parte de la banda Baader-Meinhof o Ejército Rojo en Frankfurt.

El éxito de los alemanes ha sido propiciado por un «topo» que sus servicios de inteligencia introdujeron en la banda, facilitando incluso la detención del dirigente Andreas Baader. Además, la policía germana mantiene que con esos arrestos se ha descubierto la relación de la banda alemana con otros grupos terroristas extranjeros.

La ascensión de Carrero Blanco

Sin embargo, en España los resultados no acompañan como en Alemania. Mikel sigue en contacto con sus nuevos amigos, los policías de Bilbao y, poco a poco, comienza a prestar más interés por el entorno de ETA de su pueblo, en los ambientes pro etarras. Pero en diciembre de 1973 se produce un suceso que desencadenará graves consecuencias: ETA asesina en Madrid a Carrero Blanco, el mismísimo delfín de Franco.

El 20 de diciembre, un comando de la organización terrorista coloca bajo la calle Claudio Coello, a la altura del número 104, una trampa mortal con una fuerte carga de goma-2. Es la primera vez que los terroristas usan este explosivo demoledor, compuesto en su mayor parte por nitroglicerina, nitrocelulosa y nitrato amónico, a sabiendas de que sus efectos serán devastadores.

Carrero ha oído misa en la iglesia de San Francisco de Borja y se dirige a su despacho en Castellana, 5, con una pequeña escala en su domicilio de Hermanos Bécquer, 6, donde suele desayunar todos los días. La carga explosiva estalla a las 9.28 horas al paso del vehículo, un Dodge Dart modelo 3700, de color negro y con matrícula del Parque Móvil Ministerios (PMM), en el que va el almirante. La potencia de la explosión provoca un socavón de ocho metros y medio de diámetro y tres de profundidad, la onda expansiva lanza el vehículo hasta la azotea de la iglesia. Se puede decir que literalmente Carrero vuela por los aires.

El almirante y presidente del Gobierno había visto días antes con su esposa, Carmen Pichot, en un cine de la Gran Vía madrileña la película *Chacal*, basada en la novela de Frederick Forsyth. En ella se narra la historia de un atentado frustrado contra el presidente francés Charles de Gaulle por parte de un asesino a sueldo contratado por la OAS.[11]

El comando que ejecuta la acción contra Carrero Blanco está formado por los militantes más carismáticos de la banda: José Ignacio Abaitua Gameza, *Marquín*; Javier María Larreategui Cuadra, *Atxulo*;[12] José Miguel Beñarán Ordeñana *Argala*;[13] José Antonio Urrutikoetxea Bengoetxea, *Josu Ternera*;[14] Pedro Ignacio Pérez Beotegui, *Wilson*, y Juan Bautista Eizaguirre Santisteban, *Zigor*.

Tras la muerte de Carrero Blanco, se produce una serie de cambios en el Gobierno. Francisco Franco nombra presidente a Carlos Arias Navarro, que a su vez designa en enero de 1974 a Juan Valverde nuevo director del SECED. De esta forma, San Martín, el hombre de confianza de Carrero Blanco, es apartado de los servicios secretos.

El comandante Valverde, el nuevo jefe de los agentes de Presidencia, recupera para el servicio a Andrés Cassinello, que un año antes había abandonado el Servicio Central de Documentación por sus fuertes diferencias con San Martín.

La muerte de Carrero, el progenitor del SECED, precipita el plan de infiltración en ETA del todavía inexperto Mikel

11. Siglas de la Organisation Armée Secrète, grupo clandestino francés formado por antiguos residentes en Argelia que se oponía a su entrega. Tras la independencia argelina en 1962, llevó a cabo una serie de atentados en Francia contra el régimen de De Gaulle, a quien responsabilizaban de la pérdida de la colonia.

12. Fue detenido en Francia en 2002 y entregado a la justicia española.

13. Fue asesinado en Angles (Francia), el 20 de diciembre de 1978, por un comando del Batallón Vasco Español. Sus asesinos hicieron coincidir la fecha del atentado con el quinto aniversario de la muerte de Carrero Blanco.

14. *Josu Ternera* sufrió también varios atentados del Batallón Vasco Español, pero nunca resultó malherido.

Lejarza. Los servicios no tienen tiempo de instruir a ninguno de sus agentes y se apresuran a buscar a un joven vasco que reúna la tipología necesaria para introducirse en la banda terrorista.

Y es en el mismo mes de enero de 1974 cuando el agente S. Mateos, siguiendo instrucciones de sus nuevos jefes de Madrid, aterriza en Bilbao para entrevistarse con Mikel Lejarza, a quien ya ha bautizado como «*Lobo*».

El agente del SECED tiene experiencia en la lucha antiterrorista y es uno de los hombres de confianza de Agustín Tejedor, el jefe de operaciones especiales de los servicios secretos. Sus destinos siempre han estado en el sur de Francia. Le gusta hablar de los tiempos en que recorría la zona de Biarritz conduciendo un pequeño camión desde el que lanzaba propaganda contra ETA. Es uno de los agentes que, junto con el comisario Sainz de Bilbao, mejor conoce al grupo terrorista. Además, es un experto en organizaciones paralelas y *guerra sucia*.

S. Mateos, un policía adscrito a los servicios secretos de Presidencia del Gobierno, sabe que sólo es posible combatir a ETA infiltrando gente astuta en su seno. Sólo se le puede hacer daño desde dentro. Y para ello los servicios necesitan savia nueva, gente de refresco que no levante sospechas en la organización. Sus agentes están quemados y sería una osadía pretender introducir a un guardia civil o un policía. Ya han tenido el ejemplo del guardia Miguel Pastrana,[15] que ha logrado sentarse en la misma mesa de Domingo Iturbe, *Txomin*, uno de los dirigentes de ETA, pero no pueden abusar tanto de la bue-

15. El guardia civil Pastrana, miembro del GOSSI del instituto armado, puede ser considerado como el primer «topo» policial que se infiltró en la banda terrorista a principios de los setenta.

na estrella. Necesitan, pues, un topo vasco, de su pueblo, de su propia gente, que hable euskera y piense como ellos.

S. Mateos no tiene la fórmula mágica, pero sí a un amigo en la Jefatura Superior de Policía de Bilbao con quien ha trabajado, que puede echarle una mano y aconsejarle algún nombre. Se llama Francisco Gómez, un experto en organizaciones de tendencia marxista-leninista, pero todos se dirigen a él con el sobrenombre de *Koldo*. Éste, a su vez, es gran amigo del policía Linares, el auténtico puente con Mikel Lejarza. Y en enero de 1974 S. Mateos se encuentra cara a cara con Mikel, con su *Lobo*.

La cita se produce en una cafetería del parque de Doña Catalina de Bilbao, en una de esas noches frías del invierno vizcaíno. Llueve y hace bastante frío. Lejarza está informado del objeto de la entrevista y se presenta al agente del SECED con un espíritu de entrega. Le repite machaconamente que conoce los riesgos a los que se enfrenta, pero que él quiere contribuir al final de «esos asesinos de ETA».

S. Mateos se sorprende por el ímpetu de aquel joven de veintiséis años, pero también comprueba que está un tanto verde sobre el funcionamiento de la banda armada y de la situación política en España. Sólo conoce detalles de vecinos de su pueblo. El agente duda de la valía de Lejarza pero, como si quisiera convencerse, reflexiona: «Mejor. Así no está contaminado. Ya cogerá vuelo».

El espía acude al encuentro con una pequeña chuleta aprendida de memoria sobre la personalidad de Mikel. Ya le han puesto en antecedentes pero, como viejo zorro que es, somete al joven a un duro interrogatorio. Así podrá corroborar los datos que le han facilitado: «Decorador. Nacido en Villaro en octubre de 1947 y residente en Galdácano, donde vive con sus padres. Estudios en los maristas y colaborador de la parroquia de su pueblo, donde participa en obras de teatro. Con problemas económicos. Habla euskera. Separado. Católico practicante. Y muy decidido».

S. Mateos comprueba, uno a uno, los datos anotados en la ficha de Lejarza y se asegura de que no hay errores. Es un modelo de «topo»: joven, valiente, actor, *euzkaldun*, sin compromisos políticos y fiel servidor de su patria. «¿Qué más se le puede pedir a un joven inexperto?», se pregunta el policía.

«Ya eres mío. Serás mi *Lobo* y apresarás con tus fauces a esa pandilla de hijos de puta.»

S. Mateos quiere atarlo en corto y no espera a una futura entrevista.

«Mira, Miguel,[16] te vamos a pedir el servicio que ya te habrán adelantado *Koldo* y Linares.[17] Sabemos que eres un patriota, pero no vas a jugarte la vida ni a trabajar por amor al arte. Tendrás unos honorarios. Estamos dispuestos a pagarte cinco mil duros al mes y otros mil para tus gastos. El dinero te será ingresado todos los meses en la cuenta que tú nos indiques. Ni tus padres ni nadie deben saber lo que tenemos entre manos. Jugamos con fuego. Cualquier filtración puede poner en peligro tu vida y la de todos los agentes que hagan de enlace contigo en Francia.»

Mikel asiente con la cabeza y le pide unos días para meditar la oferta. Pero antes de entrar en detalles le dice a bote pronto:

16. El agente del SECED siempre se dirige a él por el nombre Miguel. Se resiste a aceptar el nombre en vasco.

17. Son los dos policías destinados en Bilbao que presentan a Mikel a los jefes del SECED como la persona idónea para infiltrarse.

«No necesito pensarlo mucho. Pero sí quiero poner una condición: no voy a trabajar con la Guardia Civil ni con la Policía».

Aunque Mikel es un joven inquieto, también es una persona cerebral. El corazón le palpita con fuerza y le pide guerra, pero su mente le aconseja frialdad: «Mikel, una vez que el tren pasa tan cerca de tu vida no lo dejes escapar», se convence a sí mismo.

2

EL LOBO AFILA SUS UÑAS

De decorador a espía

Mikel, tras la conversación con los agentes del SECED, desconoce que antes de él otros dos jóvenes se han infiltrado en ETA. Han interpretado el papel de «topo» con resultados diferentes. El primero es guardia civil y se llama Miguel Pastrana; el segundo, un joven militante de la organización armada, conocido por el alias de *Cocoliso*,[1] quien se pasó de ETA al bando policial. Los dos consiguieron infiltrarse en ETA y obtuvieron resultados dispares.

El guardia Pastrana llegó hasta el magma de la organización y se sentó más de una vez en la mesa con el histórico *Txomin*[2] y con Javier Aya Zulaica. Además, no necesitó ocultar su

1. Su verdadero nombre es Jesús Arrondo Martín. Falleció en un extraño accidente de circulación el 20 de octubre de 1989 y estuvo implicado en el reparto del botín del *Dioni*, el guarda jurado que se llevó de un furgón unas sacas con cientos de millones. Estaba retirado de la lucha antiterrorista y acababa de montar un negocio en Málaga.

2. Domingo Iturbe Abasolo. Máximo dirigente de ETA que negoció en Argel con el Gobierno de Felipe González el final de la violencia. En 1985 fallece en un accidente doméstico mientras pintaba una de las casas de un poblado de ETA en el país magrebí, aunque las autoridades argelinas lo presentaron como un accidente de circulación.

condición de guardia civil porque se presentó a la organización como un renegado de la Benemérita que estaba en contra de la situación política española. Tuvo que soportar un duro interrogatorio de ETA, pero logró engañar a sus dirigentes.

El segundo «topo», *Cocoliso*, se aproximaba más al perfil de *Lobo*. Gracias a su buen nivel de información, en una ocasión la Guardia Civil esperó en la playa de Fuenterrabía a los terroristas Méndez y Mondragón, que pretendían infiltrarse en el País Vasco, y los acribilló a sangre fría con fuego de ametralladoras. La acción se producía en mayo de 1974.

En dos días, Lejarza, ya rebautizado por el SECED como *Lobo*, tiene una respuesta, y qué respuesta:

«Quiero tener la categoría de inspector de policía cuando acabe todo esto, un seguro para mi familia por si me pasa algo y todo por escrito, nada de promesas. Sobre el dinero no tengo nada que decir. Pero que quede claro que no lo hago por dinero. Uno no se juega la vida sólo por dinero.»

No hay ninguna objeción y Mikel, sin pasar por ninguna academia, se convierte en subinspector de policía, con el visto bueno del SECED. Para ello le hacen firmar un documento en la Jefatura Superior de Policía de Bilbao. (Un documento del que jamás volvería a tener noticias.) Se convertía en un agente un tanto atípico, pues la policía nunca sería informada del nuevo fichaje ni el SECED le revelaría el plan que tramaba para combatir a ETA desde sus mismas entrañas.

Para percibir los emolumentos de espía, Mikel les facilita un número de cuenta de una caja de ahorros vasca, pero les comenta que prefiere cobrar en metálico. De ahí que la mayoría de los meses reciba un sobre con el dinero pactado.

Mikel y S. Mateos pronto se entienden y forman un dúo letal. ETA puede echar a temblar. La operación ya no tiene vuelta atrás. *Lobo* camina en solitario hacia la estepa del sur de Francia y busca la mejor manera de infiltrarse sin levantar sospechas. En Bilbao no existe ninguna oficina de reclutamiento para ingresar en la banda ni la dirección etarra se fía del primero que llama a su puerta. Mikel sabe que le espera una ardua tarea de aproximación y que no debe desfallecer al primer intento.

Con Mikel sigue trabajando en el sector de la decoración un tal Iturbe Totorika.[3] Ambos suelen tomar vinos en las tabernas concurridas por simpatizantes de ETA. Es la primera vez que pisa los bares de los etarras. Incluso se decide a acompañar a Iturbe a la prisión de Segovia donde está recluido el hermano de éste.

Ha sido instruido para no dar saltos bruscos. Debe aprovechar lo poco que tiene. Iturbe, por tanto, es su primera y única vía para introducirse en ETA. Mikel inventa una historia para engatusar a su amigo etarra y utiliza como pantalla el mundo de la decoración.

Ésa había sido siempre la gran vocación de Mikel. Hasta el punto de que durante un tiempo compaginó su trabajo de auxiliar administrativo en la empresa Omarzabal y Compañía de Lemona con los estudios de arte y decoración en la academia Leonardo da Vinci de Bilbao. Por las mañanas, Mikel aporreaba la máquina de escribir y hacía albaranes en la empresa eléctrica que suministraba componentes electrónicos a Iberduero, mientras que por la tarde estudiaba en Bilbao.

3. Trabajaba para Mikel en la empresa de decoración. Su hermano lograría después huir de la cárcel de Segovia en una fuga masiva de militantes de ETA.

Cuando Mikel, que había superado el bachillerato a duras penas, se matriculó en enero de 1969 en la academia Leonardo da Vinci de Bilbao, tenía veintiún años y era un inexperto en asuntos políticos.

Pero Lejarza nunca llegó a terminar sus estudios de decoración y un día, aprovechando sus dotes de actor aficionado, le vende a Iturbe que quiere acabar sus estudios.

—Necesito el título de decoración, pues en Madrid ya me han suspendido una vez. Tengo que matricularme en Burdeos en la escuela de Bellas Artes. ¿Conoces a alguien en la zona que pueda echarme una mano? Necesito un sitio donde quedarme.

—No te preocupes, Mikel. Yo te mando allí y *Argala*, que es un experto, te falsifica los documentos en menos que canta un gallo. No necesitas ni título ni nada. Hacen verdaderas maravillas.

Iturbe comenta a Mikel que tiene a un amigo en Dax, a quien llaman *El Rubio*, que controla una comuna de ETA y que puede quedarse en su casa. Dax es una pequeña ciudad que se alza a orillas del río Adour, en la región de Las Landas. Está a más de doscientos kilómetros de Burdeos, pero a Mikel le sirve la oferta. Para no levantar suspicacias, comenta a Iturbe que acepta esa solución porque él no piensa ir a clase. Sólo quiere obtener el título. La posibilidad de vivir en Dax facilita a Mikel la oportunidad de estar más cerca de Bayona, Biarritz, San Juan de Luz o Hendaya, donde residen los etarras.

Mientras el infiltrado se esfuerza por introducir su hocico de lobo dentro de ETA, mantiene contactos periódicos con los agentes de la policía y del SECED. Acuerdan reunirse un par de veces por semana. Generalmente, quien acude a la cita es S. Mateos.

En tales citas Mikel incluso tiene la oportunidad de conocer a un comandante del servicio de información, Manuel de la Pascua,[4] que se presenta con la identidad falsa de Miguel Cabelles. De la Pascua es un agente con mucho prestigio dentro de los servicios secretos y en aquellos días ostenta el cargo de jefe del SECED en Bilbao, aunque la delegación bilbaína depende de la central de Vitoria, dirigida por Ugarte. Tiempo después De la Pascua será sustituido en su tarea por el también comandante Andrés Cassinello.

Las oficinas del SECED en Bilbao están ubicadas en un edificio próximo al Gobierno Civil, detrás de la plaza de Moyúa. Además, disponen de otro piso para contactos cerca de la plaza de toros. Los agentes destinados a la sección bilbaína son unos quince: el capitán Zapico R. Menéndez (un capitán de zapadores), Paco Huerga (un guardia civil operativo), Alfonso Rojo (técnico en inteligencia), Somoza (un capitán de la Policía Armada), el capitán Somontes,[5] el guardia Belisario Ratón y un policía armada figuran entre ellos. *Lobo* visita esas dependencias en más de una ocasión. Él los conoce a todos, pero los agentes de Bilbao sólo tienen una referencia física del joven Mikel. Únicamente S. Mateos y De la Pascua están al tanto de su verdadera identidad y su cometido.

4. Tras la *Operación Lobo*, fue destinado por el SECED a la embajada de España en París. Después se retiró de la policía y fue nombrado jefe de seguridad de un banco.

5. Después fue jefe del CESID en el País Vasco. Cuando estalló el escándalo de los GAL, su nombre adquirió cierto protagonismo por haber ayudado a algún miembro de esa banda. Falleció en 1995.

Mikel mantiene un primer encuentro con De la Pascua en la localidad burgalesa de Villarcayo, cerca de la provincia de Vizcaya, a 79 kilómetros de Bilbao. El comandante le comenta que quería conocerlo personalmente y le infunde ánimos. A ese encuentro también acuden S. Mateos y otro agente, Ángel Merino, conocido por *Zapatones*.

Es a la vuelta de ese viaje, de camino a Bilbao, cuando Mikel se entera de que S. Mateos y *Koldo* pertenecen orgánicamente al cuerpo de Policía, aunque están adscritos temporalmente al SECED. Se encuentran en el camino un control policial y para sortearlo con rapidez De la Pascua, que sí era militar, pide a S. Mateos que muestre su placa de agente.

Semanas después, Mikel tiene la oportunidad de conocer en persona a Agustín Tejedor, el mismísimo jefe de operaciones especiales de los servicios secretos de Presidencia. A la reunión también asiste De la Pascua. Madrid quiere ver de cerca al joven vasco en quien tantas esperanzas ha depositado. El encuentro se celebra en un lugar próximo a Pancorbo, en Burgos, a más de cien kilómetros de Bilbao.

Mikel comenta a su oficial de enlace sus planes de cruzar la muga y empezar a introducirse en las entrañas de ETA. Le cuenta su conversación con Iturbe y la posibilidad de convivir con un grupo de etarras en Dax. S. Mateos ve con buenos ojos la coartada de Burdeos y analiza todos los flecos de la operación. Fija con Mikel una nueva cita para la semana siguiente, en un monte desde donde se divisa Bilbao y a la misma hora, ya que necesita tiempo para estudiar el asunto con sus jefes.

El SECED busca éxitos en la lucha antiterrorista. Una respuesta contundente. El Gobierno de Arias Navarro, después de presentar el «espíritu del 12 de febrero» en las Cortes y prometer que «habrá derecho de asociación», necesita asestar un golpe a ETA, sobre todo tras la masacre de la cafetería Rolando de Madrid. El 13 de septiembre de 1974 un comando etarra coloca una bomba en el corazón de Madrid, en una cafetería de la calle Correo, a escasos metros de la Dirección General de Seguridad. El resultado de la acción de ETA, que supone el primer atentado indiscriminado contra la población civil, es terrorífico: nueve personas muertas y cincuenta y seis heridos graves. Alguna mente asesina de ETA pretendía emular la voladura del hotel Rey David de Jerusalén llevada a cabo por la organización judía Irgum, que se oponía a la presencia británica en Palestina.

A *Lobo* le ponen una *Loba*

La importancia de la operación y la inexperiencia de Mikel obligan al SECED a determinar que el infiltrado no se desplace solo a Francia. Así se lo comunica S. Mateos:

«Aunque nosotros estemos en todo momento cerca de ti y nos veamos a menudo, hemos considerado que no puedes viajar solo a Dax. Necesitas otros dos ojos que vean por ti cuando tú no estés, otros dos oídos que escuchen cuando te ausentes de la casa. Y como cantaría muchísimo que te arropara un agente, hemos pensado que lo mejor es que *Lobo* tenga junto a él a una *Loba*. Le hemos dado muchas vueltas a la idea y hemos dado con la chica ideal. Se llama Edurne y te ayudará en todo.»

Mikel entiende el planteamiento y no pone objeciones. En primer lugar porque es un hombre disciplinado y está entregado a su nueva vida de espía, pero también, porque entiende que esa condición de pareja puede servir mucho más de coartada que si lo acompaña en la huida otro agente. Con otra persona a su lado estará más protegido y tendrá más facilidad para contactar con los enviados del SECED.

Mikel conoce de vista a la joven vasca. En su verdadero DNI figura Nieves G. G., pero se hace llamar en vasco Edurne.[6] Prefiere que la llamen así. Como Mikel ha sido captada por la policía, está al tanto de la *Operación Lobo* y ha recibido instrucciones sobre su papel de muleta para la infiltración. Edurne también reúne todos los ingredientes: habla vasco, es astuta y tiene empatía con Mikel. Además, presenta otras cualidades no desdeñables: es una chica atractiva, rubia, alta, simpática, alegre... con un gran don de gentes.

Nacida en un barrio obrero de Bilbao, Edurne trabajaba en un salón de belleza. Mikel le comenta, medio en broma, que se parece a Amparo Muñoz, la malagueña que en agosto de 1974 acaba de ser elegida Miss Universo en Manila (Filipinas).

Mikel está separado de su esposa Lola Arce Murga desde hace casi dos años, que había dejado embarazada por segunda vez en un apasionado encuentro de reconciliación. Pero el matrimonio nunca se salvaría. La relación sólo duró unos días. Esa situación familiar también facilita su misión, ya que Mikel y Edurne pueden presentarse como pareja. Como no existe ningún impedimento previo, ambos viajan a Francia con su identidad real.

Y, cómo no, Mikel y Edurne interpretan a la perfección el papel de pareja, pues intiman y mantienen una relación pa-

6. Los autores conocen la auténtica identidad de Nieves G.G., la ex agente del SECED, pero por medidas de seguridad, han decidido omitir sus datos.

sional. De alguna forma, ésta se parece a la que Mikel experimentó cuando era un joven imberbe con una mujer mayor que él, a la que conoció un día haciendo autoestop. Esa mujer madura, como le sucede a Dustin Hoffman con Anne Bancroft en la película *El graduado*, fue la que le mostró por primera vez los secretos y placeres que proporciona el sexo. Y *Lobo*, que tiene éxito con las mujeres por su imagen de niño grande, no oculta a Edurne aquella aventura amorosa:

«Se llamaba Mariluz y durante tres meses, sin faltar un solo día, hicimos el amor todas las tardes. Era como una droga que me causó muchos problemas con mis compañeros de teatro porque no iba a ensayar a la parroquia. Yo intentaba explicarles la adicción que tenía por el sexo y que aquella señora estaba estupenda. Todas las tardes me decía a mí mismo que sería la última, pero después, en la cama, me volvía loco. Era como si me absorbiera. Era insaciable y me enseñó a hacerlo de todas las maneras posibles. Jamás imaginé que se pudiera hacer de tantas formas, tan bien y que fuera a disfrutar tanto. Al final tuve que dejarlo porque lo mismo que uno ansía una cosa después se cansa. Y yo me cansé de Mariluz».

Mikel se siente obligado a contarle a Edurne su aventura con la primera mujer de su vida, pero apenas se refiere a su ya ex mujer, Loli.

En la tercera semana de septiembre, Mikel y Edurne se trasladan a Burdeos en tren. *Lobo* tiene un Renault-12, pero los agentes del SECED le recomiendan que en ese primer viaje no se desplace con su automóvil particular. No tiene ninguna necesidad de quemarlo.

Lobo afronta su primera gran prueba de fuego en Dax. Si logra convencer a los terroristas en ese primer envite, la misión recibirá un gran impulso. En la ciudad francesa, situada en el corazón del País Vasco francés, varios militantes de ETA han constituido una comuna y se reúnen para tratar el futuro de la banda terrorista. ETA pasa por un proceso de fuerte discusión interna, que finalmente culminaría con una importante fractura entre *milis* y *polimilis*.

Lobo llega allí recomendado por su amigo Iturbe Totorika. Y su aterrizaje en la ciudad francesa coincide con una fuerte discusión por el atentado de la calle Correo de Madrid. La acción terrorista provoca una fuerte división interna, hasta el punto de que los autores de la masacre no se atreven a reivindicarla. Un mes después del atentado, cuando se celebra el *Biltzar Tippia*, nadie quiere atribuirse la masacre. *Argala* y *Ezkerra* mantienen un fuerte enfrentamiento.

El Comité Ejecutivo de ETA difunde la teoría de que el atentado se debe a un grupo fascista, pero esa versión no cuela. En los *polimilis* se produce una doble posición: un sector de la banda mantiene que hay que apoyar la acción, mientras otro califica el atentado como una barbaridad que el pueblo jamás llegará a entender.

En torno a la mesa de la comuna de Dax se reúnen militantes de todos los colores: *polimilis*, *milis* y trotskistas de la VI Asamblea. Cada facción defiende sus ideas e intenta imponerla sobre su interlocutor. *Lobo* es nuevo en la casa y pretende empaparse de la ideología predominante en ETA. Tiene la lección aprendida. Sus jefes le han aleccionado para que intente meter la nariz en la rama más importante, en la facción del ganador. Es decir, debe introducirse en el santuario de los generales con mando en plaza.

«*Gorka*, infiltrate a tu aire. No nos importa los métodos

que uses. Eso sí, averigua qué rama manda en ETA y cuanto antes. Apenas tenemos tiempo. Nos huele que están preparando algo gordo y sonado. Esos hijos de puta nos están ganando la partida y los jefes andan nerviosos desde la subida al cielo del presidente.»

Esa ascensión a los cielos es una referencia eufemística al atentado que provocó la muerte del almirante Carrero Blanco, el delfín al que Franco había colocado al frente de la Presidencia del Gobierno. La onda expansiva lanzó el vehículo hasta la azotea de la Iglesia.

El atentado y la muerte de Carrero Blanco también había provocado fuertes discusiones dentro de la organización terrorista. El frente obrero se resistía a la lucha armada y había fundado el partido LAIA (Langille Abertzalen Iraultzalen Alderdia/Partido de Obreros Revolucionarios y Patriotas). Pero la dialéctica interna provocó la división más importante en la historia de ETA.

En octubre de 1974, pocos días antes de que Mikel aterrice en Burdeos, una facción de la organización constituye ETA V Asamblea o ETA–militar: los *milis*. Otros, los disidentes, forman ETA VI Asamblea o ETA–político-militar: los *polimilis*. Los primeros propugnan la lucha armada; los segundos, simultanear la guerrilla con acciones de masas.

Los agentes del SECED han instruido a *Lobo* en Bilbao antes de partir hacia Dax. Pero llega a Francia con muy pocas lecciones aprendidas y sin un manual del espía perfecto. Como mucho, ha leído la novela de Graham Greene *Nuestro hombre en La Habana*, y está convencido de que el éxito de la operación depende de sus dotes de improvisación e interpretación. Tampoco puede olvidar su sagacidad.

Durante los primeros días de su vida de «topo», cae en sus manos el libro *Operación Ogro*, editado unos meses antes en Francia por Ruedo Ibérico y la editorial Mugalde de Hendaya, utilizada por ETA para difundir otros textos. En el libro, ETA da su versión del atentado contra Carrero. Los nombres de los autores del magnicidio aparecen falseados, pero Mikel ya conoce las identidades de los integrantes del comando *Txikía*, como se le bautizó en recuerdo de la figura de Eustaquio Mendizábal, muerto en un tiroteo. También tiene la oportunidad de leer varios artículos de Eduardo Moreno Bergaretxe, *Pertur*, sobre la lucha armada y su importancia dentro de la lucha política.

Lobo se encuentra en Dax a una ETA dividida, percepción que traslada a sus agentes de enlace a través del sistema de comunicación que han establecido previamente. Es rudimentario pero eficaz: las citas son semanales y se celebran en un bar de la estación ferroviaria de Burdeos, todos los viernes entre las 12.00 y las 13.00 horas. Si por cualquier imprevisto falla el contacto o el propio Mikel, la reunión se celebrará al día siguiente, una hora más tarde en el mismo sitio. Y si vuelve a fallar, otra vez al día siguiente, pero dos horas más tarde de lo previsto. Y así sucesivamente, hasta que se presenten los dos interlocutores.

El SECED emula a ETA, ya que es un sistema análogo al que emplea la banda asesina en sus encuentros clandestinos. Mikel no tiene coche, por lo que debe trasladarse a la ciudad del vino en tren, y a veces en autoestop. Una vez reunidos en la estación, Mikel y los agentes suelen dar largas caminatas por el exterior del recinto ferroviario. En esa época Edurne todavía no hace de enlace.

Una ETA a la greña

A finales de 1974, ETA ya ha superado las repercusiones del juicio de Burgos contra dieciséis dirigentes y militantes por el asesinato, en agosto de 1968, en Irún del comisario Melitón Manzanas,[7] jefe de la brigada Político-Social de Guipúzcoa. ETA ha celebrado su VI Asamblea, que es rechazada por los militantes del exilio y calificada como de la victoria de los marxistas-leninistas. Algunos incluso llegan más lejos, tildándolos de «liquidacionistas españolistas». Los dirigentes históricos en el exilio como Julen Madariaga, Juan José Etxabe o Federico Krutwig emiten un duro comunicado: «No se trata de matices. Se trata de elegir entre Euskadi o Francia o España».

Krutwig lo había dejado muy claro en uno de sus escritos: «Pretenden confundir la mente de algunos patriotas de tal forma que confunden la oposición a un régimen pasajero como es la tiranía fascista, con la real del nacionalismo vasco contra todo régimen español o francés». ETA se dirimía entre marxismo y nacionalismo y entre lucha armada y lucha política. Es el debate que *Lobo* percibe en sus reuniones de Dax.

El otro gran tema de debate es el de las acciones indiscriminadas contra civiles que no mantienen ninguna relación con el Régimen ni con las Fuerzas de Seguridad del Estado. Los etarras con quienes se relaciona *Lobo* mantienen que los muertos de la cafetería Rolando sólo son culpables del infortunio de estar en aquel local de la Puerta del Sol a la hora equivocada, las 14.30.

7. Melitón era un policía conocido en aquellos años por su excesiva dureza. En 2001 fue condecorado por el Gobierno, como el resto de las víctimas del terrorismo.

Cuando *Lobo* se infiltra en ETA, Mario Onaindía, uno de los sentenciados a treinta años en el juicio de Burgos, cumple condena en la cárcel de Córdoba. Desde su celda, Onaindía, conjuntamente con Eduardo Uriarte, escribe una carta que después envía a la dirección de la organización. En la misma señala: «El querer resolver el problema de las fronteras nacionales es hoy un hermoso sueño. El problema es hoy construir un sólido internacionalismo para destruir el imperialismo, y esta meta no se opone al nacionalismo vasco».

Pero Mikel no tiene dudas sobre su trabajo, sobre la importancia que éste tiene para España y sobre la tarea que le han encomendado: descabezar a la dirección de ETA. Ha sido educado en Euskadi y habla euskera, pero es un ultranacionalista de la España nacida de los Reyes Católicos. Por su mente no pasa el futuro de una Euskadi o una Cataluña desgajada de España y lucha para que prevalezca esa idea. Ha recibido una educación católica integrista en el colegio de los hermanos maristas y es un duro opositor de las teorías independentistas de Euskadi. Su infiltración no obedece a un espíritu de aventura. Nace de sus fuertes convicciones morales. Para él, los postulados de ETA son inviables, y sus acciones violentas una rémora peligrosa para el futuro de España.

El manual político de Mikel es el de ir por casa. Como el 90 por ciento de los españoles, desconoce qué papel desempeña la oposición a Franco en aquellos momentos. Ignora que dos jóvenes andaluces, Felipe González y Alfonso Guerra, dirigen a los socialistas del interior desde la clandestinidad en Sevilla, que Pablo Castellano es el líder de esta formación en Madrid y que su paisano Enrique Múgica controla esa formación en Euskadi. Todos ellos aspiran a ingresar en la Internacional Socialista en contra de las tesis del PSOE en el exilio, defendidas por Rodolfo Llopis. Dos semanas después de la muerte de Carrero Blanco, la Internacional Socialista aprueba su ingreso y casi un año después, el 13 de octubre de 1974, Felipe González, un joven abogado laboralista que no ha vivido la guerra civil, se hace con el control del partido en el XIII Congreso celebrado en la ciudad francesa de Suresnes, muy cerca de París. Al congreso también asiste como anfitrión François Mitterrand, líder de los socialistas franceses.

A los servicios secretos españoles no les preocupa el rumbo que pueda seguir el PSOE, porque saben que tarde o temprano será legalizado por los herederos de Franco. De ahí que dos importantes militares del SECED, Andrés Cassinello y José Faura,[8] llegan a entrevistarse con González y Guerra en Suresnes después de que se hagan con la dirección del partido socialista.

Esos devaneos de los servicios secretos con los dirigentes socialistas no se proyectan sobre los comunistas, proscritos por el Régimen e incluso acusados de proporcionar infraestructura a ETA en el interior. Pero la realidad es que el Partido Comunista de España, con fuerte presencia en el movimiento obrero, también hace un gran esfuerzo para subirse al tren de la concordia y la democracia. Su secretario general, Santiago Carrillo, propone al resto de las fuerzas opositoras al Régimen el denominado «pacto para la libertad», a fin de lograr el restablecimiento de la democracia en España.

8. Fueron dos notables altos cargos del espionaje español. Faura llegó a ser jefe del Estado Mayor del Ejército (JEME), y Cassinello un experto en *guerra sucia* contra ETA.

Lobo en las entrañas de ETA

Para consumar con éxito su trabajo, Mikel tiene que vestirse con piel de lobo, acorde a la manada en la que va a sobrevivir durante un tiempo. De ahí que, antes de llegar a Dax, repase algún escrito de ETA. En mayo de 1974 cae en sus manos un ejemplar de la revista *Zutik 64* («En pie», en euskera), en la que Eduardo Moreno Bergaretxe, *Pertur*, apócope de «perturbador», intenta marcar la línea ideológica de la banda: «Si de algo podemos estar firmemente convencidos es de la necesidad del empleo de la violencia revolucionaria como única vía de liberación de nuestro pueblo y de los demás explotados y oprimidos dentro del Estado español, y con ello, la convicción de la inexistencia de cualquier alternativa pacífica de cambio democrático al sistema franquista».

Ese artículo, supuestamente escrito por *Pertur*, marca a Mikel. Sabe que refleja la postura a asumir para infiltrarse en la organización. Es el caballo ganador de una carrera de obstáculos en la que no hay trofeo esperando en la meta, sino un tiro en la nuca si comete un error.

Mikel es un joven vasco comprometido con el proyecto de una nueva España que surge del régimen franquista, pero en la patria por la que él lucha no hay lugar para ETA, aunque a principios de los años setenta todavía es una organización joven y con una infraestructura incipiente. Está desarmada, hasta que en 1971, tras una campaña de atracos, con el botín logrado compra a un traficante de armas francés quinientas pistolas Firebird parabellum. La ETA de aquellos años no alcanza los cuatrocientos militantes y los comandos dedicados a la acción armada no concentran a más de treinta jóvenes. Los ilegales, de entre veinte y veintiséis años, no son más de quince.

A finales de 1971 ETA tenía ciento diez militantes encarcelados, treinta y tres de los cuales se encontraban a espera de juicio. Setenta y siete tenían sentencia firme, con un promedio de dieciséis años de condena. Los condenados del proceso de Burgos superaban los quinientos años de cárcel.

Mikel no dispone de ningún informe de los servicios secretos que recoja todos esos datos. Se entera sobre la marcha. Tampoco dispone de una estrategia diseñada por el SECED para agotar sus días de infiltración. Su manual de acción es muy elemental y está condicionado a su supervivencia: no meter la pata y regresar vivo a España. En su memoria lleva grabado un microchip como los de las muñecas parlantes de Famosa, fabricadas en Ibi (Alicante), y que acaban de salir al mercado del juguete. El imaginario artilugio le recuerda una y mil veces las palabras del agente S. Mateos: «No arriesgues. Si te cogen, lo peor no será tu muerte, sino que no tendremos una segunda oportunidad para infiltrar a otro y acabar con esos hijos de puta».

El autor de tales palabras, que por su finura habría inspirado al mismísimo Sunt Zu, el padre del arte de la guerra, ha trabajado cerca del almirante Carrero y odia a muerte a sus asesinos que, para escarnio de su cuerpo, se pasean libremente por una Francia gobernada por Giscard d'Estaing.[9] «Ése es un verdadero canalla y no me extrañaría que estuviera más cerca del asesinato del cejas», le había comentado alguna vez a Mi-

9. Giscard era un radical opositor del régimen franquista. En 1974 ocupaba la cartera de Economía y Finanzas pero, tras la victoria en las elecciones presidenciales, fue nombrado presidente de Francia, cargo en el que se mantuvo hasta 1981.

kel, refiriéndose a Carrero como «el cejas» por lo pobladas que las tenía. ETA incluso bautizó la operación de su atentado como *Operación Ogro*.

El odio del agente aumenta tras el atentado en la cafetería Rolando, junto a la Dirección General de Seguridad y los calabozos donde la policía franquista interroga a los militantes de izquierda.

3

LOS GENERALES DE ETA

Uno de los objetivos de *Lobo* cuando ingresa en ETA es Iñaki Múgica Arregui. *Ezkerra*, como lo conocen en la organización terrorista, había ingresado en ETA-V Asamblea con otros quinientos militantes de Eusko Gaztedi Indarra (EGI), una asociación juvenil próxima al PNV. La decisión fue adoptada en el Aberri Eguna de 1972.

Ezkerra tenía gran prestigio porque había colocado una *ikurriña* en la torre de la catedral de Burgos. Lo intentó en una ocasión anterior pero se rompió las piernas en su propósito. En la repetición no falló. En 1968 asiste a los cursillos de Beyris organizados por Joseba Emaldi, *El Indio*, al otro lado de la frontera, que le otorgan una gran formación. Fue liberado por el PNV para organizar grupos de acción. En esa época conoció a Eustaquio Mendizábal, *Txikía*, con quien tenía una gran proximidad ideológica.

El militante de ETA le facilitó armas para sus jóvenes de EGI. Uno de sus chicos, Aranguren, amigo íntimo de *Ezkerra* y número dos de EGI, recibió un tiro de la Guardia Civil en un enfrentamiento y falleció. Desde ese instante, las posiciones de *Ezkerra* se radicalizaron.

Otro, Pérez Beotegui, *Wilson*, fue miembro del comando que acabó con la vida de Carrero. Entonces tenía veintisiete años. Vivía en Madrid junto con *Argala*, y ambos obtuvieron en 1972 la información confidencial de que el almirante Carrero acudía todos los días a misa a los jesuitas de la calle Serrano. Con ese dato se inició la *Operación Ogro*.

Le llamaban *Wilson* porque dominaba el inglés aprendido en Londres donde había emigrado con sus padres. *Wilson* también estuvo en Madrid durante los preparativos del atentado contra Carrero. Cuando regresó a San Juan de Luz se entrevistó con *Ezkerra* y pasó a responsabilizarse del área internacional de ETA.

Para los agentes del SECED, la importancia de *Ezkerra* y *Wilson* responde a una doble consideración: son generales de la banda —el primero, miembro del comité ejecutivo y el segundo, responsable de los comandos *berezis*—[1] y han participado en el asesinato del almirante Carrero Blanco. Por tanto, en esos objetivos también existe un componente de venganza (no hay que olvidar que el SECED procede del Servicio de Documentación organizado por el ex presidente Carrero Blanco).

La muerte de Eustaquio Mendizábal, *Txikía*, había acelerado la reorganización interna en ETA. Se creó un directorio formado por *Ezkerra;* Domingo Iturbe, *Txomin*; Manuel Pagoaga, *Peixoto*, y José Antonio Urrutikoetxea, *Josu Ternera*. Cuando *Lobo* decide infiltrarse en la organización armada, el comité ejecutivo de la cúpula de ETA está formado por Juan Goiburu Mendizábal, *Pelotas* y *Gohierri*; Eduardo Moreno Bergaretxe, *Pertur*, y José Luis Etxegaray Gaztearena, *Mark*.

1. Así se denominaba a los comandos más preparados de ETA.

Tras la pequeña asamblea *Biltzar Tippia*, se crea un Comité Ejecutivo Táctico formado por: Ezkerra, José Ramón Martínez Antia, *Montxo*; Pedro Luis Goinetxe Urrutikoetxea, *Peio*; José María Larrea Mújika, *Txema* y *Labaien*; Félix Egia, *Papi*, e Ignacio Pérez Beotegui, *Wilson*.

Una vez dentro, tras mantener numerosas reuniones con sus interlocutores de ETA, Mikel va labrando una idea. Dos facciones están adquiriendo un especial protagonismo: ETA–militar y ETA–político-militar. Aunque son los *polimilis* quienes tienen los líderes más carismáticos.

Mikel organiza un primer encuentro con su agente de enlace, según lo acordado. La cita se establece en Burdeos, adonde él puede viajar sin levantar sospechas por sus supuestos estudios de decoración. Se ha labrado esa tapadera para disfrutar de libertad de movimientos: «Por mi trabajo de interiorismo tengo muchos conocidos en Madrid y puedo conseguir pisos sin levantar sospechas», le había dicho a Iturbe cuando optó por hacer su primer viaje.

Mikel se encuentra con el agente S. Mateos en el bar de la estación de Burdeos. En esas fechas todavía vive en una pensión de mala muerte, en el barrio de Saint Michel. Paga doscientas pesetas al día y permanece allí unos veinte días. Está rodeado de magrebíes y no huele a un etarra en una milla a la redonda. Sólo se ha permitido el lujo de ir una tarde al cine a ver *El exorcista* y los resultados son nefastos. La película le causa tal estado de nerviosismo que esa noche no le quedan fuerzas para volver a la pensión y duerme en un hotel de lujo de Burdeos.

La estación bordelesa reúne todas las condiciones para una cita clandestina. Hay mucho movimiento y está alejada de la zona de influencia de ETA. Muy mal se le tiene que dar. Una entre mil para ser descubierto. Pero aun así la adrenalina atiza su corazón y le hierve la sangre.

Tiene poco tiempo y suelta precipitadamente, y con cierto nerviosismo, la poca información que ha ido acumulando. Aún no se ha afincado en Dax y posee datos de terceros. Así se lo comunica a su enlace. «No os preocupéis que la semana que viene me voy con el petate a la comuna de Dax», le dice con entereza.

Mikel aparenta autocontrol, pero en el fondo tiene un miedo atroz. Miedo a lo desconocido. No sabe qué va a encontrarse en Dax y se siente vigilado. Sobre todo porque Edurne, su compañera, ha regresado durante unos días a Bilbao.

En la siguiente reunión en el bar de la estación con su oficial de caso, *Lobo* se muestra más relajado, pero como le sucede a cualquier «topo» tiene miedo a ser descubierto:

—Creo que cuantas menos veces nos veamos será mejor para mí. Me tiemblan las piernas. Imagino cada instante que me va a ver *El Camionero*, *El Barbas*, *Mikel*, *El Rubio*, el hijo del transportista... Cualquiera. Me siento vigilado por mil ojos como en esa película de Hitchcock que vi el otro día en francés. Si... ¿Cómo se llama...?

—*La ventana indiscreta* —le contesta el agente—. A mí también me gusta. Sobre todo el papel de Gary Cooper.

—James Stewart —le corrige Mikel—. Pues, eso. Me veo vigilado por mis colegas de comuna.

No repite los nombres pero se refiere a un camionero navarro, contrabandista de profesión, a quien la policía española lo paró con un tráiler lleno de cajas de puros y después decidió pasarse a ETA. Era un cincuentón todavía no definido dentro de la organización. También está *El Barbas*, un musculitos de treinta años alineado con los *polimilis*; *El Rubio*, otro joven *polimili* de Basauri que hacía de puente entre España y Francia y que había ayudado a Mikel a ingresar en el grupo; el hijo de un transportista famoso del País Vasco, que defendía la VI Asamblea; y Mikel Lujúa,[2] *mili* hasta el tuétano y el más bragado de todos, que había estado en Sudamérica y siempre estaba planeando atentados.

Todos ellos se reúnen en un chalet modesto junto a un campo de fútbol, a las afueras de Dax, ciudad donde trabajan. Se sienten seguros porque se hallan alejados de los controles de la Policía española, y la francesa no se mete con ellos. A Mikel le llama la atención esa tranquilidad, como si se tratara de un campamento de verano. Sus familiares los visitan los fines de semana y sus vecinos franceses los ven como *gudaris*[3] antifranquistas.

—Mira. Transmite a tus superiores que aquí mandan, y con diferencia, los *milis*. La VI Asamblea ha pasado a mejor vida. Son un grupo muy cerrado, diría que muy compacto, que pasan del apoyo popular y que sólo quieren acciones muy concretas y no indiscriminadas.

—Nada nuevo me dices. Eso ya lo sabemos. No hacía falta tantos kilómetros y tanto riesgo para tan poco.

—Espera, hombre. Me falta hablarte de los *polimilis*. ¡Coño, tienen una gran red interior en Vizcaya, Navarra y Álava y

2. Mikel Lujúa es uno de los dirigentes históricos de ETA. Fue uno de los primeros objetivos de los GAL. De hecho, el comando que secuestró en 1983 a Segundo Marey lo confundió con Lujúa.

3. Soldado o combatiente vasco. Procede de *gudua* (guerra). Adquiere ese significado a partir de la guerra civil española.

quieren pegar fuerte en Madrid! Piensan enviar unos comandos especiales, a los que llaman *berezis*. Están preparando algo gordo y quiero que cuenten conmigo. Ahí mandan *Wilson* y *Papi*.

—Si está *Wilson*, como Dios. Es uno de nuestros objetivos. ¿Y *Ezkerra*?

—Está en la dirección, pero estoy en ello. Tampoco puedo preguntar mucho hasta que me integre del todo.

—Ni aun así. Tú ya sabes: pregunta poco y nada de notas por escrito. No sea que tengas que comerte el papel y luego cagues plomo. Por cierto, ¿quién le da la pasta a esos cabrones para que vivan aquí?

—Nadie. Ellos con sus trabajos son autosuficientes. Apenas reciben ayuda de la organización. Ganan para pagar el alquiler y vivir modestamente. No creas que tienen lujos.

—¿Y las armas? ¿De dónde las sacan?

—No las hay. No hay armas en la casa. Están muy verdes. Además, no hacen prácticas de tiro ni de explosivos. Lo único que tienen allí son ejemplares de panfletos *Zutik*. Sólo escucho sermones sobre qué interesa más al movimiento vasco. Yo ni me pronuncio.

—Ya sabes cuáles son las instrucciones. Mete la nariz pero no te la quemes. Actúa según tu criterio y no te pronuncies por nadie, ¿entiendes?

El agente S. Mateos es un personaje rudo y brusco. Habla con autoridad y espera a cada frase suya una respuesta de militar inferior: «Señor, sí, señor». Sus manos asustan y su mirada afilada corta la respiración. Mikel, en más de una ocasión, ha pensado que si fuera terrorista de ETA no le gustaría quedar atrapado en sus garras.

Lobo mira el reloj con impaciencia y considera que se ha arriesgado demasiado. Para acabar le espeta:

—Mira. Allí cada uno va a su bola y tiene sus contactos con la organización. Sé que tienen encuentros periódicos con *Argala*, *Txomin*, Goiburu Mendizábal, Gurruchaga —el tesorero de los *polimilis*—. Tengo muy claro que debo dejar quererme sin meter la nariz y por el momento pasar inadvertido. Que me capten ellos. Ya te contaré cuando conozca a *Argala*.

De vuelta a Dax, en tren, a Mikel le vienen mil ideas a la cabeza. Se le han quedado muchas cosas en el tintero. No le ha dicho a su enlace que Lujúa es una mala bestia que trabaja con un grupo muy cerrado, sin accesibilidad para los demás.

«¿Seré idiota? En la próxima cita tengo que decirles que preparen un operativo para seguirlo. Ése sí sabe dónde dar con los gordos.»

LOBO REGRESA A CASA

No hubo nueva cita en la estación de Burdeos porque un mes más tarde, antes de que llegue Navidad, Mikel decide regresar a Bilbao. Su estancia en Dax no le lleva a ninguna parte. No avanza en el plan previsto y busca una nueva vía de penetración. En la ciudad francesa entabla buenas relaciones con miembros de ETA, pero nada más. Sus garras afiladas de lobo siguen sin arañar a la cúpula etarra. Antes de su marcha, Mikel se pronuncia a favor de los *polimilis*, pero aclara que su lucha está en el interior, en Vizcaya, en Galdácano, en Basauri.

Días antes, ETA celebra la segunda parte de su asamblea y elige como máximo dirigente a *Argala*, seguido de *Txomin*,

Peixoto, *Ondarru* y *Trepa*. Por su parte, ETA–pm organiza su VI Asamblea el 1 de enero de 1975. El comité directivo está formado por Goiburu, Abrisketa, Múgica Arregui, y *Wilson*, que acaba de ser expulsado de los *milis*. *Pertur* se encarga de la línea política y Apala queda como responsable de los comandos *berezis*, que funcionan autónomamente.

Los agentes del SECED siguen de cerca los movimientos de Mikel. Para ellos es su caballo de Troya en las entrañas de la banda armada y nunca consentirán su deserción. Le han repetido con insistencia que ETA es un peligro para la continuidad del Régimen y para el *aperturismo* que el presidente Arias Navarro ha anunciado el 12 de febrero de 1974, fecha en que proclama la legalización de las asociaciones políticas con la única exclusión de los comunistas.

El agente S. Mateos se lo ha recordado muchas veces con brusquedad, aunque él es poco partidario de las aperturas. Está enraizado mucho más con la vieja guardia del Régimen:

«Miguel, ya no hay marcha atrás. Hay que acabar con ellos antes de que nos destrocen. Mira lo que ha sucedido en Portugal.[4] No han dado lugar a una reforma, los *rojos* se han hecho con el poder. En Vietnam los comunistas están ganando a los americanos y a Ford le huele el culo a pólvora. Y ese cura... ¿Añoveros? Propagando el separatismo desde el púlpito. No quiero un Pinochet, pero tampoco un País Vasco separado. ¿Me entiendes? Y eso está en nuestras manos conseguirlo.»

4. El 25 de abril de 1974 la Revolución de los Claveles puso fin al gobierno de Marcelo Caetano y al continuismo del régimen fundado por Salazar en Portugal.

Con él también regresa Edurne, que durante los tres meses de permanencia en Dax se ha desplazado en varias ocasiones a Bilbao. Edurne, no obstante, se ha mantenido al margen de las discusiones políticas. Cumple su papel de compañera de Mikel y no participa en las reuniones. No necesita ningún esfuerzo para representarlo, pues el machismo predomina en la célula terrorista. Sin embargo, la figura de Edurne es de vital importancia para el desarrollo del operativo, ya que en ocasiones hace de correo entre los agentes y el propio Mikel.

La vuelta a casa supone para la pareja un alivio, pero también su separación. Mikel y Edurne han entablado una relación sentimental. Quieren que esa despedida nunca acabe y deciden coger en Irún el tren que comunica con Bilbao por toda la costa. El viaje dura cinco horas y la pareja de enamorados desconoce si van a continuar juntos. Todo depende de lo que decida el servicio. Ya han superado la prueba de fuego y son dos profesionales. De Bilbao se dirigen a la casa de los padres de Mikel, en Galdácano.

Transcurren las Navidades sin sobresaltos y Mikel comienza a entender que por el camino de Iturbe nunca llegará a las entrañas de ETA. Considera que a través de *Fanfa*, a quien conoce superficialmente, puede aproximarse más a quien fuera jefe de los comandos ilegales de ETA en Francia. El tal *Fanfa* es un tipo bajito y regordete, que pasa más tiempo en las comisarías que en la calle. Por ese motivo la policía apenas lo toma en serio, lo que para él supone una coartada perfecta, ya que así sigue manteniendo sus contactos con los liberados de ETA. La relación de Mikel con *Fanfa* le servirá para regresar nuevamente a territorio francés, pero de una forma mucho más brusca.

Hasta que llegue ese día, Mikel reemprende su vida en Vizcaya con la normalidad de siempre. El servicio le ha prohibido que se vea con Edurne a no ser que se deba a un asunto profesional. Mikel lleva en su pueblo una vida muy rutinaria. Trabaja de decorador y gana su dinero. Decora un pub de Basauri llamado Papillón, una tienda de electrodomésticos y varios pisos de gente importante de Amorebieta. Pero para él todo es una farsa. Se siente un agente secreto y actúa como tal. Por ello recuerda los consejos de su enlace:

«Miguel, hazme caso. Nunca olvides lo que voy a decirte, porque no te lo repetiré nunca más. No estés más de dos días con la misma mujer. Divide tu mente en dos hemisferios: uno te lo dedicas a ti, que sepa quién eres tú y que nunca renuncie a tus principios; el otro, se lo entregas a ETA, pero siempre vigilado por el lado bueno de tu mente. Y por último, no cuentes nada a nadie. Ni a tu mejor amigo».

Mikel es un agente, pero no al uso de la época. No tiene licencia para matar y, por no tener, no tiene ni pistola. Tampoco le han llevado a un campo de tiro para que practique. No sabe lo que es un psicólogo, alguien de quien recibir estímulo y ánimo, y carece de un profesor que le instruya políticamente. Tan sólo le facilitan unos libros de Marx, Lenin y teoría revolucionaria, pero conforme llegan a sus manos van a parar a la basura.

No obstante, dedica muchas horas del día a su educación personal: cuida su euskera, ensaya artes marciales y hace por su cuenta prácticas de tiro. No quiere que le pase lo mismo que a los etarras que ha conocido en Dax. Son gente muy bien preparada intelectualmente, pero carente de formación militar.

Javier Zarrabeitia Bilbao, alias *Fanfa*, es un legal del pueblo de Mikel y simpatizante de los *polimilis*, que se jacta de ser amigo del mismísimo Iturbe Abasolo, *Txomin*. Lo llaman *Fanfa* porque es un gran fanfarrón. Con él ha tomado algún pote por las tascas del pueblo. El propio *Fanfa* confiesa a Mikel que Totorika carece de conexiones con la dirección de ETA. Él, en cambio, se ha labrado una pequeña leyenda, basada en sus numerosas detenciones por la policía y los malos tratos recibidos en comisaría.

Mikel presenta a *Fanfa* la treta que ha tejido con el propio SECED. El etarra es un simple miembro legal de la banda, de segunda categoría, pero servirá para ir abriendo puertas y llegar a los dirigentes o, en todo caso, a los colaboradores próximos. Por ello, *Lobo* tiene que mostrarle un caramelo muy dulce para que *Fanfa* se lo trague. Después de entablar cierta relación de amistad con el etarra, Mikel le suelta: «Creo que tengo una manera de contribuir con la causa vasca. Mi trabajo de decorador me ofrece cierta disponibilidad de pisos. Puedo conseguirlos con facilidad en Madrid y Barcelona. Coméntaselo a tus jefes y diles que estoy dispuesto a trabajar en lo que sea».

Mikel dispara en la misma línea de flotación. En esa época la dirección de ETA estudia con apasionamiento la introducción en las dos ciudades más importantes de España de sendos comandos operativos para golpear desde dentro al Régimen. Ésa es la gran discusión en la dirección de la banda. Unos apuestan por acciones en el País Vasco, pero *Ezkerra* y *Wilson* defienden la extensión de las acciones armadas a los dos grandes centros neurálgicos del país. El atentado contra Carrero Blanco les ha proporcionado cierta aureola y un sector de la banda no quiere perder el rebufo para seguir desplegando internacionalmente el cartel de una ETA antirrégimen.

Camino a la clandestinidad

La estrategia desplegada por Mikel ante *Fanfa* da resultado y un buen día el etarra le anuncia que la organización quiere que conozca al jefe de la zona. Se trata de un tal *Smith*, nombre de guerra de José Ignacio Zuluaga, posiblemente porque maneja con destreza la pistola Smith & Wetson. La cita queda concertada en el bar La Tortilla de Bilbao, situado frente al ayuntamiento.

El lugar del encuentro no es el más apropiado para que los agentes sitúen sus furgonetas «apolo» con cámaras ocultas. El bar se encuentra en una gran explanada después del puente y antes de llegar al teatro Arriaga, en una esquina. Cualquier vehículo aparcado en la puerta puede levantar toda clase de sospechas. El local, muy pequeño y con público *abertzale*, tampoco facilita la colocación de micrófonos. Además, los propietarios tienen la música a todo volumen. Finalmente, el SECED decide fotografiar a los asistentes al encuentro desde el balcón de un edificio próximo con una cámara con teleobjetivo. Pero no resuelven el apartado dedicado al sonido. No vale la pena arriesgarse tan pronto en una primera cita. Además, sería una temeridad que Mikel llevara micrófonos ocultos, porque sin duda lo cachearán.

El joven *Lobo* dispone de una grabadora del tamaño de una caja de cerillas, de la marca japonesa Ricoh, de cuerda, muy utilizada entre los espías. Ha llegado a manos del SECED por medio de la CIA, y S. Mateos se la ha dejado a él. No obstante, el equipo del perfecto agente secreto de Mikel es muy rudimentario. Además de la grabadora, sólo dispone de un bolígrafo con tinta invisible. Lo aprovecha para escribir mensajes en envoltorios de caramelos. Los deja caer al suelo y después los agentes del servicio, que siguen su rastro en todo momento, los recogen.

En La Tortilla se presenta un tipo delgado, frío y vivaz que se identifica como *Smith*. Pero en esa primera reunión Mikel no logra ningún avance. A *Lobo* le impresiona la mirada penetrante del activista de ETA, que ya ha participado en varios atentados. Y tendrá que transcurrir un mes para verse nuevamente con él. Estas medidas de seguridad por parte del dirigente terrorista desvelan que es un peso pesado de la organización.

En la siguiente reunión que mantiene Mikel con su oficial de enlace en la parte alta de Bilbao, desde donde se divisa todo el Bocho,[5] el joven narra cómo fue su encuentro con *Smith*. El agente no ha podido escuchar ninguna cinta y por tanto tiene que creer la versión que le ofrece *Lobo*:

«Por fin ya estoy dentro. *Smith* me ha asignado un nombre de guerra en la organización. A partir de ahora seré *Gorka*. Pero ese grado de implicación con ellos acarrea un primer problema. Me han pedido que el sábado participe en un atraco a una sucursal bancaria de Eibar. Vaya marrón. ¿Qué hago ahora? Si digo que no, se acaba la infiltración. Si digo que sí, me veo pegando tiros en medio de Eibar. Vosotros diréis qué hago. Yo estoy aturdido».

El agente del SECED da ánimos a Mikel y le pide que siga adelante. Le dice que no se ponga nervioso porque lo están poniendo a prueba. Y no se equivoca. El atraco nunca se lleva a cabo porque el banco ese día de la semana está cerrado. Por

5. Así llaman los ciudadanos bilbaínos a la ciudad.

lo tanto, Mikel no se ve en la obligación de empuñar un arma en medio de la calle, ni de cometer un delito en nombre del Gobierno, aunque a sus jefes no les habría importado por aquello de la razón de Estado. No hay atraco, pero el joven supera el examen de ingreso.

A partir de ese día, ya puede decir que pertenece a ETA y que la banda confía en él. Por ello, comienza a recibir encargos de *Smith*. El primero, llevar al otro lado de la frontera una maleta con un fajo de documentos de identidad falsos y fotografías. Después la confianza aumenta y llegan servicios mucho más arriesgados como los de traslado de armamentos. Mikel cruza la *muga*[6] con su automóvil cargado de pistolas, explosivos, munición... Sabe en todo momento que si lo detiene la policía fronteriza nadie va a dar la cara por él y se acabará la *Operación Lobo*. Para no levantar sospechas, el joven se viste con traje y corbata a fin de aparentar un aspecto de hombre de negocios. Además, ha estudiado los turnos y conoce los horarios y los pasos fronterizos más propicios.

Entretanto, los agentes del SECED siguen el rastro a *Smith* y lo tienen vigilado en varios pisos francos. La policía de Bilbao también sigue los talones al dirigente etarra, pero cuando decide detenerlo descubre que ha huido a Francia. El grupo antiterrorista de Bilbao también busca a un tal *Gorka* y menciona su nombre en varias redadas para quemarlo y que la noticia llegue a ETA. Es el momento de pasar a la acción, de dar el salto y pasar a la clandestinidad. Mikel lo consulta con sus jefes, que aprueban la decisión de huir a Francia con el cuento de que la Policía va tras él. Los agentes han detenido a su

6. Frontera, en vasco.

amigo *Fanfa*, que menciona el nombre de *Gorka* en los interrogatorios. Los inspectores de Bilbao incluso se acercan a Basauri y preguntan a los vecinos de Mikel por su paradero.

En los primeros días del mes de marzo de 1975 Mikel cruza la frontera por donde le señala el propio SECED: Portbou, en el Pirineo catalán. De allí recorre toda la línea pirenaica francesa y se presenta en Hendaya. Se busca una coartada para realizar el viaje. Le pide a su padre que le acompañe hasta Barcelona, para desde allí dar el salto a Francia.

Una vez en Hendaya, Mikel se hospeda en un hostal próximo a la librería Mugalde, lugar de encuentro de etarras y residentes vascos en el País Vasco francés. Mikel no provoca ningún encuentro con sus conocidos de ETA. Sólo se dedica a pasear por la calle, a sabiendas de que en cualquier momento se va a topar con *Smith*, que vive en la clandestinidad.

Lobo no se encuentra con *Smith*, pero sí tropieza con Villamón Landa, *Chao*, otro amigo suyo en las filas de ETA. Mikel llama la atención de su amigo porque viste como un ejecutivo. *Gorka* le dice: «Yo no sé escaparme por los montes». *Chao* lo conduce hasta *Smith*. Mikel le cuenta su huida: «Me avisó la hermana de *Fanfa*: me dijo que la policía iba tras de mí y preguntaba por un tal *Gorka*. Mis padres también fueron violentados por la *txakurrada*».[7]

Lobo se muestra convincente y la dirección de ETA lo traslada a un piso de la banda en la rue Caneta. Poco después se le une Edurne. En la casa hay otra mujer a quien llaman Inmaculada y trabaja en la librería Mugalde, la misma que, entre

7. *Txakurra* significa «perro» en vasco, y es el término con el que los miembros de ETA se refieren despectivamente a los policías.

abril y junio de 1975, sufre tres atentados con bombas por parte de miembros de los servicios secretos españoles. Son los comienzos de la llamada *guerra sucia*. Ese piso, donde ahora está Mikel, es una guarida de paso en el que suelen pernoctar *Smith* y un tal Esteban.

En esa época Edurne comienza a interpretar el papel de doble agente. Recibe encargos y mensajes de ETA para cumplirlos en Bilbao y, al mismo tiempo, hace de mensajera de *Lobo* con sus jefes del SECED. La joven demuestra aplomo y no levanta sospecha alguna entre los miembros de ETA. Como ya lo ha asimilado Mikel, ella también se ha aprendido la lección: «Actúa como una de ellos. No dudes cuando recibas órdenes. Tienes que estar preparada para cualquier eventualidad. Si te dicen de colocar una bomba, la colocas; si te piden pasar armas por la frontera, las pasas; si te ordenan apretar el gatillo, tendrás que decidir sin la ayuda de nadie. Improvisa con genialidad».

Una vez en Hendaya, Mikel pone en marcha la recta final de la *Operación Lobo* en Francia. Se siente presionado porque en abril el Gobierno español decreta el estado de excepción y tal medida no va a facilitar su trabajo. Sabe que va a dificultar sus movimientos por España, ya que la Policía y la Guardia Civil efectuarán más controles de carretera, pero también va a colocar a ETA en la necesidad de contar con gente en el interior con posibilidades de facilitarles pisos francos. Y Mikel ya es el personaje escogido.

La vida de Mikel transcurre las primeras semanas en Hendaya sin sobresaltos. Está secundado en todo momento por *Smith*, que le enseña el arte de la guerra. La ciudad francesa está más concurrida que nunca por turistas españoles que cruzan la frontera para ver *El último tango en París*, con Marlon Brando y Maria Schneider, en un cine próximo a la estación de ferrocarril. *Smith* y su gente aprovechan las dos horas del metraje de la película para robar documentación del interior de los automóviles con matrícula española. En una de ésas, intervienen los gendarmes franceses y los cogen con las manos en la masa. Mikel tiene tiempo de deshacerse de la ganzúa para abrir las portezuelas y se hace pasar por turista, pero *Smith* es cazado *in fraganti*. Pasa esa noche en el calabozo, pero al día siguiente queda en libertad. Los militantes de ETA están considerados en Francia refugiados políticos del régimen franquista y disfrutan de gran impunidad para preparar y ejecutar sus acciones. Viven en el denominado «santuario francés».

En mayo se produce la primera acción importante de *guerra sucia* en el sur de Francia. Ya no son artefactos de baja intensidad contra las librerías Mugalde, Nafarroa, o M. Marie. Los agentes parapoliciales españoles acuden al coche bomba. Deciden utilizar las mismas armas de ETA para sembrar el terror en el País Vasco francés.

En junio preparan una acción contra José Antonio Urrutikoetxea, *Josu Ternera*, que había participado en el atentado contra Carrero, pero miden mal los cables y el coche estalla por los aires, llevándose por delante a un colaborador del SECED y dejando malherido a otro. El comando que lleva a cabo la acción es conocido entre los agentes del espionaje como «comando G» (la «g» es de «gay», ya que dos de los integrantes son homosexuales).

En esas fechas a la Policía y la Guardia Civil se les va la mano con la coartada de la razón de Estado. Se producen denuncias por torturas y malos tratos a los detenidos y un caso notorio es el del sacerdote Eustasio *Tasio* Erquicia, quien luego fuera dirigente de HB. Hasta la Iglesia vasca se ve amenazada por la violencia institucional contra ciudadanos vascos.

El 8 de mayo, la policía detiene a ese sacerdote en perfecto estado de salud en una *ikastola* del barrio bilbaíno de Santuchu. Cuarenta y ocho horas más tarde aparece en pésimo estado, casi moribundo. El parte médico reconoce: fisura de cráneo, golpes en riñones, rotura de bazo y multitud de hematomas por todo el cuerpo. Presenta el intestino roto porque le han introducido un palo por el ano.

El 12 de junio, Mikel y el pueblo español reciben una mala noticia: la carretera acaba con la vida del segundo delfín del Régimen. Muere en accidente de circulación Fernando Herrero Tejedor al chocar contra un camión en Adanero (Ávila). Un mes antes había sido nombrado ministro general del Movimiento.

Pero Mikel sigue adelante. *Lobo* cada vez está más cerca de su presa.

4

EL LOBO EN LA GUARIDA DE ETA

Estado de excepción

Mikel prosigue con su infiltración en Francia y ya es popular dentro de la organización. En España su heroísmo sólo es compartido por una decena de altos cargos de los servicios secretos. Además, los españoles viven de espaldas al terrorismo, porque el Gobierno de Arias Navarro declara materia reservada[1] todas las informaciones sobre el País Vasco. Desde que el 26 de abril el Gobierno decreta el estado de excepción en Vizcaya y Guipúzcoa, hay un mayor control policial en la frontera y las fuerzas de seguridad disparan a todo lo que se mueve.

La infiltración de *Lobo* ya no es un proyecto. Mikel no sólo convive con los terroristas en el sur de Francia, sino que *Smith* habla maravillas de él. Su personalidad, muy distinta a la

1. «Las actuaciones, disposiciones o acuerdos del Gobierno» serían reservadas cuando se refirieran a «asuntos de índole militar, económico o industrial que deban permanecer secretos en interés de la defensa nacional, de la seguridad del Estado y del mantenimiento del orden público interior y la paz exterior». Decreto 750/1966 de 31 de marzo. Normas para aplicación de los artículos 6 y 7 de ley de Prensa e Imprenta. También contemplado en la ley de Secretos Oficiales de 5-4-68.

de los etarras, comienza a levantar comentarios muy positivos entre los refugiados de Hendaya y San Juan de Luz.

Mikel logra por fin que lo alojen en un piso franco de ETA. Un pequeño apartamento en la calle Caneta, en el centro de Hendaya, compuesto por dos habitaciones, un salón y una cocina. El piso está alquilado por una *legal*[2] de ETA que trabaja en la librería Mugalde. Su novio está en la cárcel y la joven contribuye con la banda haciendo de casera. ETA dispone en esos años de una amplia red de viviendas en el sur de Francia alquiladas de la misma manera, es decir, por personas que se presentan ante la sociedad como gente corriente, pero que militan en la organización terrorista.

En la vivienda se alojan, junto con Mikel, *Smith*, *Poyoyo*, *Gorka de Santuchu*, Esteban y la chica. Viven hacinados, lo cual complica la convivencia. Mikel relata a su oficial de caso en una de las entrevistas clandestinas lo mal que lo pasa cuando se quedan en la casa colaboradoras de ETA y se acuestan todos en las mismas habitaciones por falta de espacio:

—Las tías no tienen pudor. Van en pelotas por toda la casa y se acuestan desnudas. Me levanto por las mañanas con un dolor enorme de huevos. El otro día le pregunté a *Smith* si a estas tías les va la marcha y me dijo que probara, que allí cada uno hace lo que puede. Lo del amor libre no está reservado sólo para los hippies, también lo practican las terroristas.

—Miguel, son unas guarras y unas asesinas. Tú haz lo que quieras, pero te recomiendo que no te encoñes con una pájara de ésas, porque entonces estarás perdido. Primero, porque

2. Son las personas que tienen documentación en regla y un trabajo estable. Hacen una vida normal, pero trabajan para ETA sin que la Policía lo sepa.

si la tipa está enrollada con un jefe de la banda, vas a poner en peligro nuestro plan. Y segundo, si se produce una atracción fatal, no te vas a librar de ella ni un minuto, incluso vas a tener problemas para escaparte y verte con nosotros. Por una vez, sigue al dedillo el dicho ese de «donde tengas la olla no metas...» o, en plan guarro, «donde cagues no comas». Tú sigue presentando a Edurne como tu novia y que os sigan viendo juntos en la cama.

Edurne va y viene de Hendaya representando a la perfección el papel de correo de ETA. Recoge la documentación en Francia y la introduce en España por la frontera de Irún. Después, antes de dejar los sobres en un buzón que ETA tiene en un pequeño bar próximo a la estación de Achuri, cerca de Bilbao, se los cede unos minutos a los agentes del SECED para que los fotografíen o, cuando tienen tiempo, los fotocopien. Cuando Edurne pernocta en el piso de la calle Caneta, Mikel y ella duermen en el sofá del salón. Así tienen más intimidad.

Para Mikel, la nueva vida de terrorista transcurre sin sobresaltos. Ni él ni *Smith* ni el resto del grupo hacen nada. Pasan los días en vacío a la espera de que la dirección acuda a ellos. Mikel lo sabe y no fuerza la máquina. Se deja ver y procura demostrar sus habilidades, sobre todo en la conducción de automóviles. Es uno de los pocos que domina el volante, cualidad que tiene su importancia dentro de la organización. Se da la circunstancia de que muy pocos *soldados* tienen carnet de conducir, y muchos menos saben manejar un coche con habilidad. Mikel, además, es una persona con buena presencia, tiene buena puntería con las armas y es experto en artes marciales.

Su obsesión es darse a conocer a la cúpula etarra por su propia valía. En una ocasión van varios etarras en el interior de un vehículo conducido por Mikel y una de las ruedas revienta. El joven vasco se hace con el control del coche y *Smith* propaga la hazaña entre toda la comunidad de refugiados. En otra ocasión se van al monte a hacer práctica de tiro con un rifle y Mikel elige como blanco el pluviómetro de un caserío. Hace diana pero, ante las protestas del propietario, tienen que pagar los desperfectos.

Pero *Lobo* sigue inmerso en la rutina, a la espera de una oportunidad para asestar el primer zarpazo. Todavía no ha entrado en contacto con los generales de la banda, pero esa tardanza no le pone nervioso. Intuye que pronto le llegará la hora. *Lobo* guarda sus garras para más adelante y, por el momento, no le importa ser una tortuga, un galápago que se arrastra hacia el magma de la banda con lentitud, pero con eficacia. Y con una dura concha que protege sus verdaderos planes de aniquilación.

Mikel, para no aburrirse, sigue con expectación el desarrollo del juicio en la prisión de Stuttgart-Stammhein contra los principales miembros de la organización terrorista alemana Fracción del Ejército Rojo, más conocida por la banda Baader-Meinhof, que durante 1972 habían cometido una serie de espectaculares atentados contra instalaciones militares norteamericanas en Alemania y comisarías de policía de ese país. En el banquillo se sientan, entre otros terroristas, sus principales dirigentes: Gudrun Ensslin, Ulrike Meinhof, Andreas Baader y Jan Carl Raspe.

Mikel está impresionado por la manera en que afrontan los políticos alemanes el problema del terrorismo, al menos como le llegan las noticias a través de la prensa francesa. El agente del SECED que hace de enlace con Mikel en esas fechas también le influye en su opinión:

«Miguel, eso sí son cojones. Palo y tentetieso. Estos alemanes no se andan con tonterías. Has visto cómo se han cargado a esa banda de terroristas formada por hijos de papá. A esos hijos de puta los tienen en el juicio, metidos en cámaras de cristal a prueba de balas y en cárceles de máxima seguridad. Ya verás cómo acaban esos tipejos».

Los comentarios del militar de los servicios secretos españoles son todo un despropósito, ya que en España la presión del Gobierno de Arias es mucho más sofocante. Hasta el diario *Ya*, nada sospechoso por sus veleidades revolucionarias, se queja de los atropellos sobre la libertad de prensa: «Nos consideramos obligados a advertir con la mayor lealtad que la medida adoptada por el Gobierno nos parece no sólo innecesaria, sino contraproducente. Tememos que haya sido adoptada sin una seria reflexión sobre sus consecuencias... Es estúpido suponer que lo que no se publica no existe. No sólo existe, sino que se agiganta y deforma».

La declaración de materia reservada de las noticias periodísticas es una anécdota comparada con las limitaciones adoptadas por el decreto ley del 26 de abril de 1975 sobre el estado de excepción. El decreto faculta a las Fuerzas de Seguridad del Estado a emitir bandos sobre medidas policiales que afectan a los más elementales derechos constitucionales. La policía tiene potestad para prohibir «la circulación de personas y vehículos en las horas y lugares que en el bando determine».

También puede prohibir la formación de grupos o estacionamientos en la vía pública y los desplazamientos entre ciudades, así como exigir a los ciudadanos seleccionados que notifiquen todo cambio de domicilio o residencia con dos días de antelación.

En esa época, los controles y la presión policial sólo se realizan en España. En Francia el colectivo etarra disfruta de plena libertad de movimientos. Los agentes del SECED, aunque con ciertas reservas, también. Los enlaces de los servicios españoles —S. Mateos y Merino— y Mikel han escogido como lugar de contacto la estación de Hendaya. Para ellos es el mejor punto para colocar un buzón de información.

Estación de Hendaya: punto de encuentro

El sistema es rudimentario pero seguro: los agentes del SECED estacionan en el pequeño aparcamiento de la estación, junto al bar de entrada, un Seat 1430 blanco con un pañuelo atado en el volante y una de las ventanillas entreabierta. Cuando Mikel tiene que pasarles alguna información o solicitar un encuentro urgente, les deja caer por la rendija una nota. Es el sistema menos malo, ya que el uso del teléfono público está reservado para situaciones muy excepcionales. *Lobo* sólo se ve en la necesidad de utilizar el teléfono del bar Hendayes[3] en un par de ocasiones.

Sin embargo, las inquietudes que Mikel muestra por la banda alemana Baader-Meinhof no son compartidas por sus

3. Está en el pueblo de Hendaya y es uno de los lugares que solían frecuentar los etarras en aquella época y en años posteriores. En noviembre de 1980 un comando del BVE (Batallón Vasco Español) ametralló a los clientes que había en el local y murieron José Camio y J. P. Aramendi. Los autores materiales del atentado pertenecían al grupo de los hermanos Perret y huyeron a España. En la frontera recibieron protección de la policía española porque eran confidentes del comisario Manuel Ballesteros, que entre 1977 y 1982 fue comisario general de Información. Ballesteros fue procesado por un juzgado de San Sebastián en 1985 por negarse a facilitar el nombre de los tres mercenarios que llevaron a cabo el atentado.

compañeros de ETA, que apenas se refieren a ese proceso porque no admiten que les comparen con alemanes. Los militantes de la organización armada vasca destacan que ellos no son terroristas urbanos ni cometen acciones indiscriminadas, salvo el inmenso error de la calle Correo de Madrid. Sus enemigos tampoco son los norteamericanos. Sólo el ejército y las fuerzas de seguridad del régimen franquista. Al menos eso es lo que le repiten a Mikel una y mil veces. Los interlocutores de *Lobo* defienden el principio de liberación nacional. Para ellos, si tuvieran que compararse con otros pueblos en lucha, sería con los argelinos o vietnamitas. Sus movimientos guerrilleros son liderados por sendos frentes de liberación nacional. Sus modelos a seguir, por tanto, son: Boumedian, en Argelia, y Ho Chi Minh en Vietnam. Sin olvidar al Che Guevara en América. La aclaración es del propio *Smith*.

Por fin, llega la primera oportunidad para que Mikel se dé a conocer a los verdaderos jefes de la banda. El joven vasco se pasa por Anai-Artea,[4] en la calle Maurion Garay, 16, donde se reúne un grupo de dirigentes del comité ejecutivo. En torno a una misma mesa están sentados *Ezkerra*, *Pertur*, *Montxo*,[5] Gurruchaga y otros dirigentes de menor peso. Para sorpresa de Mikel, no discuten asuntos de singular trascendencia política, sino que celebran algún acontecimiento con una opípara comida. *Lobo* cree que es el momento de dejarse notar y hace un comentario incendiario sobre la escena pantagruélica. En par-

4. La asociación Anai-Artea, dedicada a la ayuda a los refugiados vascos y presidida por Telesforo Monzón, era otro de los cuarteles generales de ETA en Francia.

5. José Ramón Martínez. Formaba parte del comité ejecutivo de los *polimilis*.

—No es mi experiencia. Veo a la gente de mi entorno muy despistada —precisa *Lobo*.

Pertur se siente impresionado por la valentía y la entereza de Mikel y le dice que dentro de unos días tendrá noticias suyas a través de *Wilson*. El gran *Wilson*, el mismísimo jefe de los comandos especiales de ETA. Toda una institución y una leyenda para los jóvenes militantes, un quebradero de cabeza para la policía y los servicios secretos españoles.

Mikel había tenido ocasión de echar un vistazo a la ficha policial del dirigente de ETA que le había mostrado S. Mateos cuando le ofrecieron infiltrarse en la banda armada. Era un informe de la policía elaborado a raíz del asesinato de Carrero Blanco, cuando los agentes identificaron a *Wilson* como uno de los miembros que formó parte del comando que asesinó al entonces presidente del Gobierno:

«PEDRO IGNACIO PÉREZ BEOTEGUI, alias *Wilson*, nacido el 31-7-48 en Vitoria, hijo de Lucas y Pilar, soltero, estudiante y con domicilio que tuvo en Vitoria, calle Nueva Dentro, 49, piso 1.º. Elemento de la organización ETA, V Asamblea, que llegó a ocupar el cargo de "responsable político" de Vizcaya. Historial: el 22-3-65 es detenido por robo y diversos hurtos. En 1965 se traslada a Inglaterra, fijándose su residencia en Londres con el fin de cursar estudios. El 29-12-69 es detenido en Londres, junto con Juan Manuel Echevarría Elorta, por intentar incendiar la embajada de España en dicha capital, agrediendo a un policía inglés cuando iba a ser detenido. Como consecuencia de esta detención es condenado a la pena de un año de prisión, siendo propuesta la expulsión del país. El 12-6-71 regresa a Vitoria, poniéndose en contacto con elementos de la organización trabajando en pro de la misma con el cargo de "responsable político" de Vizcaya. Con motivo del secuestro del señor Zabala[6] tiene que huir a Francia, en cuya nación fijó su residencia. Residiendo desde el mes de julio del presente año en la calle Mirlo, 1, piso 12-C,[7] junto con José Ignacio Abaitua Gomeza y José Miguel Beñarán Ordeñana, siendo uno de los elementos que planificó y participó en el atentado contra el Presidente del Gobierno, señor Carrero Blanco [*sic*].»

Según los informes que la policía había facilitado al SECED, *Wilson* había participado en multitud de acciones armadas: asesinato del guardia municipal de Galdácano Eloy García Cambra y del inspector José Díaz Linares, en 1972; asalto a una armería de Madrid, en 1973, y varios atracos a entidades bancarias.

Lobo entra en los comandos especiales

Pertur no habla en broma. En menos de una semana, Mikel recibe la llamada del mismísimo *Wilson*. La cita se organiza en la oficina del comité internacional de los *polimilis*, que está situada en la salida de San Juan de Luz, en dirección a Hendaya.

Cuando *Lobo* llega al lugar de encuentro, le informan de que ha pasado a formar parte de los comandos especiales de ETA y que va a asistir a una reunión con otras veinte personas. Allí están Miguel Ángel Apalategi Ayerbe, *Apala*; Francisco Múji-

6. El secuestro del industrial Lorenzo Zabala se lleva a cabo en febrero de 1972, en medio de una huelga motivada por la negociación del convenio colectivo en sus factorías. Fue puesto en libertad una vez que su empresa readmitió a doscientos despedidos.

7. En esa misma calle miembros parapoliciales del BVE asesinaron años después, en 1978, a *Argala* con una bomba en su coche.

ca Garmendia, *Pakito*; Gregorio Garitaonaindia Arrillaga, *Bordas*; Juan Paredes Manot, *Txiki*; Félix Eguía, *Papi*; Antonio Campillo Alkorta, *Andoni*; *Smith*; José Ramón Martínez de la Fuente, *Karmelo*; Mariano Ibarguren Azkue, *Mariano*, y José Javier Zabaleta Elósegui, *Baldo*, entre otros. La voz cantante la lleva *Wilson*, a quien secunda *Papi*, ya que ambos son los dirigentes *polimilis* con mayor formación militar.

Wilson toma la palabra:

«Todos vosotros habéis sido seleccionados para formar parte de los comandos especiales. Vamos a organizar una red fuera de Euskadi y tenéis que estar preparados para la acción. Vais a correr un gran riesgo y, por ello, vais a recibir una preparación física y psíquica. Vamos a asignaros a cada uno de vosotros un caserío y ya os iremos llamando según las necesidades. Sois la élite y no nos vais a decepcionar».

Mikel ya se siente dentro de las entrañas de ETA, pero ahora más que nunca debe extremar su cautela. Necesita contactar con los agentes del SECED para comunicarles sus avances y los planes de ETA. Además, debe pasarles la información que ha acumulado desde la última reunión. Conoce los domicilios de varios de los dirigentes: *Pertur* vive en San Juan de Luz, Emilio López Adán, *Beltza*, en un chalet de Sokoa y *Ezkerra* en una vivienda de Anglet. El piso franco de *Wilson* no lo conoce nadie, ni la dirección de la organización. Es él quien adopta sus propias medidas de seguridad.

Los contactos personales con S. Mateos tienen lugar en las afueras de Bayona, en una zona alejada de la actividad de Mikel. Y ni aun así las precauciones tomadas son suficientes. En una ocasión *Lobo* está a punto de ser descubierto por sus compañeros y echar por tierra la operación.

Antes de partir hacia el caserío, Mikel necesita hablar urgentemente con sus enlaces del SECED. Ese día, asiste a una reunión en casa de *Ezkerra*. A la salida se pone a hacer autoestop en dirección a Bayona, con tan mala suerte de que es *Ezkerra* quien lo recoge en su coche particular y le ofrece dejarlo en alguna parte. Mikel le cuenta que ha quedado en Bayona con unos amigos arquitectos a quienes piensa utilizar como parte de la infraestructura en España. Eso sí, sólo quieren colaborar con él por sus relaciones personales, pero no comprometerse con la lucha armada. Son simpatizantes de ETA, pero no piensan integrarse en su estructura. La historia de Mikel funciona y lo coloca más cerca de la meta.

Cuando Mikel contacta con su enlace del SECED en Bayona, Domingo Iturbe Abasolo, *Txomin*, y otros *milis* son testigos de cómo *Gorka* se sube en un Seat 1430 Especial de color blanco, conducido por el agente S. Mateos. No tardan en comentárselo a *Ezkerra*. Le dicen que han visto a *Gorka* con unos tipos raros que parecen policías. El dirigente *polimili* los tranquiliza y les informa de que son unos arquitectos de Bilbao, simpatizantes de la causa vasca.

Cuando Mikel se entera de lo ocurrido por boca del propio *Ezkerra*, se le encoge el estómago. Un escalofrío le recorre el cuerpo de la cabeza a los pies. Le viene a la memoria el caso de unos pescadores gallegos[8] a los que ETA asesinó en San Juan de Luz, tras confundirlos con policías. Por unos segundos se ve en sus mismos pellejos. Es una historia que le quita el sueño: cómo ETA se había ensañado con tres gallegos que tra-

8. José Humberto Fouz, de veintiocho años, Jorge Juan García Carneiro, de veintitrés, y Fernando Quiroga Veiga, de veinticinco, desaparecieron el 24 de marzo de 1973 en territorio francés.

bajaban en Irún y que se habían desplazado a Biarritz para ver la película *El último tango en París*, filme que estaba prohibido en España. A *Lobo* se lo ha contado José Manuel Pagoaga, *Peixoto*,[9] que alardea de la carnicería. Narra el suceso como si se tratara de una heroicidad. Convierte lo que es una infamia en una leyenda de héroes, situando a unos viles asesinos en el país de los Nibelungos.

Mikel informa de los hechos a los agentes del SECED, facilitándoles todo tipo de detalles:

«Su único error fue detenerse en un bar de San Juan de Luz cuando regresaban a España. Ese establecimiento era frecuentado por unos etarras que vivían en una casa próxima. Los terroristas estaban borrachos y hundidos porque la Guardia Civil había matado a uno de los suyos al otro lado de la frontera. Vieron aparcado un Austin Victoria con matrícula de La Coruña y los confundieron con policías de información. Los gallegos, además, iban vestidos con traje y corbata. Se produjo una pelea y mataron de un botellazo a José Humberto Fouz. A los otros dos se los llevaron para interrogarlos y fallecieron durante las torturas a las que fueron sometidos. *Peixoto* me confesó que los torturadores introdujeron a uno de ellos un destornillador por un ojo. "Y cómo gritaba el tío", me llegó a decir el cabrón. Según él, quien dio la orden de la desaparición fue Tomás Pérez Revilla».[10]

9. Era el responsable de auxiliar a los refugiados vascos en Francia. En enero de 1977 perdió un ojo tras recibir un disparo en la cara de un miembro de un comando parapolicial, que luego reivindicó el atentado en nombre de una supuesta Organización Antimarxista y Antiseparatista (OAMAS).

10. Este histórico dirigente de ETA fue asesinado por los GAL en 1984.

Un «topo» en el comité ejecutivo

En ese nuevo encuentro con su oficial de caso, tras el incidente con *Ezkerra*, Mikel insiste en que hay que descabezar a la organización y no conformarse con la caída de dos o tres comandos. Su plan particular consiste en infiltrarse en el mismísimo comité ejecutivo de ETA y manipular desde dentro a la banda.

Los agentes del SECED, aleccionados por sus superiores de Madrid que son más pesimistas sobre los resultados finales de la *Operación Lobo*, mantienen una posición mucho más realista. Ellos sólo buscan resultados inmediatos. Además, a esas alturas de la operación, en Madrid los militares del SECED están más interesados por el futuro del Régimen y los problemas de la sucesión. A la muerte de Carrero Blanco se le había sumado el fallecimiento de otro de los delfines del franquismo, Fernando Herrero Tejedor, que pierde la vida en un accidente de tráfico.

Una semana después, la temperatura de la vida política sube muchos grados al negar el Gobierno de Arias Navarro la entrada en España del conde de Barcelona, el padre del entonces príncipe Juan Carlos y futuro sucesor de Franco.

Mikel no sigue con atención los enfrentamientos entre las distintas familias del franquismo ni le interesa. Su obsesión es ETA y quiere hacer bien su trabajo. Así se lo hace ver a uno de sus oficiales de caso.

—Llegar hasta donde hemos llegado para conformarnos con la detención de un comando es un error. No me juego la vida para ese simple cometido. Tenemos que descabezar a ETA y meter entre rejas a los duros. De esa forma, dejaremos el poder a gente como *Pertur*, que habla continuamente de una Euskadi libre y sin violencia.

—No te confundas, Miguel.[11] Por ahí no vas a ningún sitio. Ése no es tu cometido. Ese trabajo es para los analistas. *Pertur* es igual de asesino que *Wilson* o *Txomin*. No usa las pistolas pero pone su inteligencia al servicio de los asesinos. No mata a la gente con sus manos pero manda matar, que es lo mismo. No te confundas, Miguel. Si no, estás perdido. Mejor dicho, estamos perdidos. Y todo lo avanzado puede irse al traste.

Mikel se olvida de los análisis políticos y pisa tierra firme. Cuenta al agente del SECED que la dirección etarra va a trasladar a todos los activistas de los comandos especiales a dos caseríos que la organización ha alquilado en Bidatxe y Bardot, muy cerca de la frontera. A él le ha tocado el primero.

Una vez en el caserío de Bidatxe, Mikel se encuentra con lo más granado de la banda terrorista. Allí están Faustino Estanislao Villanueva, *Txapu*, que luego se pasa a los *milis*, *Apala*, Santiago Arrospide, *Santi Potros*, *Baldo*, *Mark*, Francisco Javier Garayalde, *Erreka*... El jefe del caserío es Simón Loyola, *Mendi*.[12] La dirección le pide a Mikel que se encargue de la organización de la cocina y la intendencia.

Lobo y sus compañeros de manada llevan en el caserío una vida casi cuartelera. Se levantan pronto, hacen ejercicio físico, dedican muchas horas a la lectura de libros marxistas y de re-

11. Los agentes del SECED siguen dirigiéndose a él como Miguel. No admiten los nombres en vasco.

12. Años después regresó a España y llegó a ser dirigente de Herri Batasuna, hasta que en 1988 cayó en desgracia como su mentor, *Txomin* Ziluaga.

vistas etarras, como *Zutik*. Aunque forman la élite de los comandos armados de ETA, no reciben una instrucción militar en plan *marine*. No saltan por una pista americana ni hacen prácticas de tiro con pistolas. Mikel se ha llevado al caserío un rifle del calibre 22 y todos ellos disparan al blanco con él. Duermen en colchonetas y sacos de dormir y, por lo general, se acuestan muy pronto.

Transcurridos unos días, *Mendi* le dice a Mikel que debe acudir a una cita con la dirección en Bayona. *Lobo*, en un principio, sospecha de que algo puede ir mal. Cualquier mínimo fallo puede ponerlo al descubierto. Sin embargo, los temores son infundados. En Bayona lo esperan con los brazos abiertos *Ezkerra*, *Montxo* y *Pertur* para hacerle un ofrecimiento. *Pertur*, como casi siempre, toma la iniciativa.

—*Gorka*, tu misión no es la de pegar tiros. Necesitamos a gente preparada como tú para otras tareas más importantes.

—Entonces, ¿por qué me habéis metido en los comandos especiales?

—Para que proporciones a los comandos infraestructura. Sin medios, los comandos no pueden actuar. Para que vayas a España a preparar la llegada de nuevos comandos. Sabemos que conoces a gente importante. ¿Estaría esa gente dispuesta a colaborar con nosotros?

—Sí, pero sin dar la cara ni implicarse con la organización. Sólo están dispuestos a facilitar cobertura a través de mí. Ya se lo dije a *Ezkerra*.

La conversación transcurre mientras caminan por las calles del casco viejo de Bayona, junto al río Adour, y termina en un bar de un simpatizante de ETA. Esa zona, desde la calle Pannecau hasta la catedral, es territorio seguro. Los militantes de ETA se desenvuelven con plena libertad en su santuario francés y los gendarmes no se meten con sus actividades. Sin embargo, desde que los mercenarios de la Triple A y el Batallón Vasco Español comienzan a colocar bombas en el *santuario* de ETA, *Ezkerra* y otros generales van armados.

El SECED, al margen de la infiltración de «topos», como Mikel, ha emprendido una campaña de *guerra sucia* en territorio galo (Hendaya, Biarritz y Bayona), y en tres meses ha colocado artefactos explosivos en las librerías Mugalde (en tres ocasiones) y Nafarroa (dos veces), en el restaurante Etxabe y en el domicilio de José María Sagardía Zaldua.[13] Se da la circunstancia de que un coche bomba, destinado a *Josu Ternera*, les ha estallado en las manos a los autores del atentado, provocando la muerte a un mercenario e hiriendo a otro.

Ezkerra y *Pertur* han recibido la misma medicina de los comandos parapoliciales días atrás. El vehículo con el que circulan por una carretera, un Citroën Dyane, es ametrallado por un comando integrado por colaboradores del SECED. La sección de *guerra sucia* de los servicios secretos está dirigida por Juan Manuel Rivera Urruti, alias *Pedro el Marino*. Aunque por encima de él, en la escala jerárquica, está Agustín Tejedor. Todo un experto en contraterrorismo.

13. Fue asesinado en diciembre de 1980 en Biarritz. El BVE le colocó un coche bomba.

5

GUERRA SUCIA CONTRA ETA

ETA, SIN COMANDO EN MADRID

El 4 de junio de 1975 el ministro francés del Interior, Poniatowski, declara ante la Asamblea francesa: «En los últimos tiempos se han producido ciertos hechos lamentables... policías españoles han penetrado en territorio francés sin darse a conocer. He exigido que se efectúen las gestiones diplomáticas necesarias ante las autoridades españolas para que éstas prohíban a sus agentes que vengan a Francia para llevar a cabo ciertas misiones».

Semanas después la policía francesa detiene a un mercenario responsable del atentado contra el restaurante Etxabe en Bayona. Ante el juez declara: «Los refugiados molestan al Gobierno y nosotros hemos realizado una labor ecológica...».

ETA soporta en su propio terreno una fuerte presión de los servicios secretos españoles y de un grupo de mercenarios contratados por éstos. El escenario ha cambiado. Los terroristas matan y ponen bombas. A partir de 1975, las bombas también se las ponen a ellos. Por eso la dirección quiere efectuar un golpe espectacular en Madrid, en el corazón del régimen franquista.

Pertur comenta a Mikel que la infraestructura de Madrid está materialmente quemada. A raíz de los atentados contra Carrero Blanco y la cafetería Rolando, sus compañeros de viaje de la farándula del mundo del teatro y el espectáculo y de alguna célula del Partido Comunista de España en la clandestinidad han quedado desactivados. Insiste en que su labor es de vital importancia para la organización, pero Mikel se hace de rogar. Aunque se frota las manos porque su nueva tarea va a proporcionarle los domicilios de todos los comandos etarras en el interior. Una auténtica bicoca.

«Yo quiero acción. No quiero hacer de niñera. Dejadme veinticuatro horas para que me lo piense.»

Lobo, aprendiz de actor en el colegio y en la parroquia de su pueblo, representa el mejor papel de su vida y ante un público muy exigente. En su teatro de la vida una mala actuación no se paga con pitos o patadas en el patio de butacas. Se paga con la vida.

Al día siguiente Mikel recibe en el caserío la visita del trío de dirigentes de ETA. Y les da la respuesta prometida.

—Voy a hacer lo que me habéis pedido, pero antes tenéis que asegurarme que mi nueva tarea va a ser importante para la organización. Si no, no me interesa.

—Es importante. Mucho más importante —le contesta nuevamente *Pertur*—. Tanto que, a partir de ahora, pasas a formar parte del comité ejecutivo.

El dirigente etarra tiene diseñada su estrategia y se la explica a *Gorka*.

—Vas a ser el jefe de infraestructura de la organización. Tienes que conseguir pisos en Madrid, Barcelona y Euskadi,

te también porque, además del corazón, se lo pide el estómago, ya que está harto de la escasísima comida que llega a los militantes de base. Siempre el mismo menú: alubias.

—Esto sí es vida. Mientras otros estamos sin un duro, jugándonos la vida, viviendo del dinero que nos mandan nuestros familiares, vosotros aquí disfrutando de un festín. He entrado aquí pensando en algo serio y me voy a marchar desmoralizado. No tenéis ningún tipo de adoctrinamiento. Vosotros os pasáis todo el día reunidos, mientras la gente está dispersa y ociosa sin saber qué hacer. Llevo aquí dos meses tocándome los cojones, sin ninguna actividad, y vosotros a lo vuestro. ¿Acaso pensáis acabar así con Franco? Yo, no. Me niego a ello.

Las palabras de *Lobo* son duras y producen su efecto. *Ezkerra* lo mira con cierta indiferencia. *Montxo* sigue masticando su último bocado. Pero, tras un largo silencio, *Pertur* toma la palabra. Y, sorprendentemente, lo hace sin agresividad. Como esos boxeadores fajadores que asimilan el golpe y, en lugar de defenderse respondiendo con otro puñetazo, siguen cubriéndose el torso.

—¿Tú qué harías?

—Empezaría a clasificar y a reunir a la gente en los pisos según sus cualidades. La adoctrinaría y formaría para que estuviera preparada para cualquier acción. A los políticos los colocaría con los políticos, a los militares con los militares... Es lo más razonable. Los situaría en lugares estratégicos, en caseríos apartados de las ciudades donde pudieran recibir instrucción.

—¿Quién te ha dicho a ti que eso no lo hacemos ya? —le pregunta *Pertur*.

por ese orden. Tenemos preparado algo importante y te necesitamos. Nos urgen cuanto antes pisos en Madrid.

Pertur le dice a Mikel que debe presentarse con el resto del comando en la sede de Anai-Artea, donde tienen que hacerse unas fotografías para falsificar la documentación. *Lobo* viste de esport y lleva una camisa de rayas bastante llamativa. Luce media melena y destaca en sus rasgos físicos una pronunciada nuez en la garganta. Le toman cuatro fotografías. La dirección de ETA se queda dos para sendos carnets y las restantes se las devuelven a *Lobo*. Él las guarda en un altillo de su habitación de la casa de la calle Caneta y se olvida de ellas, desliz que en el futuro le acarreará graves consecuencias.[1]

Mikel necesita cuanto antes hablar con la gente del SECED. Lleva seis meses en Francia y ya es miembro de la dirección de ETA. Esa noticia no puede esperar más tiempo sin ser compartida con sus oficiales de caso. Tras la reunión en el caserío, se desplaza a Bidatxe y llama a Bilbao desde una cabina situada a la entrada del pueblo. *Lobo* logra hablar con S. Mateos:

«Tengo que veros lo antes posible. Me han hecho del comité ejecutivo. Me han nombrado jefe de la infraestructura de toda la organización. Tenemos que crear una red de pisos en Madrid y Barcelona.»

Mikel se cita con los agentes del SECED para el día siguiente a última hora de la mañana, cerca del cine de Hendaya, un lugar donde ya han tenido otra entrevista. Los agentes

1. Cuando ETA se percató de que era un «topo», utilizó una de esas fotos para elaborar unos carteles con los que empapeló el País Vasco. Mikel sospecha que también pudieron obtener las fotos por medio de los negativos del fotógrafo, que era un colaborador de ETA.

de los servicios secretos llegan ansiosos por conocer más detalles de lo que *Lobo* les ha adelantado por teléfono. Mikel les relata sus encuentros con *Pertur* y *Ezkerra*, ante el asombro de S. Mateos y Merino.

Mikel se juega la vida

Lobo adelanta a sus enlaces que en veinticuatro horas dispondrá de más detalles sobre la operación que ETA piensa llevar a cabo en España, ya que han convocado una reunión en el chalet de Sokoa, el 7 de julio —día de San Fermín— a las 13 horas. El oficial de caso se pone pálido y Mikel advierte su nerviosismo.

—¿Qué pasa?

—Mañana, entre la una y las dos, no puedes estar en esas oficinas.

—¿Por qué? Imposible. La reunión está convocada a la una. ¿Por qué tanta preocupación?

—Mikel, tienes que salir a esa hora de la casa. Pon una excusa. Tenemos información de que van a poner un petardo. Tienes que salir como sea.

—Estáis locos. Si os hago caso, estoy perdido. Me cargo toda la operación. Si me voy y estalla el petardo, me crucifican. Estáis locos. Tenéis que pararlo. Decid a los vuestros que pongan la bomba otro día.

—Imposible, Miguel. No podemos hacer nada. No depende de nosotros.

Mikel no insiste, pero por primera vez se lleva un disgusto con su oficial de caso. *Lobo* sabe de antemano que la bomba será colocada por mercenarios contratados por el SECED o, en todo caso, por los propios agentes de los servicios secretos españoles. La Guardia Civil dispone de una unidad especial preparada para actos de sabotaje. Se denomina GOSSI (Grupo Operativo de Servicios Secretos de Información),[2] y está formado por unos veinte guardias civiles, aguerridos y dispuestos a todo, sin excepciones. En ese grupo también está destinado el guardia Manuel Pastrana, al que llega después de terminar su infiltración en ETA, en Francia. Toda esa trama de grupos parapoliciales es la responsable del reguero de pólvora de los últimos meses en locales y establecimientos de militantes o simpatizantes de ETA. Para Mikel, las acciones antiterroristas ponen en peligro su misión, pero pronto comienza a sospechar que los militares del Gobierno de Arias Navarro son más partidarios de la ley del Talión, la del ojo por ojo, que de la estrategia antiterrorista. Una vez más, como sucederá una década después con los GAL, los servicios secretos se alejan del concepto «inteligencia» para convertirse en los motores de la *guerra sucia*.

Los espías del SECED le amargan la mañana a Mikel, pero por la tarde tiene tiempo de recuperarse. Una nueva mujer aparece en su vida. Se llama Nekane y tiene un hermano en ETA. Los dos jóvenes se atraen y deciden pasar la noche juntos. Además, *Lobo* hace tiempo que no está con Edurne. Esa noche, Mikel duerme en el chalet de *Beltza*, cerca de la coo-

2. El sargento de esa unidad, José Luis Cervero, declaró en una entrevista a Manuel Cerdán (*Interviú*, 20-11-1985) que colocaron bombas en el sur de Francia. El GOSSI estaba dirigido por el capitán Sánchez Valiente, que el 23 de febrero de 1981 se hizo popular por su papel de «hombre del maletín» durante el intento de golpe de Estado de Tejero.

perativa de Sokoa. Lo mismo que *Bordas* y *Txiki*. Al día siguiente los tres tienen que viajar a Perpiñán para, desde allí, dar el salto a España. Tienen que acomodarse en una habitación con dos camas: en una, Mikel y su pareja, y en la otra, los dos etarras. *Lobo* cuenta al día siguiente a sus compañeros que ha estado haciendo el amor toda la noche. *Txiki* le contesta: «No hace falta que me lo cuentes. Tuve que ir varias veces al baño».

Tras una larga e intensa noche de pasión, Mikel se enfrenta al día más largo y tenso de su vida. Duda en ir a la reunión, pero entiende que nada servirá de excusa una vez que estalle la bomba. El viaje a Perpiñán puede ser aplazado y esa decisión es contraproducente para el futuro de la operación. *Lobo* se conciencia y, a la hora prevista, entra por la puerta del edificio.[3] Se trata de un caserón de construcción típica vasca, con tejado triangular a dos aguas, situado cerca de la carretera que une Hendaya por la costa con San Juan de Luz. El edificio está destinado a distintas actividades de la organización. Además de servir de vivienda a Josean, el hermano de *Ezkerra*, y a otros militantes de ETA, dispone de taller y oficinas. En una de éstas está ubicada Alkar, una editorial especializada en libros del movimiento *euskaldun*. La bomba de los servicios secretos tiene por objetivo esa editorial, en la línea de las ya colocadas en las librerías Mugalde y Nafarroa.

Mikel llega con tiempo de sobra al salón donde va a celebrarse la reunión para colocarse en un lugar estratégico: deba-

3. Años después, en 1986, la policía francesa encontró dentro del mismo edificio un arsenal de armas y los archivos del impuesto revolucionario de ETA. El mismo local albergaba una cooperativa de muebles de oficina, regentada por simpatizantes de ETA.

jo de la viga maestra y junto al pilar principal. Desconoce los estragos que causará la explosión y no quiere arriesgarse. De esa manera tendrá más ventajas que otros. Pero el miedo a lo desconocido no se disipa. Se levanta de la silla una y otra vez, mira por una de las ventanas cómo bajan las aguas por el río Bidasoa, que limita la frontera hispanofrancesa, como si buscara una vía de escape. Una parte de su mente le aconseja echar a correr, la otra, lo serena y le infunde calma por el bien de la operación. Sin embargo, ese falso sosiego es violentado por el tictac de las manecillas y los movimientos del péndulo de un enorme reloj de pared del que no retira la vista. Así permanece, como hipnotizado, desde la una menos diez hasta la una y cinco. Quince minutos de tensión y miedo.

En ese momento se produce un potente estruendo, como si la tierra se partiera en dos, y el edificio comienza a vibrar. Mikel sabe que no es un terremoto y que si el techo no se desmorona, todos los asistentes quedarán a salvo. Así sucede. La bomba, compuesta por dos kilos y medio de dinamita, ha sido colocada en una pared del patio por dos desconocidos. Destruye por completo el primer piso, pero no causa muertos ni heridos, ya que a esa hora los trabajadores están comiendo. Varios militantes de ETA corren tras los responsables del atentado, que logran escapar por el puesto fronterizo hacia el lado español.

Aturdido, Mikel no logra encontrar una explicación. Está convencido de que el atentado ha sido organizado después de que él informara a su oficial de caso sobre esa reunión. Pero no halla una respuesta a lo sucedido, sobre todo porque anteriormente ha ofrecido otra acción mucho más letal contra la dirección de ETA. Había propuesto a los agentes del SECED envenenar la comida del caserío donde iba a celebrarse una asamblea con cincuenta dirigentes de ETA–pm. Además de recibir una negativa por respuesta, le dicen que no se pase de listo. Esa actitud tan insolente no le gusta nada. Mikel empieza a comprender que su oficial de caso es un simple enlace. Un mensajero sin autonomía que lo consulta todo con los superiores. Aunque S. Mateos es policía, está sujeto a la escala de mando de los militares. La reacción un tanto indiferente de los agentes del SECED cuando *Lobo* les cuenta su ingreso en la dirección de ETA, despierta en el «topo» sus dudas y un momento de desmoralización. Necesita hablar con Edurne para desahogarse.

Una cabina telefónica y un número de contacto de Bilbao aplacan su ira:

«Edurne, estoy hundido. Estos tíos del SECED no valoran lo que estoy haciendo. Están pasotas. Creen que voy de farol y que no he hecho avances. Ya se llevarán una sorpresa cuando lleguemos a Madrid. Sabrán quién es *Lobo*».

Cita en Madrid con los jefes de ETA

La bomba contra las instalaciones de ETA no modifica en nada el plan previsto por *Ezkerra* y *Pertur* de enviar el comando a España. Mikel teme lo peor, pero la banda terrorista está necesitada de acciones en el interior del Estado español. Y para ello le urge una red de pisos en la capital de España.

Antes de partir hacia España, cuando se disponen a coger el tren con destino a Perpiñán, *Ezkerra* se acerca a *Lobo* y le entrega una bolsa con cincuenta balas y dos pistolas: una Firebird 765, un arma de pequeño tamaño, y una FN Browning de fabricación belga.

La Firebird (pájaro de fuego en inglés) es una pistola de origen soviético fabricada por Tokarev, que es distribuida en Europa a través de la entonces República Federal de Alemania. Concebida para uso militar, no tardó en ser introducida, de manera ilegal, en el mercado civil, yendo a parar a manos de grupos de resistencia y bandas terroristas. En España la primera Firebird le fue incautada, en 1968, a un fugitivo de ETA. Junto con la FN belga era la pistola más fácil de conseguir en el mercado negro.

Mikel no tiene tiempo para probarlas y las guarda en su bolsa de viaje. Es un buen tirador, pero los expertos de ETA sólo le han enseñado a montar el arma. La mayor parte de los miembros de la organización carecen de instrucción de tiro. Además, la entrega indiscriminada de las pistolas los coloca en una situación difícil. Si son detenidos, con tan mala suerte de que la pistola haya sido usada en un atentado anterior, corren el riesgo de que la policía les adjudique los muertos de otros.

El 8 de julio, Mikel y sus compañeros de viaje hacen noche en Perpiñán, en un piso proporcionado por la organización. Al día siguiente se trasladan a Bourg-Madame y montan en un tren que les lleva a Barcelona, adonde llegan por la tarde. En la Ciudad Condal les esperan Francisco Javier Celaya Echave, *El Marqués*, y una chica llamada Ana Pérez, una sindicalista de Comisiones Obreras que simpatiza con ETA.

Mikel apenas tiene tiempo de recabar información de la célula catalana porque dos días más tarde, el 10 de julio por la mañana, coge un tren en la estación de Francia con destino a Madrid. Sus compañeros de comando, Juan Paredes Manot,

Txiki, y *Bordas*, se quedan en Barcelona al amparo de independentistas catalanes y otros grupos de extrema izquierda.

En Madrid tiene previsto, según las consignas de la dirección, contactar con otros miembros de la organización para afianzar sus guaridas. El viaje a Madrid en tren se hace interminable. Mikel aprovecha el largo recorrido —como llaman en el argot ferroviario a esa clase de ruta— para recapitular sobre su infiltración en ETA. Se siente orgulloso de sus avances, pero sabe que le queda la parte más dura del camino.

En Barcelona no ha tenido tiempo para contactar con los agentes del SECED, que desconocen su llegada a la capital. En la estación de Atocha toma un taxi en cuya radio suena la que sin duda será la canción del verano: «Saca el güisky, Cheli», del grupo Desmadre 75. Esa noche, *Lobo* se aloja en el hotel Goya, situado en la calle que lleva el mismo nombre, en la zona céntrica y comercial de Madrid. Su equipaje es ligero: una camisa y una muda, dos pistolas y unas octavillas de propaganda de ETA. Está pendiente de que el SECED le marque los pisos que van a ocupar los miembros de ETA, incluido él mismo.

Mikel encuentra un Madrid muy distinto al que él ha conocido años atrás. Estamos en el verano del setenta y cinco y la ciudad respira una atmósfera conspirativa. Franco está enfermo y las familias del Régimen se pelean por la sucesión. *Lobo* compra los diarios *Informaciones* y *Pueblo*, ambos en ediciones vespertinas. Se percata de que aunque el Régimen asfixie a la prensa con la censura, los periodistas cuentan cosas entre líneas. Eso sí, pocas.

La apertura llega también a las carteleras españolas. Mikel lee en el periódico una referencia a la película *Amarcord* de Federico Fellini, que se estrena en el cine Galileo. En el Real Cinema, en el meollo de la Gran Vía, se estrena *El coloso en llamas*. Mikel es un gran aficionado al cine y al teatro y marca con un bolígrafo los horarios de las películas. Supone, equivocadamente, que en los días siguientes va a disponer de muchas horas de ocio.

Deja el hotel Goya para dirigirse a un piso alquilado por el SECED en la calle Doctor Fleming, 44, una zona del norte de la capital que los castizos denominan la Corea. Allí residen muchos soldados norteamericanos, que habían sido destinados desde Corea a la base de Torrejón de Ardoz. Las prisas le gastan una mala jugada: olvida un paquete con propaganda de ETA debajo del colchón. Se da cuenta de su desliz cuando abandona el hotel, pero decide no tentar la suerte y regresar por las octavillas.

Lobo sigue controlando la red de pisos de Madrid y preparando la llegada de los comandos de ETA. El 13 de julio, por fin, se dispone a entrevistarse con dos emisarios etarras en la cafetería Hontanares, la que está situada en las esquina de la avenida de América con Francisco Silvela. ¿Y por qué esta cafetería? Porque a una manzana de distancia, en la misma calle Francisco Silvela, el SECED dispone de un piso operativo. Desde allí, S. Mateos dirige sus operaciones antiterroristas. *Lobo* ignora quiénes van a ser sus interlocutores de ETA, pero cuando ve llegar a *Wilson* y *Papi* se le abren las carnes. ¡Tocado!

Los agentes del SECED tienen tomada la zona. Desde una furgoneta, estacionada en la mismísima entrada de la cafetería, fotografían a todos los sospechosos que van llegando al establecimiento. Por las enormes cristaleras del local divisan a

Wilson y a *Papi* conversar con Mikel. S. Mateos se lleva las manos a la cabeza y comenta a uno de sus colaboradores: «¡Qué cabrón! Tenía razón Miguel. Están preparando algo gordo y ya son nuestros».

Ese encuentro, en el que *Wilson* da dinero a Mikel para cubrir los gastos del alquiler de los pisos, es de vital importancia para el resultado final de la operación. La policía coloca un *rabo* [4] a *Wilson* y sigue sus pasos hasta Barcelona. El dirigente de ETA sirve luego de ariete para desarticular la célula de Barcelona.

Papi se queda en Madrid para organizar con Mikel la infraestructura de pisos. Ambos son los responsables de que la operación diseñada por *Ezkerra* y *Pertur* salga bien. ¿Y cuál es esa operación? Conseguir la fuga de más de cincuenta y seis etarras de la cárcel de Segovia. Un plan que requiere la misma pericia y osadía que las empleadas en el asesinato de Carrero Blanco. Pero en esta ocasión ETA está contaminada por una enorme tenia que se retuerce en sus entrañas.

La primera dentellada de *Lobo*

Mikel y *Papi* acuerdan reunirse cada dos días en un pequeño bar situado en la Gran Vía de Madrid. Una zona populosa en la que pasarían más inadvertidos.

4. En el argot policial, expresión que se utiliza para explicar el seguimiento a una persona. El propio *Wilson* reconoció a los autores del libro que se vio con *Lobo* para entregarle dinero y que está convencido de que, cuando salió de la cafetería Hontanares, quedó marcado hasta su detención en Barcelona, semanas después.

En el siguiente encuentro Mikel recoge a *Papi* en el bar con un coche que le ha dejado el SECED y se dirigen al parque del Retiro. Mientras pasean por el estanque se presentan, ante el asombro de Mikel, los activistas mejor preparados de los comandos especiales: *Apala* y *Gaiska*. Ambos disponen de una infraestructura distinta y desconocida para el resto del comando en un viejo chalet en la calle Joaquín Lorenzo, en el barrio de Peñagrande. Los agentes del SECED graban el encuentro y luego siguen a los terroristas hasta ese piso franco, que no ha sido facilitado por *Lobo*.

Papi reside en un pequeño piso que se ha buscado él por sus propios medios en un barrio popular. Está situado en la avenida Donostiarra. ¿Pura coincidencia?

Mikel graba su conversación con *Papi* en el interior del automóvil, un Seat 133 blanco, supuestamente alquilado, pero que le ha cedido el SECED. Discuten los preparativos de la fuga de Segovia. La dirección etarra pretende trasladar a los fugados por grupos a Portugal, a través de la frontera de Zamora, y organizar seguidamente en la capital lusitana un gran mitin antifranquista. Al mismo tiempo, ETA pide a Mikel que monte una red de pisos para llevar a cabo una serie de secuestros a fin de recaudar dinero.

Papi le sugiere a Mikel que busque pasos fronterizos sin vigilancia policial en la frontera hispano-lusa. La tarea encomendada es fácil para él, ya que su oficial de caso le proporciona un mapa con los pasos marcados. Pero Mikel, para hacer el paripé, se marcha tres días a Zamora. A su vuelta, le entrega a *Papi* el mapa.

Los responsables del SECED se frotan las manos porque nunca se han encontrado con nada parecido. Una centena de terroristas pillados *in fraganti*, como pardillos, mientras intentan cruzar la frontera con Portugal. ¡Menudo exitazo!

Mikel mantiene ese día una dura conversación con el agente reclutador:

—¿Qué me dices ahora? No has confiado en mí hasta que has visto a *Wilson* cruzar la puerta de la cafetería Hontanares. Y eso me ha dolido, porque yo creía que éramos un equipo. Te acuerdas de lo que te dije la primera vez que nos conocimos, ¿verdad? Que no quería trabajar con la Policía ni con la Guardia Civil. Pero sí confiaba en vosotros, hasta el punto de que me he jugado la vida. No os he decepcionado. Ahora espero que me apoyéis hasta el final y no me dejéis tirado.

Su oficial de caso, impresionado por los resultados de la infiltración, que le han hecho ganar muchos enteros dentro del SECED, se esfuerza en pronunciar palabras de aliento en favor de su topo.

—Miguel, no te confundas. Nosotros somos profesionales de esto y nuestra obligación es no dejarnos llevar nunca por la euforia. Me extraña que a estas alturas dudes de nuestro apoyo. Si no fuera así, no estaría aquí. Estamos cerca del final y nuestra misión ahora es recoger la cosecha. Detener, uno a uno a todos esos hijos de puta. Las medallas y las felicitaciones vendrán después.

El agente, para ganarse una vez más la confianza de Mikel, le traslada unas supuestas felicitaciones de la cúpula del SECED. Los hombres que mandan entonces en los servicios secretos españoles son Juan Valverde, Andrés Cassinello y Agustín Tejedor, alias *Jaime Arrieta* (jefe de la División de Operaciones).

El 23 de julio de 1975, Madrid amanece con una temperatura de pleno bochorno. Es uno de esos días característicos del clima mesetario en que los termómetros llegan hasta 40 grados. Mientras los etarras se mueven libremente por Madrid, aunque con el freno de mano que *Lobo* les impone, España queda conmocionada por las noticias que llegan del pueblo sevillano de Parada. Cinco cadáveres aparecen en el cortijo Los Galindos y la Policía y la Guardia Civil se ven impotentes para esclarecer el móvil y la autoría del crimen múltiple.

Mikel vuelve a verse con *Papi* en la plaza Mayor para estudiar otro asunto que tienen entre manos: la compra de una plastificadora para falsificar los carnets de los presos que van a fugarse de la cárcel de Segovia. Mikel le informa de que puede conseguirla en un establecimiento de la calle Serrano y quedan para el día siguiente por la mañana. La tienda está a unos doscientos metros de la embajada norteamericana, muy cerca de donde atentaron contra el almirante Carrero Blanco.

El 30 de julio, a las once de la mañana, mientras *Papi* y Mikel se pasean junto a la estatua ecuestre de Felipe III, a unos doscientos metros de la Dirección General de Seguridad, los agentes de un coche patrulla que circula por el barrio barcelonés de Verdún dan el alto y detienen a *Wilson* y *Txiki*. La versión policial mantiene que los etarras se disponían a atracar la sucursal del banco de Bilbao, en la plaza Llucmajor de la Ciudad Condal. *Wilson* y *Txiki* desenfundan sus pistolas, pero son reducidos por los agentes en medio de un tiroteo. Dos policías resultan heridos y *Wilson* recibe un impacto de bala.

Una vez más, la descoordinación entre los distintos cuerpos de las Fuerzas de Seguridad del Estado y los enfrentamientos internos ponen en peligro un ambicioso plan que había arrancado dos años antes. Al parecer, los agentes policiales se pasan de listos, pues unos días antes han recibido del SECED las fotografías de *Wilson* paseando por Madrid.

Una vez metida la pata, la dirección del SECED consigue que la policía presente las detenciones ante la prensa como si fueran las de dos rateros con antecedentes: *El Lele* y *El Pirómano*. Al menos, así figuran en los periódicos del día siguiente las falsas identidades de los detenidos. La nota de prensa de la policía catalana mantiene: «En el transcurso de una operación policial se ha procedido a la detención de dos delincuentes con amplios antecedentes por delitos contra la propiedad y la seguridad de las personas. Responden a las siglas M. H. S., alias *El Lele*, y J. A. R., alias *El Pirómano*».

La versión real de los hechos no se publica hasta una semana después, cuando las fuerzas de seguridad dan por finalizadas las detenciones en Madrid y Barcelona. *Txiki*, un extremeño que de niño emigró con su familia a la población guipuzcoana de Zarauz, se había enrolado en ETA en 1973. La policía le adjudica la autoría del asesinato del inspector Díaz Linares y el atraco a una sucursal bancaria donde murió el cabo de la Policía Armada Ovidio Díaz López.

El suceso imprevisto de Barcelona deja desarmados a los hombres del SECED. Tarde o temprano el comando de Madrid descubrirá que *Wilson* está en los calabozos. Por tanto, los jefes de los servicios secretos de Presidencia, Juan Valverde y Andrés Cassinello, deciden pasar a la acción también en Madrid. Y como ellos no disponen de operatividad para detener a los terroristas, trasladan la responsabilidad a Federico Quintero Morente, jefe superior de Policía de Madrid. El plan consiste en realizar una gran redada cuando los cabecillas de ETA estén reunidos en el chalet de Peñagrande.

«Soy *Lobo*, soy *Lobo*, tenéis que sacarme de aquí»

El 31 de julio, *Papi* y Mikel, como han acordado, se reúnen para resolver el problema de la plastificadora. Les acompañan José María Lara, *Txepe*, y Josu Mújica, *Kepa*. Los cuatro se suben a un Mini Austin. Otros dos miembros de ETA se quedan en la calle Serrano, sin que la policía siga sus pasos. Son *Apala* y *Gaiska*. Los agentes sólo se preocupan por el vehículo en el que va *Lobo*, y le siguen de cerca.

El Mini, conducido por *Txepe*, enfila el paseo de la Castellana en dirección hacia la plaza de Cuzco. *Lobo* va junto al conductor. Detrás, se sientan *Kepa* y *Papi*. Tras dejar atrás el estadio Santiago Bernabéu, los ocupantes del vehículo se percatan de que los están siguiendo, aparentemente policías de paisano. Mikel pide calma, pero una manzana después advierten la presencia de un buen número de *grises* apostados en las esquinas con sus subfusiles Z-70. *Papi* pega un grito («Salid corriendo»), y todos huyen en estampida. Los *grises* abren fuego sin darles el alto y seña, como marcan las ordenanzas. Se produce una gran refriega. En medio del tiroteo los agentes abaten a quemarropa a Josu Mújica, *Kepa*, que se ha resguardado en un portal de la calle Doctor Fleming. El joven fallece en el acto. A unos cincuenta metros, la policía logra reducir a otro etarra, *Txepe*, sin producirle un rasguño. Está tirado en el suelo, boca abajo, con los brazos esposados por detrás de la espalda. *Papi* y *Lobo*, en medio de la confusión, logran huir. *Papi* sube a un autobús y *Lobo* se esconde en un portal de la calle Rafael Salgado. Su agente de caso le ha dado instrucciones para afrontar una situación como la que está viviendo: «Miguel, si alguna vez tienes un problema con la Policía, te metes en la primera casa que encuentres y secuestras a sus inquilinos diciendo que eres de ETA. Después nos llamas desde su teléfono y ya llegaremos nosotros al rescate, como el Séptimo de Caballería».

Mikel sigue a rajatabla el manual de supervivencia y se introduce, a punta de pistola, en uno de los pisos, donde casualmente reside con su esposa un alto cargo de la administración franquista.

Entretanto, *Papi*, que utiliza un carnet falso a nombre de José Luis Durán Paz, es localizado en la calle Clara del Rey. Intenta abrirse camino a tiro limpio, pero recibe varios impactos en el brazo, la espalda y el cuello. Queda inmovilizado en el suelo porque uno de los proyectiles le afecta el sistema nervioso. Por la gravedad de las heridas, todo indica que *Papi* nunca volverá a formar parte de un comando especial de ETA. Y así es. Queda paralítico.[5]

Lobo ha encontrado una guarida, donde permanece aterrado por lo que ha vivido en la calle: cientos de balas silbando alrededor e impactando contra paredes y coches, y unos policías sedientos de sangre. Se presenta a los propietarios del piso como miembro de ETA y los mantiene encañonados durante unos minutos, lo que tarda en reaccionar y descolgar el auricular del teléfono (modelo góndola) del salón del hogar violentado. Mikel marca un número que ha memorizado: el de la base del SECED en la calle Añastro. Sorprendentemente nadie contesta, pero deja un mensaje desesperado en el contestador automático: «Soy *Lobo*, soy *Lobo*, tenéis que sacarme de aquí. Mi vida corre peligro».

5. En la actualidad *Papi* vive con su familia en un caserío de Guipúzcoa. Nunca se recuperó de las heridas y se desplaza con una silla de ruedas. Se negó a recibir a los autores del libro.

Mikel deja grabado el número de teléfono del domicilio donde se ha refugiado. Pasan las horas y nadie se pone en contacto con él. El joven vasco teme lo peor: «Esos canallas me han abandonado».

Dos o tres horas después recibe una llamada de S. Mateos: «Me acabo de enterar de lo que ha ocurrido. En unos minutos te saco de ahí. Pregunta a los dueños cuál es el número y la calle. Dentro de dos minutos está abajo mi gente. Se te presentará uno de los míos con la contraseña "soy amigo de Carlos" y te llevará a un piso seguro. Antes de irte arranca los cables del teléfono y les dices con mala leche que eres de ETA y que se abstengan de llamar a nadie durante dos horas».

El propietario de la vivienda, que ha escuchado todas las peticiones de auxilio de Mikel, días después hace unas declaraciones a un periodista de la agencia Efe en las que describe la situación que ha vivido. Asegura que el terrorista que le amenazó a punta de pistola en su casa después telefoneó a alguien, identificándose como *Lobo*. La noticia llega a la redacción de la cadena británica BBC, que la emite en su boletín internacional en castellano. La información es recogida después por miembros de un grupo catalán independentista, que informa a ETA de la existencia de un topo en su organización que se hace llamar *Lobo*.

Esa misma noche, Mikel se reúne con S. Mateos en la cafetería Manila de la calle Génova. Está indignado por la actuación de la Policía y tiene miedo de que alguien lo identifique. Pero conforme camina por la calle Génova y la plaza de Colón, se da cuenta de que es un temor infundado. Nadie lo ha visto y, por tanto, difícilmente su imagen puede aparecer en los informativos de la primera cadena de TVE, a no ser que el

SECED quiera mantenerlo vivo dentro de la organización y haga circular su imagen para que ETA siga confiando en él. Una operación similar a la de la primera infiltración, cuando *Smith* picó con todo su equipo.

El agente del SECED tiene respuestas para todas sus preguntas. Llama acémilas y carniceros a los *grises* y tranquiliza a su colaborador:

«Miguel, tranquilo, no está todo perdido. Tenemos que acercarnos al locutorio[6] de Telefónica en Gran Vía y llamar a *Ezkerra* a Hendaya. Cuéntale hasta donde puedas lo que ha ocurrido y dile que te has librado por los pelos, pero que no sabes nada de los demás compañeros. Va a picar porque tu estás excitado, y transmitirás ese estado de ánimo. Nadie es tan buen actor como tú».

Mikel llama a *Ezkerra* a un número al que ya lo había hecho otras veces y el dirigente etarra cree su versión. Le pregunta si está en peligro y le da un consejo para escapar de la Policía:

«Enciérrate por un tiempo y no me llames hasta dentro de quince días. Es lo más sensato, ya veremos qué podemos hacer».

6. En aquellas fechas, las llamadas internacionales sólo se podían realizar desde los locutorios de Telefónica. Las cabinas no eran automáticas. Se realizaban a través de operadora, principalmente desde las oficinas centrales de Telefónica en la Gran Vía con Fuencarral.

6

AGOSTO: EL DESCANSO DEL GUERRERO

Mikel se reencuentra con Edurne

Se inicia el mes de agosto y una nueva vida para Mikel. Ya no es el mismo porque ha consumido el primer cartucho ante la dirección de ETA. En el futuro no dispondrá de otra bala en la recámara, pues difícilmente podrá engañar a sus dirigentes. Después de la tensión vivida no le viene nada mal un descanso, hasta que tenga que dar la cara ante el número uno de ETA–pm. Agosto, además, es un mes tranquilo en la capital de España. La gente abarrota las bacas de los coches y se va de vacaciones a las playas mediterráneas. La capital está desierta y Mikel aprovecha para relajarse. S. Mateos, su oficial de caso, también hace las maletas y el 1 de agosto, como si se tratase de un funcionario más, se va con su familia de vacaciones. Lo sustituye en la *Operación Koldo*.

Mikel se instala en el piso de Doctor Fleming, que no ha sido desmantelado por la Policía. Al cabo de unos días, llama a Edurne y le pide que se vean en Bilbao. La pareja pasa unos días juntos en el Nervión, junto a la ría, en el hotel de sus citas. Esas horas junto a Edurne hacen que Mikel se olvide de la persecución por las calles de Madrid y de la muerte de *Txepe*. Apenas salen de la habitación y no hablan de trabajo.

Después visita a sus padres, que están veraneando en una playa de la costa catalana. Vuelve a contactar con *Ezkerra*, que ya está enterado de cómo se han desarrollado los acontecimientos. Mikel le dice que está sin blanca y que piensa volver a Bilbao para colaborar con su gente.

El joven vasco se deja llevar por un instinto de supervivencia que hasta la fecha no le ha fallado y, en la capital vizcaína, contacta con Iturbe. Es un volver a empezar, un giro a sus ancestros en la banda terrorista. Mikel está dispuesto a desandar el camino para ganarse la confianza de la dirección de ETA. Pero no hace falta. Ignora que la militancia de la organización lo ha subido a un pedestal, convirtiéndolo en un héroe.

El 8 de agosto de 1975, concluye el período de estado de excepción. La decisión gubernamental coincide con la de la Policía franquista, que está a punto de destruir la segunda parte de la *Operación Lobo*. La dirección de la Policía antiterrorista, formada por los adeptos al Régimen, José Sainz, Roberto Conesa, Margarida y Creix, pasa a los medios de información una nota sobre la composición de la cúpula de los *polimilis*. En la lista figuran dieciséis dirigentes etarras, entre los que se hallan *Wilson*, Félix Eguía, *Papi* —ambos detenidos en la redada del 29 de julio—, Campillo Alcorta, Martínez Antía, *Montxo*, *Apala*... Todos ellos, militantes de la organización que han mantenido relaciones con *Gorka*, y cuyas identidades este ha pasado al SECED.

Entretanto, su oficial de caso se broncea en una playa del Mediterráneo, mientras que en Madrid su segundo, el agente *Koldo*, se une a Mikel y no le pierde la pista.

Mikel participa en Bilbao en una operación de adquisición de armas para ETA, que estaban ocultas en un caserío próximo a Las Arenas. Los agentes del SECED siguen sus pasos, y días después detienen a todo el comando de ETA.

Pero las detenciones no acaban ahí. Las redadas de Madrid y Barcelona todavía no han agotado el camino hacia la desarticulación de otros comandos de ETA. El 12 de agosto, los *polimilis* sufren otro varapalo en Galicia. José Ramón Reboiras muere en El Ferrol del Caudillo, en un tiroteo con la Policía cuando pretende escapar de su piso franco.

En Lugo los agentes antiterroristas detienen a un amigo de *Lobo*, Ignacio Villanueva Landa, *Chao*, con quien se cruzó en Hendaya cuando pasó a la clandestinidad. *Chao*, de veintiún años, había participado en una operación espectacular de ETA, en febrero de 1975, al asaltar un polvorín de Itziar (Guipúzcoa) y robar 1.500 kilos de dinamita.

La Policía logra desmantelar una serie de pisos francos en El Ferrol, La Coruña, Lugo y Santiago de Compostela, y acaba con la infraestructura militar de ETA en Galicia.

Pero agosto transcurre sin sobresaltos en Madrid, aunque a Mikel le preocupa lo que pueda pensar de él *Wilson*, que sufre duros interrogatorios policiales en Barcelona. El jefe de los comandos especiales de ETA–pm es un viejo zorro y, desde que se entrevistó con *Lobo* en la cafetería Hontanares, sospecha de él.[1]

Mikel anda preocupado porque el agente *Koldo* le ha comentado que la Policía francesa ha detenido a *Cocoliso* tras

1. Declaraciones de *Wilson* a los autores del libro en dos encuentros mantenidos en Vitoria en mayo de 2001.

colocar una bomba en la imprenta Axular de San Juan de Luz. *Cocoliso*, al igual que Mikel, pertenece a los servicios secretos y ha estado infiltrado durante un tiempo en ETA. En una casa que tenía alquilada en las proximidades los gendarmes encuentran armas, fotos de refugiados y explosivos. Aun así lo ponen en libertad.

Cada vez que le mencionan el nombre de *Cocoliso*, Mikel contesta desairadamente. No le gusta que lo comparen con él: «No tiene nada que ver conmigo ni con nuestra operación. Él es un etarra arrepentido que se pasa a vosotros y yo un patriota que se infiltra en ETA para acabar con su terror. Él pone bombas como los terroristas y yo me opongo a ese sistema, porque es contraproducente. Vosotros les facilitáis a los mártires. Yo prefiero que se pudran en la cárcel».

En pleno *ferragosto* los españoles siguen de vacaciones, excepto los censores. Como «la lucecita de El Pardo», que constataba que el Caudillo siempre estaba en vilo, el equipo censor del Régimen se desvive por conservar la moral de los españoles. El 27 de agosto, la censura ordena secuestrar las revistas *Posible*, *Destino* y *Cambio 16*, a las que aplica la nueva ley antiterrorista. Nada nuevo bajo el sol ya que, meses atrás, también había sido silenciada la revista satírica *La Codorniz* por un artículo titulado «Diálogos de alcoba».

Ese mismo día, con un sol de justicia, el Gobierno publica en el *BOE* el decreto ley sobre Prevención del Terrorismo, porque «los riesgos que comporta justifican la máxima urgencia en la adecuación del ordenamiento jurídico a la ineludible defensa de la paz social amenazada».

No obstante, el Gobierno de Arias Navarro se esfuerza por mostrar a la ciudadanía que la situación no es tan preocupante: «Los síntomas de la conflictividad terrorista no han alcanzado, afortunadamente, en España los extremos de intensidad y generalización que sufren otros países, ello no excusaría la demora en la adopción de las medidas pertinentes para la más eficaz réplica legal y social frente al desafío que suponen tan condenables propósitos».

El nuevo decreto agrava los consejos de guerra contra tres militantes de ETA: José Antonio Garmendia, *Tupa*, Ángel Otaegi y *Txiki*. Los dos primeros, que han sido detenidos en el País Vasco por la muerte de un policía, son juzgados en el regimiento de Artillería número 63 de Castrillo de Val, a doce kilómetros de Burgos.

El consejo de guerra no dura ni cinco horas. La principal prueba de cargo contra Otaegi es un documento rubricado con la huella dactilar de *Tupa*. El terrorista estaba en coma tras caer malherido por disparos de la policía, pero aun en ese estado le obligaron a firmar la declaración. En su testimonio acusa del asesinato a Ángel Otaegi. Finalmente, Garmendia y Otaegi son condenados a muerte.

El juicio contra *Txiki* se celebra en Barcelona y discurre por los mismos derroteros: escasas pruebas e impotencia de los abogados para defender a su cliente.[2]

También en esos días Mikel encuentra una noticia en la prensa que le llama la atención: un tribunal militar de la Capitanía General de Cataluña condena al periodista José María Huertas Clavería a dos años de reclusión menor por el artícu-

2. Otaegi y *Txiki* son fusilados el 27 de septiembre de 1975 en Burgos y Barcelona, respectivamente. Son los últimos fusilados de la dictadura. En esa misma fecha en Hoyo de Manzanares, en Madrid, también son fusilados tres militantes del FRAP: Baena, García Sanz y Sánchez Bravo.

lo «Vida erótica subterránea», publicado en el diario *Tele Express* de Barcelona. El trabajo periodístico hace referencia a la doble moral de los militares, cuyos familiares regentan locales de alterne y prostíbulos de la Ciudad Condal. Huertas Clavería convive con *Txiki* en el mismo módulo de la cárcel Modelo de Barcelona.

El final de la infiltración

Por fin, en la primera semana de septiembre, Mikel recibe instrucciones de la cúpula terrorista de que se traslade a Barcelona, donde contactará con cuatro miembros de la organización a los que tiene que acompañar a Madrid. *Lobo*, que debe preparar la infraestructura de pisos en la capital y tener preparados los billetes de tren, informa al SECED. S. Mateos ha vuelto de vacaciones, pero quien lo acompaña a Barcelona es *Koldo*. Ese fin de semana es histórico para el deporte español. El 8 de septiembre, por primera vez un español, Manuel Orantes, gana en Estados Unidos a Jimmy Connors el torneo de Forest Hill, uno de los grandes del Grand Slam, y se clasifica segundo en el Grand Prix. Toda una hazaña. Como la que va a emprender, por segunda vez, Mikel Lejarza, *Lobo*.

Una vez en la Ciudad Condal, se instala en unos apartamentos próximos a El Corte Inglés de la Diagonal. Mikel llama nuevamente a la dirección de la organización en Hendaya, y les dice que el 14 de septiembre, por la mañana, tienen que estar en una cafetería de la plaza de Calvo Sotelo llamada La Oca. No tiene pérdida porque hace esquina con la Diagonal.

Lobo pregunta quién va a ir a la reunión y le contestan: «Unas personas que tú conoces. Los principales».

Cuando sale de la cabina, se lo comunica a *Koldo*: «Esto no ha acabado. Siguen confiando en mí. Viene el comité de los *polimilis* en pleno. Transmíteselo a tu jefe».

Y no se equivoca. En la fecha prevista y en el bar previsto aparecen *Montxo*, *Ezkerra* y Juan Cruz Unzurrunzaga, *Jon*. Al grupo se les une poco después, sólo por unas horas, Francisco Javier Ruiz de Apodaca, *Apolonio*. Sólo está el tiempo necesario para recoger las llaves de los pisos que *Lobo*, junto con el SECED, ha preparado en Barcelona para la infraestructura del nuevo comando de ETA.

Con los billetes de tren en el bolsillo, Mikel, *Ezkerra, Montxo* y *Jon* parten hacia Madrid. El viaje, tal como lo ha organizado el SECED, es un despropósito. Cuatro billetes de primera clase Barcelona-Valencia en el tren Talgo, con salida a las seis de la tarde de la estación de Francia. Se llega a Valencia sobre la medianoche y tienen que dormir allí para después coger otro tren a las 7.20 con destino a Madrid.

Los cuatro ocupan un compartimiento reservado del Talgo. Hablan en euskera sobre la situación política del país y sólo abandonan sus asientos para tomar unos bocadillos en el minibar del tren.

Cerca de Valencia surge un pequeño conflicto con Mikel. *Ezkerra* le recrimina que en Valencia pueden tener problemas: «Si nos quedamos toda la noche en la estación, con las bolsas llenas de pistolas, o si buscamos una pensión para dormir con nuestros carnets falsos, corremos el riesgo de que la policía nos pida la documentación».

Cuando salen de la terminal ferroviaria, *Ezkerra* clava la

mirada en un grupo de diez taxis que guardan la salida de los pasajeros, se vuelve y dice: «Está decidido, nos vamos a Madrid, ahora y en taxi».

Poco después de las seis de la mañana llegan a Madrid. *Lobo* conduce a *Jon* y *Ezkerra* al piso de la calle Sancho Dávila donde van a alojarse. *Montxo* acompaña a Mikel al piso de la calle Juan de Olías, 24. Sin embargo, cuando abren la puerta del que supuestamente va a ser su piso franco, lo encuentran desordenado, con restos de comida y bebidas en las mesas, lo que provoca ciertos recelos en *Ezkerra.* Cuando Mikel abandona el piso, el dirigente etarra habla con *Jon* y deciden trasladarse a otra vivienda desconocida para *Lobo.* Desde su salida de Francia, están obsesionados por la idea del infiltrado, llamado *Lobo,* de quien ha informado la BBC británica.

Ezkerra y *Jon,* previendo una traición, se van a casa de una colaboradora de ETA llamada Mary Franc. Su piso se encuentra en la calle Flor Baja, muy cerca de la Gran Vía. El cambio no les sirve de nada, pues los agentes del SECED les siguen el rastro. *Montxo* continúa con Mikel en el otro piso.

Uno de los objetivos del viaje a Madrid es realizar el secuestro de Cristóbal Martínez Bordiu, el «yernísimo» de Franco, a quien ETA había intentado secuestrar un año antes en la Costa Azul, fracasando en el intento.

Al segundo día de la llegada a Madrid, el 16 de septiembre, *Ezkerra*, *Montxo* y *Jon* deciden citar a Mikel para preguntarle por las noticias de la BBC. *Ezkerra* ha consultado con *Pertur* sobre el asunto, barajando tres salidas:

—Mandar a Mikel con custodia a Francia para que la organización tome una decisión.

—Abandonar Madrid inmediatamente y regresar al País Vasco francés, renunciando a las acciones en la capital de España por el momento.

—Y que *Gorka* continúe con ellos, bajo vigilancia, sin apenas participar en las decisiones y sin libertad de movimiento.

Tras una corta discusión, los tres cabecillas etarras optan por la tercera solución, que a la postre acabará siendo letal para ellos. No obstante, deciden someter a Mikel a un duro interrogatorio.

Juicio sumarísimo

El martes, cada uno por separado, acude a una cita marcada cerca de la Cibeles. *Lobo* se presenta impecable, vestido con chaqueta oscura cruzada, pantalón crema, corbata y maletín de ejecutivo. Además, se ha teñido el pelo días antes. Todos juntos pasean hasta la cafetería California de la calle Goya, donde toman un plato combinado. Después, en el coche de *Lobo*, se dirigen por la Gran Vía hacia la Ciudad Universitaria. Y allí, en el parque del Oeste, los dirigentes de ETA someten a Mikel a una especie de juicio sumarísimo para despejar sus dudas sobre el famoso *Lobo*.

Ezkerra pone en antecedentes a Mikel sobre la historia de *Lobo*, le manifiesta sus temores de que las caídas de julio se deban a la delación de un «topo». Mikel ni se inmuta, y responde con frialdad: «Es la primera noticia que tengo. Creo que la situación es grave».

La conversación toma otros derroteros. Mikel se siente acorralado y, entonces, decide echar el órdago:

«Mira, si dudáis de mí os devuelvo las pistolas —hace ademán de entregárselas— y me marcho a casa. Y si queréis, cuando os dé la espalda, me pegáis dos tiros. No puedo consentir que pongáis en duda mi palabra y me confundáis con la *txakurrada.*»

Montxo le pide que no se altere. Mikel realiza una gran interpretación, hasta el punto de que, tras el encuentro, *Ezkerra* le sugiere que vuelva con ellos a su piso. Pero no tiene tiempo porque el SECED, una vez enterado de las sospechas de la organización, decide actuar con rapidez y contundencia en la madrugada del 18 al 19 de septiembre. El cabo de la Guardia Civil, Salvador Monge, actúa como jefe del grupo operativo que desarticula el comando.

Ezkerra y *Jon*[3] son detenidos en el piso de Flor Baja sin oponer resistencia, *Montxo* aparece muerto en la bañera del piso de Juan de Olías, con un tiro en la cabeza. Según las fuentes oficiales, se lo ha pegado él mismo. Otros dos miembros del comando que han quedado marcados tras entrevistarse en una ocasión con *Lobo*, Pablo Gabikagogeaskoa, *Neruda*, y Mariano Ibarguren Azkue, también son detenidos.

Al mismo tiempo, otra operación coordinada con Barcelona propicia la detención de Antonio González Terrón, *Gaiska*, y José Ramón Martínez de la Fuente, conocido por el sobrenombre de *Guardia Civil*. Se hallan en uno de los pisos que el SECED ha facilitado a través de Mikel, en el número 21 de la calle Juan Torres. *Gaiska* había escapado de la primera redada de julio en Madrid.

3. Unzurrunzaga recibió a los autores del libro en su galería de arte de San Sebastián y verificó la versión sobre su viaje a Madrid y el encuentro con *Lobo* en el parque del Oeste.

Y en medio de un intenso tiroteo muere el etarra Antonio Campillo Alcorta, *Andoni*, responsable del frente militar de ETA en el exterior y miembro del comando Barcelona, integrado por *Wilson*, *El Marqués* y *Txiki*.

En la Ciudad Condal también es detenido Francisco Javier Ruiz de Apodaca, *Apolonio*, completando así el SECED la detención de todos los activistas de ETA fichados en Madrid y Barcelona.

Condenado a muerte

La *Operación Lobo* culmina con unos resultados inimaginables para los altos cargos de los servicios secretos de Presidencia. Según las estadísticas del propio SECED, se producen 158 detenidos relacionados con las dos fases de la *Operación Lobo*. De los diez miembros de la cúpula directiva de ETA-pm desaparecen siete: tres mueren en enfrentamientos con la policía, el resto ingresa en prisión. Tras la dentellada de *Lobo*, a los *polimilis* sólo les queda en el interior un comando operativo.

El 27 de septiembre de 1975, tras las caídas de Madrid y Barcelona, ETA emite un comunicado suscrito por su comité ejecutivo. Una copia llega a manos del SECED que, por casualidad, también cae en manos de Mikel. El ya ex infiltrado lee con atención el punto primero. En él, la banda terrorista hace una relación de sus militantes detenidos o muertos en enfrentamientos con la policía diez días antes, gracias a la labor de *Lobo*. ETA facilita la lista de sus militantes arrestados en Madrid y Barcelona:

«José Ignacio Múgica Arregui, *Ezkerra*; Juan Cruz Unzurrunzaga, *Jon*; Pablo Gabikagogeaskoa Gallabeitia, *Neruda*, y Mariano Ibarguren Azkue, *Mariano* —todos ellos en Madrid—, y en Barcelona, José Ramón Martínez de la Fuente Intxaurregui, *Karmelo*; Antonio González Terrón, *Antxon (Gaiska)*, y Francisco Xabier Ruiz de Apodaca, *Mario*. En dichos enfrentamientos fueron asesinados José Ramón Martínez Antía, *Montxo*, y Antonio Campillo, *Andoni*. Tres de los detenidos, *Ezkerra*, *Mariano* y *Mario* pueden ser condenados a muerte y asesinados en breve plazo».

El topo del SECED se detiene en el segundo apartado del comunicado, en el que ETA admite que está realizando una investigación interna para determinar las causas que provocaron todas esas detenciones.

—No te jode —comenta Mikel a S. Mateos—. Anda que tardarán mucho en darse cuenta de que he sido yo el responsable de las caídas.

El documento de ETA señala:

«Aunque aún faltan algunos cabos por atar, podemos afirmar que nos encontramos ante unas pistas bastantes sólidas. Lo que ya está fuera de duda es que esta cadena de éxitos policiales no obedece a la casualidad, a pesar de que ésta ha jugado cierto papel».

Mikel lee con atención el punto tercero, en el que los terroristas sacan pecho y afirman que no están derrotados:

«El Estado español, a través de la prensa y los medios de información, ha querido presentar esta operación policial como un golpe mortal a nuestra Organización. Debemos reconocer que entre los militantes caídos había cuadros de extraordinaria valía y de gran experiencia, debemos reconocer también que nuestra capacidad de respuesta y nuestra actual potencia de fuego se han visto sensiblemente mermadas».

—¿Te das cuenta, Miguel? —le dice S. Mateos—. Qué cinismo y desfachatez tiene esta gente. Nos cargamos a su cuartel general y hablan de campaña de prensa. Hasta que se recuperen van a tener que sudar un poco.

Como si la propia ETA quisiera contestar las palabras del agente del SECED, Mikel lee lo que resta del apartado tres:

«Pero ello no es ni mucho menos destruir ETA. Es asestarnos un duro golpe, tanto más duro cuanto que el momento político exigía de nosotros el tener toda nuestra capacidad ofensiva intacta. Pero de ahí, de una derrota parcial a la liquidación de nuestra Organización, hay un abismo que sólo puede franquearse exterminando a todo el Pueblo de Euskadi. *La Lucha sigue*».

Sin embargo, el lenguaje de ETA no es el de un animal abatido. Es confuso y hasta ininteligible en algunos párrafos, por la sintaxis poco apropiada de sus redactores. Ese siempre ha sido el lenguaje de la banda terrorista.

El punto cuarto y último del comunicado sigue en la misma línea. Mikel asegura no entender nada:

—¿Qué necesidad tiene esta gente de quemarse los sesos con estas medias tintas? ¿A quién quieren convencer? Me cuesta pensar que este texto lo haya escrito *Pertur*.

Por su estilo no lo parece:

«En estos momentos, verdaderamente cruciales para nuestro Pueblo, es cuando debemos golpear con más fuerza que nunca. Todo es válido ahora para enfrentarnos al fascismo: las protestas legales, las manifestaciones, las huelgas; hasta la forma más elevada de lucha: el combate armado. El régimen no va a detenerse ante nada; nosotros tampoco. La Revolución Vasca está en marcha: *¡Adelante hasta la victoria final!*».

—¿Te das cuenta, Miguel? Estos tíos están zumbados. En una cosa sí tienen razón: el Estado no va a detenerse ante nada hasta que acabe con esas hienas. Todavía no saben lo que se les viene encima. ¿Te acuerdas de la bombita de Sokoa? Eso es una mierda con lo que algunos preparan.

ETA todavía no tiene todas las pruebas sobre la múltiple delación de *Gorka* —*Lobo* para el SECED—, pero intuye que el «topo» es el joven vizcaíno de Villaro. Los servicios secretos pretenden cubrir a Mikel y facilitan una información falsa a la prensa para que su publicación intoxique a la dirección de ETA. Según los policías, el confidente ha sido *Wilson*, que se ha derrumbado en los interrogatorios posteriores a su detención, el 29 de julio, en Barcelona. Pero la estrategia policial no tiene ningún sentido porque *Wilson* ha sido detenido mucho antes de que la organización organice el viaje de *Ezkerra* a España.

En esas fechas *Wilson* se halla incomunicado en la cárcel de Barcelona y no tiene acceso a los planes de sus compañeros.[4]

Al mismo tiempo que la dirección de ETA emite el comunicado, despliega una ambiciosa campaña para denunciar la culpabilidad de Mikel Lejarza. El País Vasco francés amanece empapelado de carteles con la imagen de *Lobo* y un texto

4. *Wilson* reconoció a los autores que el desmantelamiento de la red en España se produjo por la confianza de *El Zurdo*, como él denomina a *Ezkerra*. Según Pérez Beotegui, ETA no adoptó las medidas de seguridad que exige una organización clandestina y su jefe operativo bajó demasiado la guardia.

en el que ETA «hace un llamamiento a toda persona que pueda aportar algún dato sobre su actual paradero». Y sentencia: «Tarde o temprano, la justicia revolucionaria vasca acabará imponiéndose».

La fotografía de Mikel que figura en los pasquines es la misma que utilizó para la falsificación de sus carnets. ETA responsabiliza a Mikel de: «Las muertes de *Kepa*, *Andoni* y *Montxo*, de las capturas de Félix, *Wilson*, *Ezkerra*, *Mario*, *Antxon* y sus compañeros en Madrid y Barcelona, y del fracaso de la fuga proyectada en Segovia. Condenado a muerte por ETA como traidor a la lucha del pueblo vasco».

La banda terrorista se revuelve como un jabalí herido y difunde el perfil del infiltrado:

«MIGUEL LEJARZA EGIA. Edad: 23 o 25 años, según dos documentos personales; natural de Villaro (Bizcaia). Residente en Basauri. Decorador. Altura: 1,73 m aproximadamente. Peso: 65 kilos. Pelo castaño. Señas personales: lunar en la mejilla. Complexión física: normal».

Tras la *Operación Lobo* y los ataques de ETA, el SECED manda a Mikel a Canarias para que se quite de en medio. El propio S. Mateos lo acompaña al archipiélago. El 20 de noviembre, cuando Arias Navarro anuncia por televisión la muerte de Franco, Mikel está en Canarias pendiente de lo que el SECED decida hacer con él. Desconoce cuál va a ser su futuro. Por las noches le cuesta conciliar el sueño. Una idea lo persigue: «Ahora ya no intereso a nadie. *Lobo* ha degollado al rebaño y sólo está pendiente de que el cazador le pegue un tiro».

Y lo que más le inquieta es que ese cazador puede ser el mismo SECED. ETA ha puesto precio a su cabeza, pero eso le preocupa menos (es un riesgo con el que contaba antes de la infiltración). Los fusilamientos de tres activistas del FRAP y de los militantes de ETA, *Txiki* y Otaegi, agravan su situación. Él es el culpable de la caída de *Txiki* en Barcelona.

En diciembre el SECED decide trasladar a Mikel, en secreto, a Madrid con una identidad nueva y provisional, la de Ángel Fernández, para que le hagan la cirugía estética. Ese DNI sólo es utilizado para el registro hospitalario. La operación se lleva a cabo en el hospital angloamericano de Madrid con un equipo de médicos y enfermeras seleccionados previamente. Mikel permanece diez días en el hospital. Cuando le quitan las vendas de la cara, se mira al espejo y le cuesta reconocerse. Le han quitado un lunar grande que tenía en la mejilla izquierda —su verdadero talón de Aquiles—, y le han reducido la nariz, entre otros retoques.

Cuando sale del hospital, Mikel se cruza con su madre. El SECED la ha trasladado desde el País Vasco a Madrid para que haga de juez. «Una madre difícilmente no reconoce a su hijo», comenta S. Mateos. Y así es. Al principio la señora María duda, pero cuando mira fijamente a los ojos de su vástago rompe a llorar. «No hay duda, nos sirve —se tranquilizan los jefes del servicio—. Si una madre duda, a éste no lo reconoce ni Edurne», comenta uno de los agentes.

Mikel adquiere otra cara y otra identidad. Es su mejor seguro de vida para contrarrestar la frenética persecución a la que ha sido sometido por ETA.

Agustín Tejedor, que ha dirigido la operación desde la sombra, resalta la siguiente paradoja: «La *Operación Lobo* ha sido un gran éxito, además ha sido financiada por la propia ETA con el dinero que le facilitaron a *Lobo* para alquilar los apartamentos».

Mikel no obtiene ningún premio extra a su peligrosa labor de infiltración. Ni medallas ni premios en metálico. Sólo le entregan dos millones de pesetas para compensar la pérdidas de su coche y su piso de Basauri. En cambio, se produce un reparto de medallas para todos los agentes y jefes. Eso sí, respetan el contrato firmado en Bilbao y *Lobo* pasa a formar parte de la estructura funcionarial de los servicios secretos españoles. En dos años su vida ha dado un gran vuelco. Primero decorador, después topo, y por último, espía. La figura de *Lobo* queda para la historia del SECED. A partir de octubre de 1975 nace un nuevo agente secreto con otro nombre.

7

CUATRO NOMBRES Y UN DESTINO

De vuelta a tierras francesas

Lobo, tras la operación de cirugía plástica, desaparece del mapa y se convierte en otra persona con una nueva identidad: José Miguel Casas Ferrer.

Casas, lo mismo que Lejarza, sigue perteneciendo a los servicios secretos, pero ahora sus jefes quieren que aporte su experiencia de infiltrado a otros campos. También desean que cambie de aires, sobre todo por motivos de seguridad. Es decir, que durante un tiempo deje el frente del País Vasco y se aleje del ámbito terrorista.

José Miguel-Mikel, que está de acuerdo con los planteamientos del SECED, emprende viaje hacia Valencia. Toma el tren en la estación de Atocha y se dirige hacia la capital levantina. Allí le espera un nuevo trabajo: inspector de estadística en la residencia sanitaria La Fe.

En esta nueva etapa el sueldo de Mikel (Casas Ferrer) sufre un importante incremento y las treinta mil pesetas mensuales que cobraba en 1975 se convierten en setenta y cinco mil, más otras cien mil para gastos sin justificar. Mikel ya es un funcionario importante dentro del escalafón de la administración, en la que ingresó hace apenas dos años con la categoría de subinspector de policía.

Nada más llegar a la capital del Turia, Mikel se presenta en las dependencias del SECED, que se encuentran en la calle San Vicente Ferrer. Allí le explican con todo lujo de detalles en qué va a consistir su nuevo trabajo: «Tienes que controlar los movimientos sindicales que hay en La Fe y en los otros hospitales de Valencia. Tienes que marcarnos a los cabecillas de esas organizaciones».

En La Fe comienza a familiarizarse con un trabajo, el de inspector de estadísticas, del que apenas posee experiencia. Disfruta de un despacho enorme junto al del director de la escuela de enfermeras, y se pasea con una bata blanca por los pasillos como si fuera un médico.

Mientras Mikel anda a la búsqueda y captura de sindicalistas y militantes de izquierdas, España se encamina hacia otros tiempos políticos. Sin embargo, ETA no baja la guardia y sigue actuando: el 5 de abril se produce una fuga de unos treinta presos de ETA V Asamblea que estaban recluidos en la cárcel de Segovia desde las condenas del proceso de Burgos. El antiguo plan abortado por *Lobo* se consuma medio año después, sin que la administración penitenciaria adopte medidas para impedirlo. Y eso que estaba avisada. Con el éxito de la *Operación Lobo* se habían obtenido los planos de la fuga y se habían descubierto las galerías.

El antiguo oficial de caso llama a su ya ex colaborador para ponerle al día de la fuga de Segovia.

—Miguel, este país está abocado al desastre. Les advertimos, incluso por escrito, que se iban a fugar y no han hecho nada. Y nosotros jugándonos la vida.

—Bueno, «nosotros», no. Yo me jugué la vida. Pero ese es un tema pasado del que no quiero hablar. Aunque intuyo que mi nueva tarea va a ser provisional —le contesta un Mikel transformado en José Miguel Casas.

—¿Te va bien? ¿Necesitas algo?

—Nada. Sólo dile a los jefes que el sueldo me lo estoy ganando, pero que lo mío es el País Vasco. No estoy mal en Valencia, pero desaprovecháis mi experiencia.

Tres días después de la fuga de Segovia, la organización terrorista da otro golpe de efecto y secuestra al industrial guipuzcoano Ángel Berazadi. Tras veinte días de reclusión, una pareja de novios encuentra el cadáver de Berazadi, con un tiro en la cabeza, junto a la carretera comarcal de Elgóibar.

Esta y otras acciones de ETA hacen que Mikel se olvide por un tiempo de su trabajo como inspector de estadística, se suba a su moto Benelli de 600 cc, le dé gas y tome carretera hacia el País Vasco. Una vez en Vitoria, se presenta al delegado general de la zona, Ángel Ugarte, a quien comunica que va a pasar la frontera:

«No puedo permanecer indiferente mientras esos hacen de las suyas. Además, con mi nueva cara no me reconocerán. Me voy hacia Hendaya, San Juan de Luz y Bayona porque, ahora que están crecidos, estarán celebrando el secuestro y saldrán por ahí a *potear*».[1]

Efectivamente, los etarras campan a sus anchas por el sur de Francia y los gendarmes no les molestan. Las autoridades galas hacen la vista gorda y sólo tienen una preocupación: que no actúen en su territorio. No hay que olvidar que España to-

1. En el argot vasco, tomar vinos en tascas y mesones.

davía no es un país democrático, que hace más de cuarenta años que no se han celebrado elecciones y que el pueblo carece de representación popular en las Cortes de Franco. El Régimen la maquilla con unos procuradores a los que denomina «tercio familiar» y «tercio sindical».

La reacción y la sensación que experimenta Mikel Lejarza cuando de nuevo pisa territorio galo sólo puede ser interpretada por un psicólogo o psiquiatra que lo acompañe en la aventura. El propio Mikel se lo cuenta a Edurne, con la que sigue manteniendo una relación amorosa:

«Sentí una sensación fría que me recorrió todo el cuerpo de arriba abajo. Aparqué mi moto, me quité el casco integral que llevaba, respiré hondo y con paso decidido me acerqué hasta el bar Hendayais. Allí estaban algunos de los novicios, que como yo, estuvieron en el caserío de Bidatxe cuando hicimos el cursillo de entrada en ETA. Sin embargo, nadie me prestaba atención, nadie me miraba, nadie me reconocía, nadie me hacía puto caso. Se puede decir que era un hombre invisible. Yo los veía y sentía a todos, pero ellos no me veían a mí, a pesar de que me hice notar. Pedí un vino, fui al servicio, hojee el diario *Sud-Oest* y una revista pro etarra que tenían en la barra, compré tabaco y pedí fuego a uno de ellos».

Mientras Mikel está en el bar Hendayais su mente y su físico responden a las enseñanzas que le han impartido los hombres de los servicios secretos: aplomo, frialdad, distancia, control, naturalidad... Cuando abandona el local y da los primeros pasos hacía el lugar donde tiene aparcada la moto, su cuerpo se empapa de un sudor frío y extraño. En su mente fluyen mil ideas.

El nuevo espía narra con emoción a Edurne su juego con la muerte:

«Cuando me puse el casco, arranqué la moto y me dirigí hacia la carretera de San Sebastián. En mi interior, en mi corazón, en mi mente se repetía una frase: "Soy cojonudo, nadie me ha reconocido". Estaba orgulloso de mi obra y me di cuenta de que podía volver cuentas veces quisiera. Como turista e incluso como espía».

Mikel acaba de probar una nueva droga, una droga a la que se enganchó el mismo día en que aceptó trabajar para los servicios secretos españoles y convertirse en un topo. Desde ese mismo instante Mikel se convierte en un drogodependiente del riesgo y ya no sabe vivir sin él. De vez en cuando necesita su dosis de adrenalina. Durante el período que está destinado en Valencia regresa en tres ocasiones al País Vasco francés. Allí comprueba que sus antiguos compañeros de organización continúan con las mismas costumbres y hábitos: *potear* en los bares que regentan los simpatizantes de ETA.

Mikel, como buen funcionario, informa de sus gestiones en el sur de Francia a Ignacio Lopetegui, que es el delegado del SECED en San Sebastián. Lopetegui, por escala de mando, notifica la incursión de Mikel Lejarza a Ángel Ugarte, conocido internamente como *señor Ubieta*. Era el responsable en aquellos momentos de la delegación general de los servicios secretos en las provincias vascas con sede en Vitoria. También es informado de los hechos Manuel de la Pascua, jefe de Bilbao.

«La bola sigue corriendo»,[2] como solía decir el jefe de ETA Domingo Iturbe, *Txomin*, y llega hasta Agustín Tejedor. El jefe de operaciones del SECED recibe un informe en que se destaca el éxito del viaje de Mikel al sur de Francia. Ya sólo

2. El número uno de ETA solía emplear la expresión vasca *bolea carrera* (que corra la bola) cuando se enfrentaba a situaciones de difícil solución.

queda Andrés Cassinello y el director, Juan Valverde. Los dos máximos responsables son informados en la sede central del SECED, en Madrid, en el paseo de la Castellana, 5.

Mientras Mikel saborea su triunfo, nace el diario *El País*. El alumbramiento se produce el 4 de mayo de 1976 y, en sus primeros números, informa del juramento que hace Adolfo Suárez, como presidente del Gobierno, ante el rey Juan Carlos I.

1976 es un año de sobresaltos para un país que quiere abrazar la democracia, pero se da la circunstancia de que una *mano negra* comienza a actuar a lo largo y ancho de España.

La celebración carlista de Montejurra-76 es un claro ejemplo de cómo actúa esa *mano negra*. Dos seguidores de Carlos Hugo fallecen a manos de un grupo de pistoleros de Sixto de Borbón. El comando está compuesto por ultraderechistas españoles, matones argentinos y neofascistas italianos que disfrutan del apoyo de un sector de la Guardia Civil. Por si fuera poco, curiosamente, los GRAPO (Grupos de Resistencia Antifascista Primero de Octubre) reaparecen en escena y siembran de bombas de baja potencia toda España.[3]

Maribel, nueva espía para *Lobo*

Mientras España se halla en plena convulsión política, Mikel Lejarza, que ha vuelto de su incursión en tierras vasco-france-

3. El escritor e historiador Sergio Vilar, en su obra *La década sorprendente 1976-1986* (Editorial Planeta, p. 57), sostiene que en aquella época «la estrategia de la provocación-tensión, evidentemente para hacer imposible la convivencia democrática en paz, apareció a menudo trenzada con acciones terroristas de ETA y los GRAPO».

sas, empieza a hacer amistades desde su puesto de inspector de estadísticas en el hospital La Fe de Valencia. En el verano del setenta y seis, en medio del calor y el bochorno propios de la época, Mikel conoce a Maribel. Como es natural, en cuanto a las mujeres José Miguel Casas Ferrer se mueve en los mismos parámetros que lo hacía Mikel. Ha cambiado el nombre y la identidad, pero las rubias y las misses siguen siendo sus debilidades. Maribel, que ha sido miss en Almería, reúne las características de la clase de mujer que le va a Mikel: atractiva, rubia, ojos azules, 1,70 de estatura, bien proporcionada, conoce Francia y domina perfectamente la lengua francesa.

A todas esas cualidades hay que añadir la circunstancia de que la miss se encuentra sin un duro y se ha quedado prendada de Mikel. Desde ese mismo instante, el «topo» del SECED comienza a trabajarse a la chica de ojos azules para la causa, deslumbrándola, entre otras cosas, con su poder adquisitivo, con su labia, su piso de Valencia, con el chalet de El Saler y con algunas otras cosas que no son materiales.

Maribel cae en las garras de un *Lobo* que también tiene la cualidad —y la explota— de seducir a las mujeres. Mikel y Maribel pasan juntos varios fines de semana con el fin de conocerse mejor. Después la pareja viaja hasta Madrid para presentar a la joven miss en sociedad. En la capital, Lejarza prepara un encuentro entre su compañera y uno de sus mandos, Agustín Tejedor. El jefe de operaciones del SECED se queda prendado de miss Almería y toma nota de que puede ser una magnífica candidata para futuros trabajos de infiltración. Dicho y hecho.

Al cabo de unos meses, con la ayuda de gente próxima a los servicios secretos de Presidencia, Maribel es contratada por la compañía Air France como azafata de vuelo y traslada su residencia a París. Maribel ya forma parte de los servicios secretos españoles y es el propio Agustín Tejedor, jefe de operaciones especiales, el que se convierte en su oficial de caso.

Tejedor es artillero y arquitecto técnico, por lo que prepara las operaciones con mucho detalle y minuciosidad. También es muy cuidadoso con las formas, aunque sus subordinados lo consideran un hombre duro y el auténtico «cerebro de los temas oscuros» que organiza el SECED.

Con la contratación de la modelo, los servicios secretos amplían su plantilla y el número de colaboradores para intentar llegar a las entrañas de ETA, pero la organización terrorista no dejar de actuar. El 4 de octubre lleva a cabo un atentado en San Sebastián contra Juan María de Araluce y Villar, presidente de la Diputación de Guipúzcoa y consejero del Reino. Ante esta situación, el Gobierno español realiza una serie de gestiones ante su homónimo francés. El 13 de octubre, nueve días después del brutal atentado, se produce una reacción positiva por parte del ministro galo de Interior.

El diario *ABC* publica el día 14 una crónica de su corresponsal en París donde se informa de las instrucciones del Ministerio del Interior francés para que se controlen y vigilen en su territorio los movimientos de los refugiados españoles pertenecientes a ETA: «La orden la cumple la policía de servicios especiales de Burdeos, que ha registrado varios domicilios de los exiliados vascos y ha interrogado a unas doscientas personas en la comisaría de Bayona», asegura el diario español.

Pero a pesar de la aparente colaboración del Gobierno francés con el español, el sur de Francia sigue siendo el santuario de los etarras. Los comandos actúan impunemente en el País Vasco, en Madrid o en cualquier otro punto de España, y después sólo tienen que cruzar la frontera para escapar de la acción policial. En el País Vasco francés los miembros de la organización terrorista se encuentran en su hábitat natural, como los animales salvajes en la sabana africana.

Cassinello y la *Operación Escoba*

Sin embargo, en España las medidas contra ETA se extreman y, en medio de esa situación de inestabilidad, aparece Andrés Cassinello, a quien el presidente Adolfo Suárez nombra, en julio de 1976, director del SECED. El comandante Cassinello reclama la presencia de Mikel Lejarza en Madrid para organizar una nueva operación contra la banda terrorista vasca.

El jefe de los servicios secretos, que también llegó a ser general jefe del Alto Estado Mayor de la Guardia Civil con el gobierno socialista, es un especialista en la guerra de guerrillas y contra la subversión. Además, se da la circunstancia de que, con anterioridad a esa fecha, Cassinello ya ha realizado y ordenado algunos «trabajos» especiales contra ETA.

Juan María Castro Tero,[4] que había pertenecido a los servicios secretos del Alto Estado Mayor y al SECED de San Martín y de Valverde, abandona el servicio de Presidencia cuando un día Andrés Cassinello le ordena que se desplace hasta el refugio de ETA «para colocar bombas»:

4. Esta historia se la cuenta Castro Tero a la periodista Pilar Urbano en el libro *Yo entré en el Cesid* (Editorial Plaza & Janés, 1997, p. 153). La autora va más lejos y pone nombre y apellidos al «prestigioso militar»: Andrés Cassinello.

«Un prestigioso militar me encarga que ponga unas bombitas en el sur de Francia. Era un preludio del ir, pegar y volver, que luego recomendaría Rodríguez Galindo a sus guardias civiles de Intxaurrondo. Sin matar a nadie me subraya mi jefe».

Según el agente Castro Tero, la orden de su superior buscaba incordiar al gobierno francés para que dejara de amparar a los terroristas de ETA («¡A ver si reaccionan de una puta vez!»).

Entretanto, Mikel Lejarza tiene un fuerte enfrentamiento con algunos de sus jefes de La Fe tras denunciar a un directivo de la residencia por «un agujero económico muy importante». El «topo», harto de perseguir a izquierdistas y sindicalistas de poca monta en la zona levantina, ve una puerta abierta para dar a su vida otro giro de 180 grados. Recibe una llamada de su protector, Andrés Cassinello, y rápidamente prepara sus bártulos para regresar a la capital y hacer lo que realmente le gusta: «Buscar, señalar y detener etarras».

En cuanto Mikel llega a Madrid, el servicio le busca una casa en el pueblo de Torrelodones, concretamente en una urbanización que lleva el mismo nombre que el pueblo. En unos días el SECED pone en marcha un operativo «para barrer y peinar la capital», que toma el nombre de *Operación Escoba*.

Mikel Lejarza Eguía se convierte de nuevo en *Lobo* y una vez más afila sus garras, agudiza la vista y afina el olfato.

Mikel comienza a colaborar con los equipos especiales del SECED que peinan las calles de Madrid en busca de nuevos comandos de ETA. Todavía no ha transcurrido un año de la desarticulación de las células de ETA en Madrid y Barcelona gracias a la infiltración de *Gorka*, pero los agentes del SECED disponen de indicios razonables para sospechar que los etarras están preparando algo grande y de que se han instalado nuevamente en la capital. Incluso cabe la posibilidad de que entre los terroristas desplazados a Madrid figuren algunos de los que convivieron con Mikel en Francia.

El SECED tiene a su favor que los etarras no pueden reconocer a Mikel, como él se había preocupado de comprobar personalmente en sus incursiones en moto a Hendaya, San Juan de Luz y Bayona. La ventaja es que *Lobo* sí puede identificar a los etarras.

El trabajo, intenso y exhaustivo, de los grupos especiales sirve para peinar todos los barrios de la capital. No tienen horarios. Unos días comienzan su labor a primera hora y otros están en la calle hasta que los garitos, discotecas y zonas de copas echan el cierre. La orden es clara: «Cueste lo que cueste hay que encontrar a algún etarra».

Un día, cerca de la Gran Vía, a Mikel le parece identificar a un antiguo compañero. Tras seguirle durante horas, se da cuenta de que la persona en cuestión nada tiene que ver con la movida etarra. Algo similar pasa con un coche cerca de la plaza de Neptuno. Al final también resulta ser una falsa alarma pero, siguiendo y siguiendo al vehículo, llegan casi a Córdoba. Los agentes dejan el objetivo a la altura de Despeñaperros, tras darse cuenta de que no tiene nada que ver con ETA.

La *Operación Escoba* no funciona en Madrid y los jefes de Mikel deciden trasladar el mismo operativo al País Vasco. Allí Lejarza se pone a las órdenes del capitán de la Guardia Civil Cándido Acedo,[5] mano derecha de Andrés Cassinello duran-

5. Juan Alberto Perote, ex jefe de la Agrupación Operativa del CESID, mantiene que uno de los sellos de los GAL, creado por los servicios secretos en 1983, llegó al general Andrés Cassinello a través de Cándido Acedo. Acedo también fue señalado por un empresario madrileño como uno de los agentes que participó en 1975 en la *guerra sucia* contra ETA en el sur de Francia.

te muchos años y un experto en «operaciones especiales» contra ETA.

En Bilbao consiguen los resultados que no han logrado en Madrid. Un día, Mikel se encuentra en un bar de la calle Licenciado Pozas y se percata de que frente a él toma unos vinos una persona que se movía en el entorno etarra. Los agentes lo siguen y descubren dos pisos francos de ETA. Tras una férrea vigilancia, resulta fácil dar con sus inquilinos, que más tarde son detenidos. El grupo antiterrorista está formado principalmente por guardias civiles dirigidos por Cándido Acedo.

Tras el éxito de la operación de Bilbao, Mikel regresa a su casa madrileña de Torrelodones y se toma un pequeño descanso. Durante ese tiempo ve en un par de ocasiones a Maribel, que ahora trabaja de azafata en Air France. La pareja recupera el tiempo perdido. Lo hacen a escondidas, pues contravienen normas del SECED. En asuntos del corazón Mikel todavía se mueve en la clandestinidad, como cuando salía con Edurne, a la que sigue viendo de vez en cuando.

«Maribel, nos estamos jugando el tipo —le recuerda Mikel a su compañera— .Te adelanto que las ordenanzas del servicio son claras respecto a que no se pueden mantener relaciones amorosas entre agentes, aunque seamos de distinto sexo.»

Aunque habla medio en broma, sabe que si los descubren ambos serán fulminados. Pero aun así, optan por saltarse las reglas y aprovechan para verse en los vuelos en que Maribel hace escala en Madrid. Así recuperan el tiempo perdido.

Mikel ha conseguido ahorrar una buena cantidad de dinero gracias a las cien mil pesetas sin justificar que viene recibiendo del SECED desde principios de año. Regresa una vez más a Valencia, donde se compra la casita que tenía alquilada en El Saler. Años después, esa inversión inmobiliaria le ayudará a salir de un atolladero económico en el que se mete por culpa de otra mujer, que también había conocido en Valencia. Para Mikel Lejarza, Casas Ferrer, o como se llamara entonces, Valencia es una ciudad de embrujo.

El agente Lejarza vive con intensidad el momento político de 1976. España está abriendo la puerta de la democracia de la mano de Adolfo Suárez y Mikel apuesta por ese proyecto. Él se aleja de la rancia y vieja guardia del SECED y, de vez en cuando, mantiene discusiones políticas con sus compañeros que no quieren salir del «búnker».

El mes de junio entra con buen pie: el gobierno de Suárez autoriza los partidos políticos, a excepción del PCE de Santiago Carrillo y Dolores Ibárruri, *la Pasionaria*. Julio se convierte en el mes del perdón: se promulga un indulto real a favor de los delitos de intencionalidad política y de opinión. En octubre nace *Diario 16*, savia nueva para el periodismo, y Alianza Popular, de la mano de Fraga Iribarne, se convierte en partido político. En diciembre desaparece el Tribunal de Orden Público (el famoso y triste TOP), y el día 11 reaparecen los GRAPO. El grupo terrorista secuestra en Madrid a Antonio María de Oriol y Urquijo, presidente del Consejo de Estado.

Mientras tanto, los nostálgicos del Régimen intentan recuperar espacio y, el 28 de septiembre, los Guerrilleros de Cristo Rey matan al estudiante de Psicología, Carlos González Martínez. Antes, en Almería, se le va la mano a un guardia civil y mata de un disparo al joven de diecinueve años Francisco Javier Verdejo, que está haciendo una pintada: «PAN,

TRABAJO Y LIBER...». Verdejo no termina de escribir la palabra libertad. El 20 de noviembre, primer aniversario de la muerte del Generalísimo, una multitud de seguidores del dictador se reúne en la plaza de Oriente a los gritos de «¡Franco resucita, España te necesita!».

8

OPERACIÓN LEJÍA

LOBO CAMBIA SU NOMBRE EN CLAVE

Los acontecimientos políticos se precipitan y Mikel Lejarza, que ya es un espía experto y sabe moverse en diferentes campos, comienza a tener problemas con sus superiores, que casi siempre son militares de carrera. Así pues, sufre en sus propias carnes la máxima de que no sólo hay enemigos en el bando contrario. Sus éxitos y su libertad de movimientos provocan envidias y recelos entre los compañeros de los distintos servicios. No hay motivos aparentes, pues Mikel sigue jugándose la vida en las operaciones antiterroristas, mientras otros permanecen en la retaguardia. Su elevado grado de información molesta a algunos de sus jefes, que siguen conservando el perfil del típico funcionario burocratizado. Conforme transcurre el tiempo, el agente Lejarza se conviete en un ejemplo negativo para sus superiores. A todo ello, hay que sumar la personalidad individualista de Mikel. No busca la confrontación profesional, pero hace lo que le da la gana. Para él, el libro de estilo de los espías españoles es un código escrito para ser transgredido.

Y en esta situación el SECED decide que Lejarza Eguía debe cambiar de aires. Sus jefes lo mandan a la isla de Fuerteventura, en Canarias. Le dan veinticinco mil pesetas, un billete de avión y la consigna de que tiene que alistarse en la Legión. Lejarza firma un contrato de cinco años de permanencia en el cuerpo militar más duro del Ejército español.

Una vez en Fuerteventura, Mikel recibe la información a cuentagotas. En la primera fase de la nueva misión, según sus jefes, sólo precisa saber que va a ser legionario, que tiene que enrolarse en ese cuerpo especial del Ejército y que debe hacer algunos amigos para después utilizarlos en la segunda fase de la operación.

En Fuerteventura el agente secreto se instala en el barrio de las prostitutas. Allí alquila una casita que le proporciona libertad de movimientos cada vez que sale del cuartel. De esa forma, contacta y se relaciona con sus superiores.

Lobo, nombre en clave que el SECED utiliza durante el tiempo de su infiltración en ETA, ha pasado a formar parte de los archivos de los servicios secretos. Ahora los estudiosos del nuevo caso le buscan otro alias: *Pizarro*.

El nombre en clave de *Pizarro* es una idea de Agustín Tejedor, jefe de operaciones especiales del SECED. El nuevo alias surge de la siguiente manera: el equipo está reunido en la cafetería de la primera planta del hotel Cuzco de Madrid, que durante un tiempo fue un punto de encuentro entre agentes, cuando Agustín Tejedor comenta que hay que cambiarle el nombre de guerra a Lejarza. Para él, la clave *Lobo* está quemada. De repente, advierte que el salón donde se encuentran se llama «Pizarro» y dice: «Decidido: Mikel, a partir de ahora te llamarás *Pizarro*».

Junto a Tejedor y Mikel, hay otros tres hombres de la plana mayor de los servicios secretos, pero *Lobo* sólo conoce a su jefe, Agustín. Éste sigue hablando:

«¿Por qué no? Desde ahora te llamarás *Pizarro* y, en las siguientes operaciones, jugaremos con nombres de conquistadores, *Colón*, *Cortés*, etc.».

Mikel, que a partir de ese momento adopta el nombre de una cafetería, solicita al SECED un destino en el extranjero. Si ese destino coincide con París, mucho mejor, porque así estará más cerca de Maribel. Pero la capital francesa, como el resto de las capitales europeas, tiene muchos pretendientes, y de mayor rango militar que él. Finalmente consigue un destino fuera de la Península, pero en Canarias.

Pizarro inicia así una nueva etapa en Fuerteventura, donde comienza a marcar el paso en el destacamento que la Legión tiene en aquella isla. Entretanto, en la Península las *tramas negras* siguen sembrando el terror: el 25 de enero de 1977, un grupo de ultraderechistas entra en el despacho laboralista que Comisiones Obreras tiene en la calle Atocha de Madrid y se lía a tiros contra los abogados que participan en una reunión sobre la huelga del transporte. Mueren cinco personas y se produce tal consternación que hasta el cardenal-arzobispo de Madrid, monseñor Enrique Tarancón, condena el atentado con una nota oficial.

Poco después, el 11 de febrero, la Guardia Civil libera a Antonio María de Oriol y Urquijo, que permanecía secuestrado por los GRAPO desde hacía dos meses. El profesor Tierno Galván, entonces líder del Partido Socialista Popular (PSP), hace unas declaraciones al respecto: «Este secuestro me resulta difícil atribuirlo a una izquierda responsable e impregnada de convicciones».

La propia Policía llega a sospechar que el presidente del Consejo de Estado puede haber estado en manos de un grupo de extrema derecha liderado por el neofascista italiano Steffano Della Chiaie, que había estado envuelto en los sucesos de Montejurra-76.[1]

Pizarro está perfectamente integrado en los *lejías*, denominación que se da popularmente a los soldados de la Legión. Traba gran amistad con Henry, un francés que había llegado hasta Fuerteventura huyendo de una turbia historia que había tenido en Marsella, y con un melillense de origen judío, apellidado Salama.

En sus primeros días de estancia en la Legión, *Pizarro* sufre en sus propias carnes el «saco de castigo», que los *lejías* llaman el *hacho*. Consiste en un saco lleno de piedras o arena, de unos veinticinco kilos, que le colocan a uno en la espalda y con él hay que ir a todas partes. Como pesa una barbaridad, el soldado castigado termina arrastrándose por el suelo. No obstante, Mikel tiene claro que pocas veces más le van a colocar el saco en la espalda.

Pizarro, que ha firmado por cinco años en la Legión, sólo va a cumplir tres meses. El plan orquestado desde Madrid, denominado *Operación Lejía*, supera las dos primeras fases: introducción y contacto. Ahora llega la tercera: deserción. Y para ejecutarla, Mikel embauca y engaña a Henry y Salama. De noche abandonan el cuartel de Fuerteventura. Todo el equipaje que llevan los desertores es un macuto con tres prendas civiles para poder cambiarse y no llamar la atención entre la población con su ropa verde de faena. También tienen algún

1. El neofascista italiano negó ante los autores del libro su participación en los hechos. La entrevista con Della Chiaie se produjo en un salón de un hotel próximo a la Via Veneto de Roma en el mes de abril de 2002.

dinero para los imprevistos que vayan surgiendo en la aventura que les espera.

El trío de desertores llega hasta el puerto de Las Palmas el 28 de marzo, un día después del accidente del aeropuerto de los Rodeos, en Tenerife, donde chocan dos aviones Jumbo, uno de la Pan Am y otro de KLM. En la catástrofe fallecen calcinados 562 pasajeros y logran salvarse setenta. La confusión y tensión es total y los tres *lejías* aprovechan el momento para salir de Canarias con la ayuda de un barco de pesca, a cuyo patrón le pagan quince mil pesetas cada uno. El pesquero pone rumbo hacia la costa marroquí, adonde llegan al día siguiente.

Cubillo, principal objetivo

Los tres desembarcan en una playa de Tan-Tan, muy cerca de la frontera con el ya ex Sahara español. Desde allí, según las órdenes recibidas, parten hacia territorio argelino, donde tienen que solicitar asilo político. Son desertores del Ejército español.

Los compañeros de *Pizarro* son aguerridos soldados que conocen el territorio y la dureza del desierto. Los dos han vivido en Marruecos y Argelia durante su juventud y dominan el español, el francés y algo de árabe. Llevan más de dos años en la Legión y se consideran muy listos, pero no tienen idea de que ahora son dos simples peones de un tablero de ajedrez donde se está jugando una partida muy complicada y sofisticada.

La verdadera misión de *Pizarro* consiste en introducirse en Argelia como refugiado político para, una vez en Argel, contactar con los círculos políticos del canario Antonio Cubillo, el dirigente del MPAIAC (Movimiento para la Autodeterminación y la Independencia del Archipiélago Canario). Cubillo vive exiliado en la capital argelina y, con el apoyo económico y político del Gobierno del país magrebí, transmite sus consignas de independencia a través de las ondas de Radio Argel.

Una vez en territorio marroquí, *Pizarro*, en compañía de Henry y Salama, tiene que llegar hasta Argelia sin ningún tipo de ayuda ni cobertura del servicio. Atraviesan Marruecos, unos quinientos kilómetros, con la ayuda de un ciudadano marroquí al que entregan una fuerte suma de dinero. Éste los conduce en una especie de furgoneta destartalada hasta cerca de Tindouf, ya en territorio argelino. Allí, repiten la operación y otro magrebí los lleva hasta Figuig, a medio camino de Argel y junto a la frontera marroquí. Tardan cuatro días y tres noches en llegar a Figuig donde, como había previsto el plan del SECED, los policías argelinos los detienen.

La detención de *Pizarro* por parte de los argelinos es una de las piezas fundamentales dentro de la *Operación Lejía*. Es la única forma, teórica y práctica, de poder llegar hasta el objetivo: Antonio Cubillo.

Pero los acontecimientos se tuercen. *Pizarro*, Henry y Salama son encerrados individualmente en tres chabolas construidas con adobe. Argelia, que es independiente desde 1962, es un Estado socialista con partido único que mantiene fuertes enfrentamientos fronterizos con su vecino, Marruecos. De vez en cuando, los marroquíes realizan incursiones aéreas en territorio argelino. Da la casualidad que uno de los bombardeos coincide con la detención de los tres desertores. A consecuencia de la acción de las tropas marroquíes, las calles de Figuig se convierten en un hervidero de gente que va de un lado a otro.

De repente, se produce un tumulto junto al lugar en que están encerrados los desertores y se escuchan varios disparos. Por un momento los legionarios creen erróneamente que vienen por ellos. No se lo piensan dos veces y se escapan.

Mikel está confuso. No sabe cómo reaccionar frente a esa situación imprevista. Cree que ha llegado su final. Lo que no habían podido hacer los *berezis* de ETA, van a lograrlo ahora unos desarrapados. Piensa que va a morir, pero no está por esa labor. Así que aprovecha un descuido de los centinelas, trepa hasta lo alto de la cárcel, que no tiene techo, y desde arriba se abalanza sobre el guardia que custodia la entrada. Le propina un golpe de kárate en la columna y cae fulminado al suelo. Lo zarandea, pero no reacciona. Está muerto.

Pizarro no mira hacia atrás para saber dónde están sus compinches de deserción. Sólo piensa en él, y sirviéndose de la ametralladora que sustrae al guardia de la prisión, roba una furgoneta y se dirige de nuevo hacía Marruecos, cuya frontera está a unos diez kilómetros. Con un muerto a sus espaldas ya no tiene nada que hacer en Argelia. Cruza Marruecos y emprende el camino de vuelta por el mismo lugar que ha venido.

Pizarro no vuelve a ver más a sus compañeros de fuga, Henry y Salama. No sabe qué suerte les ha deparado (también logran escapar en medio de la confusión, pero hacia otro destino).

Una vez en territorio marroquí, Mikel Lejarza, alias *Pizarro*, llega hasta la localidad de Bouarfa. Y allí vuelta a empezar: Agadir, Sidi-Ifni, Guelmine y Tan-Tan. Tarda una semana en llegar al puerto de Tan-Tan y no tiene un céntimo. Se ve obligado a pagar su viaje de vuelta a Las Palmas con una cadena de oro y lo poco de valor que lleva encima. Un barco pesquero lo traslada a Gran Canaria. La aventura dura, desde que deserta en Fuerteventura, unos veinticinco días.

Al llegar a la isla de Gran Canaria, desde el mismo puerto pesquero, Mikel contacta con la estación del SECED en Las Palmas. Sus compañeros le facilitan alojamiento, dinero, ropa y un billete para que regrese a Madrid, donde lo esperan sus jefes.

Cuando *Pizarro* aterriza en el aeropuerto de Barajas, el PCE ya está legalizado y han vuelto del exilio Rafael Alberti, Dolores Ibárruri, *la Pasionaria*, Victoria Kent, directora de prisiones durante la República, y el *lehendakari* vasco Jesús María de Leizaola.

La *Operación Lejía* fracasa, pero los propósitos de un sector de los servicios secretos siguen en pie: eliminar físicamente a Antonio Cubillo, dirigente del MPAIAC, que todas las noches desde Radio Argel lanza sus proclamas de independencia para el archipiélago canario.

Los servicios argelinos estaban informados

Un año más tarde, el 5 de abril, los hombres del SECED vuelven a intentarlo. En esta ocasión consiguen llegar hasta el dirigente del MPAIAC a través de José Luis Espinosa, un antiguo dirigente del sindicato UGT y ex militante del PSOE, que trabaja de infiltrado para el comisario Roberto Conesa, jefe de la Brigada Central de Información de la Policía.

Espinosa contrata en Francia a dos mercenarios, Juan Antonio Alfonso González y José Luis Cortés Rodríguez, antiguos militantes del FRAP, para atentar contra Antonio Cubillo en Argel. El atentado se produce el 5 de abril de 1978 a las 20.30 horas, junto a la residencia de Cubillo en Argel. El ex paracaidista Alfonso González asesta al dirigente canario una puñalada en el vientre con un cuchillo de pesca submarina y después lo remata por la espalda. Cubillo salva milagrosamente la vida y queda parapléjico de cintura para abajo. Los autores materiales son detenidos en Argelia y Espinosa logra huir a España.

En agosto de 1990 el diario *El País* publica una información en la que se afirma que Argelia pudo haber evitado el atentado a Cubillo: «Seis horas antes de cometerse el atentado y desde la embajada de aquel país en Madrid, un agente de sus servicios secretos envió un télex al Gobierno argelino, pero la información no llegó a tiempo al presidente, Huari Bumedian, y el propio ministro de Exteriores, Buteflika, se lamentó después de la descoordinación de sus servicios».

Junto a esta información, y en la misma crónica del periódico, aparece otra en la que indirectamente se hace referencia a la *Operación Lejía:* «No era la primera vez que la vida de Cubillo corría peligro. Un año antes otro télex similar sí surtió efecto y el comando que pretendía matarle no pudo localizarle en su escondite. Era un grupo de legionarios que se desplazó a Argelia para eliminarme, declaró el independentista canario. Al segundo intento, el 5 de abril de 1978, dos matones dejaban herido de muerte al incómodo abogado tinerfeño, exiliado desde hace quince años en Argelia».

La crónica del periodista canario Carmelo Martín está escrita después de la sentencia que la Audiencia Nacional dicta en julio de 1990 contra el espía José Luis Espinosa, a quien condena a veinte años de reclusión menor como inductor del asesinato frustrado contra Antonio Cubillo. En la misma sentencia se recoge que el tribunal ordena una investigación inmediata sobre la responsabilidad en el atentado de los servicios secretos de la policía española del gobierno de UCD, presidido por Adolfo Suárez y cuyo ministro de Interior es Rodolfo Martín Villa. Se da la circunstancia de que el ponente del tribunal sentenciador es el magistrado Javier Gómez de Liaño.

Es decir, que el propio Cubillo[2] y los servicios secretos argelinos confirman la existencia de otra operación contra el dirigente canario un año antes y a cargo de un comando de legionarios. Lo que no sabían los argelinos, Cubillo y la Audiencia Nacional es que ese grupo de mercenarios estaba dirigido por Mikel Lejarza Eguía, el hombre que desmanteló en 1975 a ETA–pm y que la acción recibió el nombre de *Operación Lejía*.[3]

A pesar del fracaso de la acción contra el líder del MPAIAC, Mikel Lejarza, según criterio del servicio, merece unas buenas vacaciones, por lo que se retira a su casa de Torrelodones, en Madrid. Desde allí, y con la compañía de su amiga Maribel, va a vivir los nuevos acontecimientos que se avecinan para España:

ETA secuestra y asesina a José Ybarra (8 de mayo-22 de junio); la Triple A (Alianza Apostólica Anticomunista), una

2. Cubillo afirmó a los autores que fue objetivo en varias ocasiones de los servicios de información españoles.

3. En la primavera de 2002, con motivo de la realización de una serie de televisión sobre la transición española, *Crónica de una generación*, Espinosa reconoce a los autores del libro que «en principio la operación contra Cubillo consistía en robarle todos sus archivos, después secuestrarlo, pero finalmente se decidió atentar contra él».

organización de extrema derecha, atenta y mata al empresario catalán José María Bultó (9 de mayo); el 27 de mayo don Juan de Borbón y Battenberg, padre del Rey, renuncia a todos los derechos que tenía sobre la Corona; y por último, el 15 de junio de 1977, se celebran las elecciones generales.

La actividad de esa *mano negra* que está presente durante los primeros años de la transición es total y sigue creando inestabilidad. Parece como si todos los grupos de extrema derecha y extrema izquierda se hubieran puesto de acuerdo para que la transición no se consume.

9

EL CESID QUIERE SER INTELIGENTE

El nuevo equipo de *Pizarro*

En mayo de 1977, mientras Mikel Lejarza disfruta de unas merecidas y largas vacaciones, un «comité de expertos» (según consta en los documentos internos de los servicios secretos), por orden directa de Adolfo Suárez, se reúne en Madrid para «reorganizar los servicios de información». (Véase anexo I, apartado: «Servicios secretos: 1939-1977».)

El 15 de junio, casi diecinueve millones de españoles «dan su confianza a Suárez» y «los socialistas se convierten en la segunda fuerza política del país». Mikel Lejarza no sabe qué hacer ante un evento de tanta trascendencia, los primeros comicios democráticos. Finalmente decide formar parte de esos casi cinco millones de ciudadanos que se abstienen en las primeras elecciones generales.

Después de las elecciones generales del setenta y siete, comienza una segunda etapa para los servicios secretos, que ya quieren ser de inteligencia, y también para Mikel, que ahora es conocido en el SECED como *Pizarro*.

El servicio toca a su fin y en julio, según decreto, nace el Centro Superior de Información de la Defensa (CESID). Los expertos también coinciden en que el CESID debe ser un centro de análisis de información del Estado y no lo que ha sido hasta ahora: un organismo «contrasubversivo».

Para que el nuevo Centro tenga mayor efectividad, el ministro de Defensa Gutiérrez Mellado y el presidente Adolfo Suárez deciden romper con el pasado. Establecen que no debe haber continuidad, por lo que el nuevo director no será Andrés Cassinello, último director del SECED, ni Manuel Vallespín, jefe del Alto Estado Mayor.

Pero en realidad el nuevo Centro no comienza a trabajar con total efectividad hasta los primeros meses de 1978. Todos los agentes están inquietos, nadie sabe qué suerte les espera. A *Pizarro*, a sus jefes y oficiales sólo les resta esperar, pero Mikel ya no puede estar más tiempo quieto, sin hacer nada, y abandona Madrid por un tiempo. Decide regresar a Valencia y disfrutar de la casa que se había comprado en El Saler. Todavía recibe un buen sueldo: setenta y cinco mil pesetas mensuales, más otras cien mil para gastos sin justificar. Dicho y hecho. Allí se dedica a organizar un equipo de civiles o colaboradores que seguirán trabajando con él durante años en la lucha antiterrorista. Por primera vez, Mikel dispone de su propio equipo, un grupo de total confianza.

Mikel Lejarza, que en ocasiones recuerda al agente comercial que va de pueblo en pueblo y es capaz de venderle un peine a un calvo, crea su equipo formado por tres hombres y una mujer. Ésta, por supuesto, es rubia y bien proporcionada. Se llama Laura Alamar. El resto del equipo está compuesto por Eduardo Rodríguez, Paco Zurriaga y Alfonso Moreno.

Los cuatro compañeros o colaboradores de *Pizarro* tienen relaciones entre sí. Paco Zurriaga es agente inmobiliario y la persona que le ha vendido a Mikel la casa de El Saler. Eduardo Rodríguez es estudiante de Electrónica, amigo de Paco y, además, vecino de Mikel. Alfonso Moreno es estudiante de Económicas y amigo de Paco. Por su parte, Laura es amiga de los tres y más tarde mano derecha de Mikel.

Laura Alamar es una chica lista, avispada y muy fiel a su jefe. Se entrega al servicio en cuerpo y alma. Siempre está dispuesta a hacer cualquier trabajo que se le encargue. No importa dónde ni con quién. Pronto se convierte en la persona de confianza de Mikel y el CESID lo sabe.

Laura y Mikel logran una total conjunción. Al cabo de los años, con motivo de un suceso relacionado con ETA y con el impuesto revolucionario, ambos llegan a ocupar la primera página de algunos periódicos vascos y nacionales. Los hechos ocurren concretamente en julio de 1987.

Mientras que *Pizarro*, o Mikel Lejarza, ya se ha puesto en marcha y cuenta con un equipo dispuesto a trabajar donde sea y como sea, el Ministerio de Defensa y el CESID sólo disponen de un organigrama. Es el propio Gutiérrez Mellado el que da un plazo de cuatro meses a sus subordinados para que todo comience a funcionar.

Finalmente, el día 2 de noviembre, se publica en el BOE las finalidades y los objetivos del CESID: «Será el órgano encargado de obtener, evaluar, interpretar y facilitar al titular del Departamento cuanta información sea necesaria o interese a la Defensa Nacional... Su titular será un general con categoría de director general y dependerá directamente del ministro...».

Durante el tiempo de *impasse* que existe entre la desaparición del SECED y la llegada del CESID se producen nuevas acciones violentas, tanto de la extrema derecha como de la extrema izquierda. Esa *mano negra* que aparece y desaparece continúa actuando: el 20 de septiembre, la Triple A atenta en Barcelona, en la calle Tallers, contra el semanario satírico *El Papus* y muere el portero del edificio. Siete días más tarde, el 27, los GRAPO matan en Madrid a un capitán de la Policía Armada y en noviembre asesinan a un guardia civil. Los atentados no acaban ahí. ETA entra de nuevo en acción y mata al comandante Imaz (26 de noviembre) y al concejal Julio Martínez (16 de diciembre).

Operación Comuna: los socios de ETA

Momentáneamente, Andrés Cassinello sigue al frente del todavía operativo SECED y recurre a Mikel para intentar descubrir si existe alguna relación entre los grupos terroristas, ETA, los GRAPO y las células anarquistas. Sobre todo, quiere saber si los etarras reciben cobertura a escala nacional. Para ello, organiza la *Operación Comuna*, y *Pizarro*, al igual que su jefe, recurre a sus hombres de confianza, principalmente a Laura Alamar Porta.

Mikel explica a Laura Alamar en qué consiste su trabajo:

«Hay una serie de comunas montadas, por ácratas que funcionan muy bien en Ponferrada, Zamora y Burguillos del Cerro, junto a Zafra. El centro tiene la sospecha de que algunos miembros de ETA están utilizando estos lugares en sus viajes a Madrid para pernoctar y refugiarse después de sus atentados. Laura, hemos pensado en ti para que te infiltres. Reúnes todas las condiciones para que el operativo salga bien».

La colaboradora de los servicios secretos se traslada hasta Burguillos del Cerro, en Badajoz, con su mochila, su pelo rizado y rubio, deseosa de hacer bien su primer trabajo.

No tarda en pasar su primer informe a su jefe, *Pizarro*.

«El responsable de la comuna de Burguillos del Cerro es un ex cura que ha vivido en Francia. He tenido que follarme a media comuna para obtener información. Después de hablar con los tíos, tengo la convicción de que por aquí han pasado *Pakito* [Francisco Mújica Garmendia] y otros etarras.»

Mikel y su grupo montan turnos de vigilancia en las proximidades de la comuna, pero resulta infructuosa, pues no se presenta ningún miembro de ETA.

Pakito forma parte de ETA–pm hasta 1977, fecha en que se pasa a ETA militar con el grupo de los *berezis* en pleno.[1]

Aunque Laura Alamar no consigue cazar a ningún etarra dentro de la comuna, el trabajo es considerado por los servicios como satisfactorio porque, gracias a ella, averiguan cómo funcionan «esas casas». La topo puede regresar a las comunas en cualquier momento. Por tanto, Laura se gana la confianza de los servicios secretos.

En el plano político también se puede decir que el mes de octubre es fructífero para la joven democracia: se aprueban los Pactos de la Moncloa para resolver la crisis económica y se restaura la Generalitat en Cataluña con el regreso de Josep Tarradellas como presidente. Tarradellas pronuncia su famoso «*Ja sóc aquí*».

1. Entre 1985 y 1992 forma parte de la cúpula de la organización terrorista y se sospecha que fue él quien dio la orden de asesinar a María Dolores González Catarain, *Yoyes*, ex dirigente etarra. También se le relaciona con la desaparición de su compañero *Pertur*.

Hasta noviembre de 1977, Suárez y Gutiérrez Mellado mantienen a Andrés Cassinello como jefe interino del nuevo Centro, después nombran director del CESID al general Bourgón López-Doriga, un artillero que no tiene experiencia en el mundillo de los servicios de inteligencia, pero que es un militar de su total confianza. En realidad, el auténtico director general es el propio Gutiérrez Mellado, en cuya persona coincide la vicepresidencia del Gobierno y la cartera de Defensa.

En diciembre el vicepresidente Gutiérrez Mellado, mediante orden reservada, estructura definitivamente el nuevo Centro en tres divisiones: Inteligencia Interior, Inteligencia Exterior y Técnica.

Mikel conoce a *Mamen* en Salamanca

Finalmente la dirección del nuevo CESID destina a Mikel Lejarza al área de Inteligencia Interior y lo traslada temporalmente a Salamanca. Allí, en tierras castellanas, el agente *Pizarro* pone en marcha una nueva operación contra ETA, que no ha dejado de atentar y matar a pesar de las elecciones generales y de los cambios que se han producido en la sociedad española.

Aunque Cassinello deja el CESID, Mikel no pierde el contacto con él. Es como su segundo padre. Siempre sale en su ayuda cuando lo necesita. En los primeros meses de 1978 articulan una nueva *Operación Escoba*, pero esta vez en Salamanca. Es la continuación de la de Madrid y consiste en «barrer y rastrear» etarras. Pero ahora los buscan entre los estudiantes de la universidad salmantina. Al frente de la operación está el oficial Saura.

En esas fechas, cuando Andrés Cassinello toma el control de los Servicios de Información de la Guardia Civil, la Universidad del País Vasco todavía no tiene el prestigio ni la proyección que ostenta hoy día. También se da la circunstancia de que en aquellas tierras hay algunas carreras que todavía no pueden cursarse, por lo que muchos estudiantes de Euskadi se ven obligados a emigrar hasta Salamanca para realizar sus estudios.

Y, entre los estudiantes, hay algunos seguidores, simpatizantes o militantes de ETA que en más de una ocasión dan cobertura a sus compañeros de organización cuando van y vuelven de Madrid para llevar a cabo algún atentado. La operación no consiste en detener a los colaboradores en Salamanca, sino en controlarlos para después seguirlos hasta el País Vasco. De esta forma, logran desarticular a varios comandos en Guipúzcoa y en Álava.

Salamanca se le da muy bien a Mikel Lejarza: controla, sigue y caza etarras, que es lo que más le gusta, y además, conoce a la que va a ser su mujer: Mari Carmen, *Mamen*. Su nuevo amor es de estatura mediana (1,70 m), rubia, ojos verdes, atractiva y reciente ganadora del certamen de Miss Salamanca. Es decir, entra en los parámetros de Mikel.

Una vez más, Mikel se salta una de las normas que ha negociado con el CESID: prohibido tener una relación estable. *Mamen* es una mujer muy llamativa e introducida en la alta sociedad de Salamanca. Tras discutir con su antiguo novio, tiene el camino libre.

En un principio, Mikel no se esfuerza especialmente para que Mari Carmen se fije en él. Durante unos días se hace acompañar de una amiga que se ha traído desde Valencia, que no es Maribel ni Laura, pero tan agraciada físicamente como ellas. Se llama Amparo. El juego psicológico funciona y la operación culmina en un éxito total. Al cabo de un tiempo Mari Carmen y Mikel deciden salir juntos.

Sin embargo, *Mamen* se da cuenta de que Mikel se relaciona en Salamanca con unos portugueses procedentes de Angola que están vinculados al mundillo de los prostíbulos y los clubes de alterne, lo que genera serios problemas en la pareja. Pero esa relación con los portugueses es sólo fruto de su trabajo. El grupo, además de dedicarse al negocio de la prostitución, se dedica al tráfico de armas. Esa vía de investigación le proporciona a Mikel nuevos canales de información. El jefe de la banda se llama Rui y su ayudante, Lansa. En una ocasión tiene un enfrentamiento muy fuerte con Rui porque, cuando ya está saliendo con *Mamen*, el portugués se sienta con ellos en una terraza de la plaza Mayor y se pasa con su mujer. Tiene que agarrarlo del cuello y aclararle las cosas.

Mikel advierte que está perdiendo a *Mamen*, por la que está loco. Ella, que no sabe a qué se dedica su «amigo», decide poner tierra de por medio. Los encuentros entre la pareja son cada vez más esporádicos y las relaciones más frías, pero Mikel se encuentra preso de una trampa: no puede explicar a su compañera cuál es su auténtica función en la sociedad. El curso acaba, los estudiantes vuelven a sus casas y el «topo» del CESID no sabe cómo afrontar el problema.

Un día del mes de julio, exactamente un domingo, Mikel se acerca hasta la plaza Mayor de Salamanca para comprar en un quiosco el diario *ABC* y se encuentra con que en el suplemento *Blanco y Negro* aparece un reportaje en el que se elogia la labor de un infiltrado en ETA llamado *Lobo*.

Sin dudarlo, Mikel llama a casa de *Mamen*. Su insistencia es tal que la que va a ser su mujer no es capaz de negarse a las peticiones del agente *Pizarro* y termina por reunirse con él. *Mamen* se sienta con Mikel en una de las terrazas de la plaza y, compartiendo un aperitivo que les trae un camarero, *Lobo* le muestra el reportaje de *Blanco y Negro*.

La mujer no entiende nada, pero Mikel insiste: «Lee, lee y dime qué te parece».

Mamen sigue sin comprender, y finalmente *Lobo*, que ya no puede esperar más, revela el enigma:

«Ése, ese del que habla el periódico soy yo. Yo soy Mikel Lejarza, yo soy *Lobo*, pero hasta ahora no podía decirte nada. Soy un agente secreto que trabaja para España y para que los españoles puedan dormir en paz».

Mamen sigue sin entenderlo y Mikel ya no sabe cómo explicar a la mujer que ama que él no es un delincuente, que su trato con los portugueses forma parte de un trabajo que le han asignado sus superiores:

«*Mamen*, llama a tu hermano. Entra en el bar y llama a tu hermano y verás como él sí lo entiende y te explica que todo esto es posible, que quien sale en los papeles soy yo».

El hermano de *Mamen*, Manuel, es policía armada y efectivamente comprende que la historia que les explica Mikel tiene visos de realidad. Días más tarde, Manuel, a través de una serie de contactos que tiene en el Ministerio del Interior, confirma la versión de *Lobo*.

Mamen y Mikel vuelven a verse todos los días, reanudan su relación y antes de que acabe el verano, aprovechando que ya no hay estudiantes que seguir, ni angoleños que investigar, viajan hasta Cádiz. Allí se toman unos días de descanso y resuelven que lo suyo puede ser algo más que un simple noviazgo. Por primera vez *Lobo* cae en las garras de una mujer.

Comienza otro curso académico en la Universidad de Salamanca, el correspondiente a 1978-1979, y como Mikel ha terminado el anterior con la calificación de *cum laude,* sus jefes dan el visto bueno para que *Pizarro* se lleve con él a Salamanca a Eduardo Rodríguez Rodríguez y a Alfonso Moreno, amigos de Valencia que ya forman parte de su equipo.

Eduardo es estudiante de Electrónica, de complexión atlética, atractivo y sin ideología definida. Se mueve muy bien en el ambiente universitario y conecta a la perfección con los vascos. Ha nacido en Tolosa y aún tiene familia allí.

El otro, Alfonso, también se desenvuelve bien en los círculos estudiantiles porque ha acabado la carrera de Económicas y todavía se siente universitario. Destaca algo menos que Eduardo, pero es mayor que éste y tiene más experiencia.

Mikel Lejarza está viviendo un momento dulce. Sale con *Mamen*, tiene a su gente a su lado, trabaja para Cassinello y cobra trescientas mil pesetas al mes, más gastos sin justificar. Además de estos ingresos fijos dispone de un millón y medio de pesetas para afrontar los pagos a su equipo. Así pues, es normal que Lejarza considere que Cassinello es como su segundo padre. El jefe de los servicios de información de la Guardia Civil le da a su «topo» todo lo que quiere.

10

1978: EL AÑO DE LA CONSTITUCIÓN

AUMENTA LAS DOSIS DE *GUERRA SUCIA*

El 31 de octubre de 1978 se aprueba la Carta Magna en el Congreso de los Diputados con 325 votos a favor, 6 en contra y 14 abstenciones. Los resultados en el Senado son proporcionales: 226 votos a favor, 5 en contra y 18 abstenciones. Pero entre el setenta y ocho y el ochenta, en tan sólo dos años, ETA y una serie de grupos parapoliciales (BVE, Triple A, ATE y otros) cometen una serie de atentados que arroja el siniestro saldo de 273 muertos. Esta escalada de violencia coloca a la joven democracia en una situación bastante delicada.

Durante esos años, Mikel Lejarza trabaja tanto para la Guardia Civil como para la Policía. Sus jefes directos son Andrés Cassinello y el comisario Manuel Ballesteros. *Pizarro* se inicia en la *guerra sucia* con los dos dirigentes del Ministerio del Interior y la vive muy de cerca. Todos los servicios solicitan su colaboración y tiene una reunión con Cassinello y sus hombres: Mena (Santander), Campos (Bilbao), Quintiliano (San Sebastián) y Bastarreche. Este último, comandante de

Infantería de Marina destinado en el cuartel de Durango, es entonces su oficial de caso.

A los 68 asesinatos pertrechados por ETA sobre policías, guardias civiles, militares y civiles, las bandas parapoliciales responden con varios atentados a personas y establecimientos cercanos a la organización terrorista vasca y terminan el año con tres muertos.

Curiosamente, ETA aumenta sus acciones cuando el Gobierno ya ha concedido el régimen preautonómico a Euskadi. Por la otra parte, la extrema derecha también actúa para minar el proceso de transición, llevando a cabo un intento de golpe de Estado a través de la *Operación Galaxia*. El plan involucionista consiste en ocupar el palacio de La Moncloa cuando el Gobierno esté reunido en Consejo de Ministros. A la cabeza del intento golpista están el teniente coronel de la Guardia Civil Antonio Tejero y el capitán de la Policía Armada Ricardo Sáenz de Ynestrillas.

Mikel Lejarza todavía no tiene una opinión formada de lo que ocurre en España y por dónde van los tiros, pero se encuentra con algunos miembros de las fuerzas de seguridad que mantienen posturas intolerantes.

«Domingo Martorell, que llegó a ser jefe superior de Vitoria, es un colaborador total del SECED y en más de una ocasión me dice que "si entran los socialistas en el Gobierno, me tiro al monte".»

Se da la circunstancia de que en aquella época Mikel Lejarza también trabaja durante un tiempo bajo las órdenes del supercomisario Manuel Ballesteros.

«Actúo con Ballesteros, que llega a ser jefe de la Brigada de Información, y no olvido el día en que detienen a unos tíos en Eibar. *El Rubio*, que es el jefe de los Grupos Especiales de la Policía, se lleva a los etarras al cementerio del pueblo y allí, encima de una lápida, coge a uno de ellos, le mete la pistola en la boca y le conmina: canta. El detenido, que tendría unos treinta y cinco o cuarenta años, canta hasta lo que no ha hecho.»

Son momentos muy difíciles.

Mikel no olvida la forma en que *El Rubio* se comporta con el grupo de etarras de Eibar y sabe que años después, en 1985 o 1986, ese policía tuvo serios problemas al arrojar por una ventana a un miembro de la banda terrorista que habían detenido en Madrid.

«Sé que *El Rubio* terminó expedientado y que lo mandaron a Canarias para quitárselo de en medio. Cada vez que veía un etarra se le encendían los ojos y se volvía como loco. Tenía una especie de alergia a los terroristas y al final terminó en las islas. Allí no hay etarras.»

El comisario Domingo Martorell, con quien también llega a trabajar Mikel, con los años se convierte en un fiel servidor de las diferentes cúpulas socialistas del Ministerio del Interior y en 1997, siendo un alto ejecutivo de Antena 3 TV, ayuda a alguno de sus antiguos jefes en el montaje de un vídeo-chantaje contra el director de *El Mundo*, Pedro J. Ramírez.

Ballesteros, una vez que pasa a la segunda actividad, también colabora con los socialistas, asesorando al ministro de turno sobre temas relacionados con el terrorismo y cobrando buenos dividendos. Curiosamente ninguno de los dos comisarios se «tira al monte» con la llegada de los socialistas, como habían proclamado.

En el último trimestre de 1978 los servicios secretos de

Defensa, el CESID, ya están en manos de Bourgón López-Dóriga. El general se enfrenta al vicepresidente Gutiérrez Mellado, argumentando que la función del Centro no es la de investigar los movimientos involucionistas de los militares. Sin embargo, en noviembre se desmantela la *Operación Galaxia.*

Y mientras tanto, los etarras siguen disfrutando en el sur de Francia, en su santuario, de la permisividad y tolerancia que le ofrecen las autoridades de París. Los franceses incluso tramitan y facilitan con cierta rapidez el estatuto de refugiado para muchos de ellos.

Mikel recuerda su estancia en Francia en los años 1974 y 1975, cuando todavía era un refugiado más y lo visitaban sus amigos. Pero nada había cambiado: los activistas de ETA siguen viviendo un exilio dorado.

«Algunos fines de semana los amigos y familiares se trasladaban hasta determinados pueblos del sur de Francia donde disfrutábamos de plena libertad. Con los amigos podías *potear* por los bares de la zona, los padres te traían comida y ropa limpia y la novia te ayudaba a soportar mejor la espera.»

En medio de esta situación el presidente Adolfo Suárez visita el 9 de octubre de 1978 una de las estaciones que el CESID tiene en Madrid. Concretamente se traslada hasta un chalet de la avenida Cardenal Herrera Oria, donde la AOME (Agrupación de Operaciones y Misiones Especiales) tiene su base operativa.

Suárez asiste acompañado de Gutiérrez Mellado, López-Dóriga y el subdirector del Centro. Es recibido en la AOME por su jefe, José Luis Cortina y su segundo, Francisco García

Armenta, jefe del Grupo número 1.[1] También están presentes el teniente coronel González Torres, jefe del departamento de Investigación, y los jefes de la División de Interior y del Gabinete Técnico.

Los militares, después de mostrar al presidente Suárez las instalaciones, exponen sus puntos de vista sobre cómo hay que afrontar la lucha contra ETA. Le plantean: «Es necesario formar un grupo al otro lado de la frontera que secuestre a dirigentes de la banda terrorista y que después los haga desaparecer». También invocan el precedente de la OAS francesa.

Suárez no se muestra conforme con esas tesis y sugiere que lo interesante «es infiltrar agentes del CESID en las bases de ETA en el sur de Francia».[2] El presidente recuerda a los presentes que está preocupado «por la descoordinación existente entre la Guardia Civil, la Policía y el CESID en materia terrorista».

Adolfo Suárez es replicado por uno de los jefes de los servicios secretos: «Hay que montar un equipo que maneje todos los hilos. Un mando único y una brigada especial que maneje los hilos y que Interior no pregunte por nosotros, que se olviden. Y una gran central de inteligencia. A la hora de ejecutar, hace falta un estudio y un jefe único».

La reunión llega a las dos horas y Suárez esgrime su último punto de vista: «Hay que enviar medio millón de dólares a una cuenta corriente en un banco de Suiza que se pueda utilizar desde allí para pagar a confidentes y colaboradores en Francia».

1. Estos dos jefes fueron señalados después por otros agentes del CESID como parte de la trama del intento de golpe de Estado del 23-F de 1981.

2. Antonio Rubio y Manuel Cerdán: *El origen del GAL*, Editorial Temas de Hoy, pp. 285-288.

El presidente y el vicepresidente no tienen idea de que la reunión ha sido grabada subrepticiamente por el CESID y que durante las dos horas que ha durado el encuentro siempre ha permanecido junto a Suárez uno de los jefes, el que lleva el micrófono. Durante años, la cinta permanece en la caja fuerte del jefe de la AOME. Después, con el tiempo, llega a manos del general Emilio Alonso Manglano, director del Centro y fiel servidor del vicepresidente socialista Narcís Serra y del presidente Felipe González.

Los espías vengan la muerte de Carrero

Dos meses después de la visita de Suárez al chalet de la AOME, el 20 de diciembre, vuela por los aires el etarra José Miguel Beñarán Ordeñana, *Argala*. Cinco años antes, en 1973, el dirigente etarra había formado parte del comando que asesinó al almirante Carrero Blanco.

El atentado contra *Argala* es ejecutado por un grupo del BVE formado por antiguos miembros de la OAS francesa, fascistas italianos de Ordine Nuovo y algunos militares españoles. Estos últimos habían jurado eliminar, uno a uno, a todos los etarras que habían asesinado al almirante Luis Carrero Blanco.

La coincidencia cronológica entre la visita de Suárez al CESID y la voladura de *Argala* demuestra que no todos los jefes de los servicios secretos hacen caso al presidente.[3]

3. Cinco años después, en 1983, el CESID elabora un documento interno, que después se conoció como el acta fundacional de los GAL (Grupos Antiterroristas de Liberación), en él se recoge que hay que «formar un grupo al otro lado de la frontera que secuestre a dirigentes de ETA y que después los haga desaparecer».

Lo que es evidente, y así lo corrobora el propio Mikel Lejarza, es que a partir de la voladura de *Argala* las costumbres de los etarras en el santuario francés cambian radicalmente.

«Desde que les contestaron con su propia moneda, atentado tras atentado, mis antiguos compañeros de armas cambiaron su forma de vida. Ya no salían por ahí a cualquier hora y a cualquier sitio. Los jefes se colocaron ayudantes o guardaespaldas y sus visitas a los puticlubes y otros locales nocturnos descendió notablemente. Tampoco se paseaban con tanta libertad los fines de semana, y los encuentros familiares se hacían en las casas.»

Mikel también es testigo de cómo los policías franceses comienzan a trabajar con las fuerzas de seguridad españolas para acogotar a los etarras y limitar sus movimientos.

«A partir de aquella fecha algunos policías franceses que tenían contactos con los hombres de Cassinello y de Ballesteros se prestaron a ayudar a los nuestros. No lo hacían por ideología, lo hacían porque se llevaban buenos francos franceses. A cambio de información, de dónde y cómo vivían algunos etarras y refugiados, los polis franceses se hicieron de oro.»

Hay documentos de aquella época que reflejan perfectamente la connivencia que existe entre la policía española y francesa y la tesis que esgrime Mikel.[4]

4. El CEDRI (Comité de Encuestas sobre las violaciones de los Derechos Humanos) europeo editó en 1990 un informe donde aparece como miembro del mismo el magistrado excedente Juan Alberto Belloch, que después fue ministro de Justicia e Interior. En el capítulo dedicado a la *guerra sucia* en 1978 el informe señala: «Un alto cargo del Ministerio del Interior en aquellas fechas declara: por aquel entonces, responsables de los ministerios del Interior francés y español mantuvimos varias entrevistas. Dos de ellas secretas. Convinimos que los policías se arreglaran entre ellos y que los asuntos como la muerte de *Argala* no deben ser conocidos por los responsables de estos departamentos, los políticos no deben sa-

A finales de 1978, con tan sólo cuatro años dentro de los servicios secretos, Mikel Lejarza ya es un *catedrático* en la lucha antiterrorista. Ha realizado infinidad de «trabajos» para el SECED, para el CESID, para Andrés Cassinello y para Manuel Ballesteros: la plana mayor del antiterrorismo.

Pero *Lobo* está especialmente orgulloso de su equipo, de los hombres y las mujeres que trabajan para él y del resultado que han obtenido.

En esas fechas Mikel Lejarza vuelve a Bilbao porque los movimientos separatistas están cada vez más presentes en la calle, en los barrios y los pueblos. Los simpatizantes de ETA organizan mítines por doquier.

Aunque Mikel trabaja para el CESID, quien realmente le da cobertura es la Guardia Civil y la gente de Andrés Cassinello. Éstos idean realizar varios controles en la autopista con el fin de detener a seguidores de ETA cuando regresen de vitorear a los etarras en fiestas y homenajes. Y para ese trabajo es básica la presencia de Mikel.

«El sistema funciona a la perfección y en la salida o control de Durango caen varios *etarrillas*. En días sucesivos hacemos lo mismo y detenemos a uno tras otro. Después cuando se quedan con la jugada, cambian su forma de regresar y en vez de utilizar la autopista cogen carreteras secundarias. Entonces ya es más difícil cogerlos porque los controles, en medio de la carretera, se ven desde lejos.»

---

ber esas cosas, porque los políticos somos indiscretos y existen problemas de Estado que deben quedar en secreto». Esta información figura en el capítulo titulado «Los bastidores secretos del Estado», entre las pp. 55 y 58. Belloch, que sepan estos autores, cuando fue ministro de Justicia e Interior nunca renunció a esta información, pero tampoco la trasladó a ningún juzgado de guardia.

Reencuentro con *Loba*

Durante el corto período de tiempo en que Mikel trabaja en Bilbao reside en la casa de Edurne, *Loba*. Lo acompaña Eduardo, uno de sus hombres. El piso está situado junto a la ría. Un día, después de los controles que hacen a los seguidores de la organización, Eduardo se pone a jugar con su pistola mientras *Lobo* y *Loba* están en su habitación recuperando el tiempo perdido. De repente, se oye un disparo y la pareja, medio desnuda, sale corriendo hacía el comedor. Allí encuentran a Eduardo Rodríguez, el estudiante que Mikel se llevó a Salamanca, con la pierna destrozada y sangrando.

«Resulta que el servicio le había dado una pistola del 9 largo a Eduardo y como teníamos poca munición de ese calibre él colocó, para probar, balas de 9 milímetros parabellum (las mismas que suele utilizar ETA). Después, cuando las sacó, se le quedó una en la recámara y sin querer disparó y se destrozó la rodilla.»

Mikel y Eduardo se trasladan hasta el centro sanitario más cercano y los médicos, como es lógico, dan cuentan del accidente. Llega la policía, Mikel se identifica como miembro del CESID y todos juntos se van al juzgado de guardia para aclarar los hechos.

«Antes de salir de casa yo avisé a Bastarreche, mi oficial de caso, y le informé de lo que pasaba. Cuando estábamos en el juzgado, llegaron dos agentes del servicio y mientras esperábamos para declarar estudiamos la versión que podíamos contar al juez para salir de aquel atolladero. Se decidió que como Eduardo no tenía permiso de armas y yo sí, que fuera yo el que se *comiera el marrón.*»

En principio, tal como lo plantean los agentes del CESID y Mikel, el asunto puede quedar en una simple reprimenda del magistrado, pero las cosas se complican cuando aparece el juez.

«Recuerdo que su señoría era un tío con barba y pinta de progre, y que además, según nos informaron los guardias civiles que estaban por allí, le llamaban *Pedro el Cruel*, porque no se casaba con nadie de los nuestros. O sea, que como vulgarmente se dice la habíamos cagado. Y en efecto, el juez no se tragó la historia que le conté y después me enteré de que pertenecía a Jueces para la Democracia.»

Mikel argumenta delante del magistrado que la pistola se le había disparado sin querer en el preciso instante en que salía del coche: el gatillo se enganchó con la manivela del cristal.

«Su señoría se me quedó mirando, luego miró a Eduardo y al resto de los que habían entrado en su despacho y nos echó una bronca de mil demonios. Cuando pensamos que ya había acabado todo, el magistrado dice: "Pues muy bien, está noche usted —refiriéndose a mí—, duerme en la cárcel y verá como el próximo día no se traen las pistolitas y se las dejan en Madrid".»

La reacción los deja a todos perplejos. De repente, Mikel se ve entre rejas, rodeado de etarras y delincuentes.

«No puedo olvidar el momento en que el juez me dijo que iba para dentro. Me puse hecho una fiera y comencé a gritarle, con lo que el tío se puso aún peor y ya no atendió a ninguna de las razones que se le daban. Desde allí me llevaron directamente a la cárcel de Basauri, donde estuve aproximadamente dos meses».

En la prisión de Basauri, *Lobo* está completamente solo. Además, la inoperancia de sus superiores provoca que en los días siguientes visiten a Mikel unos agentes que se identifican como policías. De inmediato la visita trasciende dentro de la cárcel y rápidamente es catalogado como *txakurra* (perro policía).

«En un momento determinado, y tras la visita de los compañeros, se me acerca un etarra y me dice que soy un *txakurra* de mierda y me cuenta aquello de "*txakurra* muerto, estiércol para el huerto". Le contesté en euskera, cagándome en toda su familia y cogiéndolo por el cuello, pero aquello no sirvió de mucho. Días después volvieron a por mí. A los funcionarios de prisiones sólo se les ocurrió meterme en mi celda y sacarme al patio cuando no había nadie. Fueron dos meses de angustia e impotencia.»

Tras esos incidentes y, una vez que *Lobo* está en la calle, el CESID se plantea que el nombre de José Miguel Casas Ferrer, que venía utilizando hasta el momento, ya está quemado y que son varios los etarras, funcionarios de prisiones y jueces que saben que *Pizarro* es un agente de los servicios secretos. Por tanto, hay que buscarle una nueva identidad. Y de esta forma desaparece de la historia de los servicios secretos José Miguel Casas Ferrer, alias *Pizarro*.

11

DE LA CÁRCEL A LA CIA

Cursillos con el Mosad y la CIA

Mersault, el protagonista de Albert Camus en *El extranjero*, recuerda que «cuanto más reflexionaba, más cosas desconocidas y olvidadas sacaba de mi memoria...». Y ésa es la misma sensación que experimenta Mikel Lejarza, *Lobo*, o José Miguel Casas Ferrer, *Pizarro*, durante el tiempo que está en la cárcel de Basauri. Allí se encuentra solo y rodeado de etarras, los recuerdos llegan cada noche cuando se cierra la puerta de su celda.

«Uno, dos, tres... ¿Cuántos han muerto por mi culpa y cuántos morirán por la ineficacia de estos jueces que tenemos? Ellos me buscan como locos, fuera, desde septiembre de 1975, y ahora resulta que un juez me pone a su alcance, en sus manos y cinco años después. Esta situación es totalmente kafkiana, absurda. Parece como si esta obra la hubiera escrito el mismísimo Camus. No puedo hacer nada, sólo esperar. Con la única diferencia de que esto no es una representación, como las que hacía en el club juvenil de la parroquia, sino que es la realidad. La realidad misma. Mi realidad.»

Tras dos meses de arresto en la cárcel vasca, Mikel sale a la calle y necesita aire, mucho aire para borrar los malos momentos vividos entre rejas y para recuperar el tiempo perdido. También necesita una nueva identidad, para que nadie pueda seguir el rastro de ese José Miguel Casas Ferrer que ha estado a las puertas del infierno y que se ha salvado, una vez más, por los pelos.

A principios de 1979, *Lobo* y *Pizarro* están totalmente quemados y el CESID, que dirige Bourgón López-Dóriga, busca un nuevo nombre para el hombre que en 1975 desmanteló la estructura y la cúpula de ETA–pm. En Madrid no se rompen la cabeza y rápidamente preparan otro DNI, otro pasaporte y otro carnet de conducir para el ciudadano José Miguel Torres Suárez.

Tras los incidentes de Bilbao y el paso por la cárcel, Mikel se ve obligado a llevar una vida más tranquila que la que llevaba hasta la fecha. Lejarza se retira del campo de acción, vuelve a Madrid, se convierte en un estudiante y realiza varios cursos y cursillos en la capital de España con el asesoramiento de norteamericanos e israelíes.

«Las clases se imparten en unos locales que el CESID tiene en el multicentro de la calle Princesa de Madrid, en el interior de un centro comercial, y los profesores son agentes de la CIA norteamericana y del Mosad israelí.»

José Miguel Torres Suárez, Mikel, se porta como un alumno aventajado y, entre otras cosas, aprende que las manos y los dedos son fundamentales para identificar a una persona. Mientras dedica el tiempo a estudiar que en esas partes del cuerpo hay tanta información como en la cara de un individuo, en el País Vasco y en Cataluña se aprueban sus estatutos de autonomía por amplia mayoría. Felipe González, secretario general del PSOE, renuncia al marxismo y se convierte en «una seria alternativa para ocupar La Moncloa en un futuro más o menos próximo», según los periódicos de la época.

Pero no todo son buenas noticias durante 1979. ETA sigue actuando y su balance mortal a final de año asciende a ochenta y cinco muertos, cifra que incrementa el GRAPO con un atentado en Madrid, en la cafetería California 44, con ocho muertos y catorce heridos.

Ante esta situación, el CESID reclama de nuevo la colaboración de Mikel para intentar saber qué pasa en el entorno de ETA. *Lobo* vuelve a la acción y decide que si él no puede infiltrarse de nuevo en ETA, tiene que buscar a alguien que se convierta en sus ojos y sus oídos, alguien que vea y escuche todo lo que ocurre en el seno de la organización terrorista.

A pesar de que Mikel ya está quemado en su pueblo, Galdácano, y en las zonas de Basauri donde se movía cuando vivía en el País Vasco (ETA se ha encargado de repartir panfletos en los que se denuncia su infiltración y donde aparecen sus señas de identidad y una foto), a *Lobo* todavía le quedan algunos amigos y conocidos.

Entre esas amistades se encuentran dos jóvenes que también son aficionados al teatro, como él, y que se han ido a trabajar al sur de Francia. Uno es Antxon, panadero, de veintiséis años que ha encontrado trabajo en Ascain. El otro, Íñigo, ya ha cumplido los veintisiete, es mecánico y se ha colocado en el pueblo francés de Sant Jean de Pierre de Port. Mikel bautiza cariñosamente a sus amigos con el apodo de los *Pitufos*, nombre que corresponde a una serie de dibujos animados que se emite ese año en TVE.

Los dos amigos de Mikel, Antxon e Íñigo, son gente abierta y están muy bien relacionados con el ambiente pro etarra y con el personal de su zona (Galdácano, Basauri y otros pueblos) que ha huido a Francia por cuestiones políticas. Los *Pitufos* establecen contacto con algunos de ellos y, poco a poco, se introducen en el entorno de ETA y se mueven por los bares que frecuentan los refugiados en el sur de Francia.

La infiltración de los *Pitufos* comienza a dar su fruto, la información que consiguen demuestra que han llegado bastante lejos dentro de la organización. En los primeros días de septiembre de 1979, aprovechando un fin de semana, Mikel y sus dos amigos se reúnen en las afueras de Burgos delante de un plato de cordero y una buena jarra de vino de la Ribera del Duero. Mikel se queja de que, en lo que va de año, ETA ha cometido sesenta atentados.

—Nunca han matado tanto ni han tenido tanta actividad. Parece como si hubiera una carrera entre ETA-m y ETA-pm para ver quién pone el listón más alto o quién coloca más muertos en su haber. ¿Qué pasa dentro de la organización?

Los *Pitufos* se cruzan la mirada y asienten con la cabeza. Antxon explica a Mikel que el panorama es aún más negro.

—Tenemos que darte malas noticias. Sabemos, por lo que hemos escuchado, que la cosa va a más y que a partir de ahora los objetivos principales son los militares. Verás cómo en los próximos atentados van a caer militares.

Mikel no entiende la obsesión de ETA por los militares, sobre todo cuando hace unos meses, en noviembre de 1978, el teniente coronel Antonio Tejero y el comandante Ricardo

Sáenz de Ynestrillas han intentado dar un golpe de Estado contra la joven democracia a través de la *Operación Galaxia*.[1]

ETA: ACCIÓN-REACCIÓN-ACCIÓN

A pesar de que *Lobo* ha estado durante un tiempo en las entrañas de la organización terrorista, todavía no sabe que los etarras mantienen la trasnochada estrategia de a mayor inestabilidad, mejor rentabilidad para lograr sus reivindicaciones. Es decir, ETA aplica el principio de «acción-represión-acción» al que llegan en la V Asamblea: a una acción provocadora contra el sistema se produce una reacción represora contra las masas por parte del Estado, lo que a su vez sirve para que esas mismas masas reaccionen y se rebelen contra el poder establecido.

Se da la circunstancia de que durante 1980, año anterior al 23-F, ETA sigue actuando con la misma intensidad que lo hace después del intento de golpe de Estado de 1981. En el mes de marzo, cuando la situación es bastante delicada, comete un total de cinco atentados, dos de ellos contra militares.

Cuando los tres amigos llegan a los postres y ya están a punto de pedir copa y puro, los *Pitufos* aclaran y puntualizan a Mikel quién va a ser la próxima víctima de ETA. Íñigo concreta la estrategia de ETA y el tiempo que tardarán en actuar:

«El siguiente es el gobernador militar de San Sebastián y será dentro de unas dos semanas, aproximadamente. No hay

1. En mayo de 1980 se publica la sentencia contra los dos militares. Tejero es condenado a siete meses de arresto y Sáenz de Ynestrillas, a seis. Con esa condena ninguno de los dos pierde su condición de militar. Como se verá después, Tejero lo vuelve a intentar el 23 de febrero de 1981.

dudas. Por lo que hemos escuchado el siguiente es él. Además, lo matarán un domingo, al dar su acostumbrado paseo después de escuchar misa».

La información de los *Pitufos* es buena y Mikel la transmite rápidamente a su oficial de caso, Bastarreche. Éste, a su vez, informa a sus superiores en Madrid, que finalmente la ponen en conocimiento del propio gobernador militar de San Sebastián, Lorenzo González-Vallés Sánchez. El gobernador, sin embargo, rechaza la escolta que le ofrecen y, el 23 de septiembre, mientras pasea, se acercan hasta él tres individuos y lo asesinan.

Cuatro días antes de ese atentado, el 19, se produce otro en Bilbao y también contra militares. Las víctimas son el comandante Julián Ezquerro y el coronel Aurelio Pérez-Zamora. Los *Pitufos* están en lo cierto: los militares se convierten en el objetivo principal de ETA, aunque sus filtraciones no sirven para evitar esas tres muertes.

Antxon e Íñigo, que dentro del CESID sólo mantienen contactos con Mikel, cobran cincuenta mil pesetas mensuales por sus servicios, más los gastos extra por sus desplazamientos y otras cuestiones informativas. Mikel, el encargado de pagarles, después pasa cuentas a los servicios secretos y recupera el dinero invertido.

Aunque debido a los incidentes de Bilbao y su paso por la cárcel de Basauri, Mikel ha cambiado sus apellidos (Casas Ferrer por Torres Suárez), sigue siendo fiel a su chica, *Mamen*, la que fue miss Salamanca. Y hasta allí se desplaza todos los fines de semana, nada más acabar sus clases de «inteligencia», siempre que no tenga que verse con los *Pitufos*.

En octubre, después del atentado contra el gobernador militar de San Sebastián y aprovechando la festividad del Pilar,

Mikel y *Mamen* organizan una escapada hasta Cádiz, donde terminan de formalizar sus relaciones y comienzan a hacer planes de futuro.

Tras volver de Cádiz y cuando Mikel está a punto de acabar sus cursos sobre terrorismo y otras materias, ETA vuelve a actuar y, el 11 de noviembre de 1979, secuestra a Javier Rupérez, secretario de Relaciones Exteriores de Unión de Centro Democrático (UCD). El secuestro dura un mes y, tras el pago del rescate,[2] la liberación se produce el 12 de diciembre.

Ante esta situación el presidente Adolfo Suárez reacciona y, en febrero de 1980, nombra al general José Antonio Sáenz de Santamaría delegado especial del Gobierno en Euskadi para asuntos de terrorismo. Hasta ese nombramiento, Sáenz de Santamaría ha sido inspector general de la Policía Nacional y acaba de rechazar el cargo de ministro del Interior, que en ese mismo año recae en Juan José Rosón, el gobernador civil de Madrid. Al equipo de Sáenz de Santamaría también se incorpora Andrés Cassinello, jefe de los Servicios de Información de la Guardia Civil.

1980 es un año muy difícil para Adolfo Suárez, que se enfrenta a una crisis dentro de UCD que le obliga a hacer una remodelación en el Gobierno. También debe afrontar la primera moción de censura presentada por la oposición socialista.

Es la primera vez que los españoles tienen conocimiento de quiénes son los políticos más ricos. La revista *Triunfo* publica en abril la declaración de patrimonio realizada en 1978 por

2. El general José Antonio Sáenz de Santamaría, que en aquella época era inspector general de Policía, declaró a los autores en el año 2001 que el rescate del dirigente centrista se pagó con dinero de la partida de «fondos reservados» del Ministerio del Interior.

todos ellos. En esa lista aparece en primer lugar Jordi Pujol (Convergència i Unió) con 286 millones de pesetas, seguido de José María de Areilza (UCD), con 283; Carlos Arias Navarrro (Alianza Popular), 249; José Antonio Girón de Velasco (C. Combatientes), 190; Joan Reventós (Partido Socialista de Cataluña-PSOE), 50 millones, y en último lugar, de un total de veintiocho, el peneuvista Marcos Vizcaya, con 30 millones de pesetas.

Mikel Lejarza, o José Miguel Torres Suárez como figura en su nuevo DNI, no alcanza las cifras de esos políticos, pero con las 300.000 pesetas que recibe todos los meses por su trabajo de infiltración se considera bien pagado. Además, ese dinero le permite hacer algunos ahorrillos. También le ayuda a cambiar de residencia, por cuestiones de seguridad, durante el año que está en Madrid: primero vive en la calle Bravo Murillo y después se traslada a pueblos de los alrededores de la capital como Villalba y Galapagar.

Ballesteros, Cassinello y Santamaría

Rosón, tras su nombramiento como ministro, introduce algunos cambios en el Ministerio del Interior y crea el MULC (Mando Único de la Lucha Contraterrorista). Al frente de ese nuevo organismo coloca al comisario Manuel Ballesteros, que era jefe de la Brigada de Información, y como subdirector al coronel Andrés Cassinello, ex director del SECED y un experto en *guerra sucia*.

A partir de esa fecha, Mikel vuelve a ser reclamado por su «segundo padre», Andrés Cassinello, para que trabaje a su lado. *Lobo* se pone, por tanto, a las órdenes directas de Ballesteros, al que conoce de «guerras» anteriores. Para estar más cerca de la acción y de la propia Capitanía General, traslada su residencia a Burgos.

En la capital castellana Mikel consigue un piso amueblado en la mismísima avenida Reyes Católicos. Parece una premonición, pues Isabel y Fernando lucharon por la Reconquista y la unidad de España, y *Lobo* también va a trabajar para que el País Vasco no se desgaje del resto del Estado.

En ese año Mikel también cambia de oficial de caso. Deja a Bastarreche, con el que llevaba de forma intermitente casi cuatro años, y se pone en manos de Juan Granados, conocido dentro de los servicios secretos por el sobrenombre de *Guillermo*.

Durante el tiempo que *Lobo* ha estado bajo la supervisión de Bastarreche y de *Guillermo*, también ha trabajado con la Policía (Manuel Ballesteros y Domingo Martorell) y la Guardia Civil (Andrés Cassinello y Cándido Acedo). Al final siempre llega a la misma conclusión:

«Los guardias son más profesionales, más discretos, menos chulos y se limitan a trabajar. Los otros están todo el día preguntando y, si pueden, te quitan tus contactos. Además, tiran con mucha rapidez de pistola y consumen demasiado alcohol.»

Manuel Ballesteros como jefe del MULC, Andrés Cassinello como jefe de los Servicios de Información de la Guardia Civil y segundo del MULC, y el general José Antonio Sáenz de Santamaría, como delegado especial del Gobierno en Euskadi para asuntos de terrorismo, forman un triunvirato en Euskadi de mucho peso y mucha fuerza. Y en apoyo a ese grupo el Gobierno nombra jefe superior de Policía de San Sebastían al comisario Jesús Martínez Torres. En el cuartel de Intxaurrondo de San Sebastián ya manda el comandante Enrique Rodríguez Galindo. Todos estos mandos de la Seguridad del Estado intentan parar, como sea y utilizando los métodos que sean, la escalada de violencia de ETA.

En Vitoria hay otro hombre del equipo de Manuel Ballesteros, el comisario Joaquín Domingo Martorell. En una ocasión ese policía comentó a Mikel que si los socialistas llegaban al Gobierno, él se tiraba al monte junto con otros compañeros de lo que entonces era el Ministerio de la Gobernación:

«El comisario Joaquín Domingo Martorell[3] siempre ha trabajado para los servicios secretos, primero para el SECED, a las órdenes directas de Agustín Tejedor, y después con el CESID. Son los servicios secretos los que lo promocionan dentro del Ministerio del Interior, y se puede decir que Martorell siempre ha sido un hombre de "La Casa".[4] Durante un tiempo llegó a ser ayudante de Agustín Tejedor, el jefe de operaciones especiales del SECED.»

La entrada en escena del triunvirato Ballesteros-Cassinello-Santamaría coincide con la actuación violenta de una serie de grupos parapoliciales que aplica el «ojo por ojo y diente por diente». La primera víctima es Carlos Saldise, miembro de las Gestoras pro Amnistía. El atentado se produce en el mes de enero en Lezo.

Un mes más tarde, en febrero, los grupos parapoliciales apuntan a objetivos más altos y atentan contra Domingo Iturbe,

3. En 1997 Domingo Martorell participó en la compra de un vídeo sexual contra Pedro J. Ramírez , director de *El Mundo*, montado por personas cercanas al CESID. Después un tribunal de la Audiencia Provincial de Madrid dedujo testimonio contra él porque consideró que podía haber mentido cuando declaró como testigo.

4. «La Casa» es la forma coloquial como definen los miembros del CESID a los servicios secretos.

Txomin, Eugenio Etxebeste, *Antxon*, y Jokin Gorostidi. Los tres dirigentes de ETA quedan malheridos, pero no mueren. Las acciones de los grupos parapoliciales continúan durante todo el año 1980 y finalmente arrojan un saldo de diez atentados, diecisiete muertos, veinticuatro heridos y un secuestro.[5]

Mientras tanto, Ballesteros y Cassinello ponen a trabajar conjuntamente a Mikel y *El Rubio*, jefe de los servicios especiales del MULC. *Lobo* ya conoce al inspector jefe de otras acciones contra ETA, como el interrogatorio al que sometió a un presunto etarra en el cementerio de Eibar mientras le colocaba el cañón de su pistola en la boca y lo empujaba contra una lápida.

Mikel tiene algunos enfrentamientos con *El Rubio*, pues no está de acuerdo con su forma de llevar a cabo las detenciones y mucho menos los interrogatorios:

«Policialmente es bueno, muy bueno, pero no se puede pegar a la gente con la saña que lo hace él. Cada vez que coge a un detenido lo pone como un Cristo. No se da cuenta de que a los etarras no hace falta pegarles tanto, sólo con levantarles la mano ya cantan todo. Una vez que lo has detenido, tienen la necesidad de vaciarse, de cantar, de decirlo todo para dejar tranquila su conciencia. Es una cosa psicológica.»

Atentado contra el gobernador

Lobo se entiende mejor y se identifica más con el agente de la Guardia Civil que Cassinello le ha puesto de enlace con el cuartel de Intxaurrondo de San Sebastián. El guardia, que tie-

5. Según un informe del CEDRI (Comité de Encuestas sobre los Derechos Humanos) europeo publicado en 1990.

ne la graduación de sargento, se llama José Javier, es de Zafra (Badajoz) y en la 513 Comandancia todo el mundo lo conoce por *Xavi*.

Más que nunca, Mikel contacta periódicamente con los *Pitufos* y recoge información de lo que pasa al otro lado de la frontera. Los encuentros con sus dos amigos son semanales y, a principios del mes de octubre, le pasan una excelente información:

«Dentro de unos días van a cometer un atentado en las afueras de Guernica. Por allí suele pasar de forma regular una patrulla de los GAR[6] de la Guardia Civil y le van a colocar un petardo para que vuelen. Están muy lanzados, están en plena actividad y no creemos que se queden ahí.»

Antxon e Íñigo hablan euskera, como Mikel, y se mueven muy bien entre los refugiados etarras del sur de Francia (Antxon incluso se ha echado una novia del entorno de la organización). Es decir, que los *Pitufos* se ganan merecidamente las cincuenta mil pesetas que reciben todos los meses.

De inmediato Mikel pasa la información a *Xavi*, y el sargento del cuartel de Intxaurrondo pone sobre aviso a sus jefes. La 513 Comandancia dispone un operativo y logra evitar un atentado. Detienen a un etarra, cojo, que estaba preparando la trampa-bomba para la pareja de los GAR de la Guardia Civil.

A la semana siguiente Mikel recibe otro soplo de Íñigo, que está más cerca del círculo de *Txapela*,[7] uno de los jefes de los comandos de ETA:

6. Grupo de Acción Rural.

7. Mikel Goikoetxea, *Txapela*, era uno de los dirigentes de ETA que huyó a Francia en 1974. Trabajaba de profesor de euskera en una *ikastola*.

«He oído que también piensan actuar en Zarauz, por la zona de bares y restaurantes. No sé si será contra policías o guardias civiles, pero van a actuar».

El Rubio y Mikel no se llevan muy bien, y el 3 de noviembre los dos agentes tienen un enfrentamiento bastante fuerte.

—Hoy tenemos que pasar por Zarauz y montar un operativo por allí. Tengo información de que estos hijos de puta van a hacer algo gordo.

El Rubio, que es inspector jefe, no está de acuerdo con *Lobo* y propone otro plan de trabajo.

—No, hoy nos vamos a Irún. Allí tengo un «topo» que me ha asegurado que piensa pasar un comando. Tengo hasta el sitio exacto por donde van a entrar.

Mikel se enfurece. Sabe que sus *Pitufos* no pueden fallarle y desconfía de la información de *El Rubio*. Finalmente, el aparato policial se desplaza hasta Irún, pero el «topo» no llega y el comando tampoco. De regreso a la zona de Zarauz, cuando están entrando en el pueblo, se enteran de que ETA acaba de cometer un atentado contra cuatro guardias civiles que estaban en el bar Haizea.

Lobo comienza a gritar y a insultar a su jefe inmediato, *El Rubio*. Esa noche Mikel la pasa solo, no quiere hablar con nadie. Está roto. Se siente culpable de esas muertes por no haber sabido imponer su criterio ante su jefe. Incluso se cuestiona si vale la pena seguir:

«Más muertes, todo parece absurdo. Camus me persigue, todos sus pensamientos y planteamientos sobre lo absurdo y la vida vuelven constantemente ante mí. Ya está bien de muertos. Parece como si toda la sociedad se empeñara en un solo objetivo: matarse. Yo quiero vivir, vivir intensamente».

Como cada vez que se siente hundido, Mikel se refugia en los brazos de una mujer para desahogarse. En esta ocasión elige a *Mamen*, la que será su mujer y le dará dos hijos. *Mamen* viaja desde Salamanca a Burgos y la pareja se encierra durante unos días en el piso que Mikel tiene en la avenida Reyes Católicos.

Durante su encierro Mikel no se entera de que las muertes continúan y de que la ley del Talión sigue funcionando. El 23 de noviembre, exactamente veinte días después del atentado de Zarauz, tres pistoleros a sueldo irrumpen en el bar Hendayais, de Hendaya, y asesinan a Joseph Camio y Jean Pierre Haramendi, malhiriendo a otras diez personas. Los autores de la acción huyen hacia la frontera española y, al ser detenidos, pronuncian el nombre del comisario Manuel Ballesteros[8] y son trasladados a Madrid.

Mikel tampoco sabe que la situación interna de UCD es cada día peor, que las familias políticas se disputan el poder y que el liderazgo del presidente Adolfo Suárez está siendo cuestionado. Entretanto en los cuarteles el ruido de sables es cada día más intenso y algunos grupos de militares comienzan a moverse en torno a diferentes jefes y oficiales.

El desconocimiento de Mikel sobre los acontecimientos que se avecinan no alcanza por igual a todos los miembros de los servicios secretos. Algunos jefes del CESID están perfectamente informados de lo que va a ocurrir. Es más, otros hasta apoyan a los involucionistas y se convertirán en piezas clave en el intento de golpe de Estado del 23-F.

8. El jefe del MULC fue condenado por la Audiencia Nacional por denegación de auxilio a la justicia al negarse a revelar los nombres de los asesinos, pero posteriormente fue absuelto por el Tribunal Supremo.

12

CAMBIOS EN EL CESID TRAS EL 23-F

Los nuevos jefes

«Pocos sospechaban que Adolfo Suárez iba a presentar su dimisión como presidente del Gobierno. Sin embargo, la crisis económica, los malos resultados electorales en las elecciones autonómicas, el incremento del terrorismo y, sobre todo, las intrigas y peleas entre las numerosas familias políticas de UCD causaron su retirada. Su sustituto, propuesto por el propio Suárez, es Leopoldo Calvo Sotelo, quien hasta entonces era ministro de Economía.» De esta forma tan directa relata *El Diario del Siglo XX* en su portada correspondiente al año 1981 la situación que se vivía en aquel año.

ETA, como si quisiera agravar la crisis de UCD y provocar una inestabilidad mayor, sigue actuando durante los dos primeros meses de 1981. Entre el 2 de enero y el 6 de febrero comete cinco atentados, con otros tantos muertos, y un secuestro en la persona de Luis Suñer, propietario de la empresa Avidesa. Pero, de entre todos esos actos terroristas, el que más llama la atención es el del ingeniero José María Ryan.

La central nuclear de Lemoniz se había convertido en un símbolo para la propaganda de ETA. Para dejar patente su sello de identidad, los terroristas llevan a cabo dos importantes acciones: el 29 de enero secuestran al ingeniero jefe, José María Ryan Estrada, a quien ocho días más tarde la policía encuentra muerto con un tiro en la cabeza en las proximidades de la carretera que va de Arkotxa a Zaratama, cerca de Galdácano. Es el pueblo donde Mikel pasó su infancia y donde tomó la decisión de convertirse en miembro de los servicios secretos españoles.

En medio de esta situación, tras pasar un tiempo con su novia y recuperarse de su depresión por la muerte de los cuatro guardias civiles de Zarauz, Mikel vuelve al País Vasco dispuesto a entrar de nuevo en acción.

Pero antes *Lobo* ve en un informativo de TVE el abucheo que los representantes de Herri Batasuna dedican el 5 de febrero al rey Juan Carlos en la Casa de Juntas de Guernica, y cómo el monarca aguanta, impertérrito, el canto del *Eusko gudariak* de los cuarenta y tres representantes *abertzales*.[1]

«Cuando veo en la tele como esos energúmenos tratan al Rey me aferro, aún más, a la idea de que España es una y que esos cafres no van a conseguir sus propósitos. Me siento más monárquico que nunca y me prometo a mí mismo que esa afrenta la tienen que pagar. Se van a acordar de los momentos que le han hecho pasar al Rey.»

1. Crónica de Sergio de Otto en el diario *Ya*, de 5 de febrero de 1981: «"Frente a quien práctica la intolerancia, desprecia la convivencia, no respeta las instituciones representativas ni las normas más elementales de una ordenada libertad de expresión, yo quiero proclamar una vez más mi fe en la democracia y confianza en el pueblo vasco". Con estas palabras, pronunciadas en una impresionante demostración de serenidad, el rey Juan Carlos salió airoso ayer del acto público más tenso de todo su reinado.»

Después de esos incidentes los servicios secretos, en estrecha colaboración con la Guardia Civil del cuartel de Intxaurrondo de San Sebastián, organizan la *Operación Chubasquero*, que consiste en impermeabilizar la frontera con el fin de detener a todos los etarras que intenten pasar desde Francia a España. Mikel, con un grupo de guardias civiles de la 513 Comandancia y parte del equipo de civiles que colabora con él desde su época valenciana, pone en marcha la operación.

«Con dos vehículos todoterreno comenzamos a marcar, desde Behobia (País Vasco) hasta Puigcerdà (Cataluña), todas las "mugas" que utilizan los etarras para pasar de un lado a otro. La idea fundamental es establecer un filtro para evitar una entrada masiva de terroristas en España.»

La situación de inestabilidad es total y el ruido de sables cada día es más intenso, así que en Madrid piensan que en cualquier momento puede llegar hasta la capital de España un par de comandos de ETA y atentar contra alguna personalidad castrense.

«El 22 de febrero, por la mañana, los *Pitufos* me informan de que un pequeño grupo de etarras, entre tres o cuatro, que forman parte de la cúpula de la organización están dispuestos a pasar hacia España por Venta Palomera,[2] en la zona de Echalar, en la provincia de Navarra. Así que nos instalamos allí y hacemos guardia en una burda, en una cabaña, durante toda la noche. Finalmente, no pasa nadie y nos tiramos la noche en vela.»

Al día siguiente, mientras *Lobo* y su equipo sigue de guardia y rastreando la zona de Echalar, el coronel Antonio Teje-

2. Este mismo punto fue utilizado después, a mediados de los ochenta, por el subcomisario José Amedo para mantener encuentros con los mercenarios franceses de los GAL.

ro, con un grupo de guardias civiles, irrumpe a las 18.21 horas en el Congreso de los Diputados y grita, pistola en mano, el ya famoso «Todos al suelo».

Horas después del asalto al Congreso, Mikel y el sargento *Xavi*, con quien *Lobo* ya ha realizado otras acciones contra ETA, reciben la noticia de que Tejero tiene como rehenes a los diputados y que no se sabe qué va a ocurrir. También les informan de que es muy posible que los etarras comiencen a pasar hacia España aprovechando el momento de confusión. La orden es clara: «Hay que centrar los objetivos que pasen de Francia al País Vasco y seguirlos».

Sin embargo, Mikel y sus compañeros no están de acuerdo con la orden recibida y se plantean otra estrategia para la noche que se avecina.

—No tiene ningún sentido que los sigamos —apunta rápidamente *Lobo*.

Xavi, el sargento de Intxaurrondo, asiente con la cabeza y apoya la tesis de Mikel.

—¿Para qué los vamos a seguir? ¿Para detenerlos después de que cometan un atentado? Pues para eso nos enfrentamos a ellos cuando pasen y que sea lo que Dios quiera.

Eduardo y *El Calvo*, los dos hombres de Mikel, están de acuerdo con el sargento y con el planteamiento de su jefe, por lo que se suman a la acción.

—Ya está decidido. Si aparecen, nos liamos a tiros con ellos y decimos que ha habido un enfrentamiento. Éstos no van a joder a más gente —sentencia Mikel Lejarza.

Dicho y hecho. El equipo de la *Operación Chubasquero* prepara sus armas, toma posiciones en la burda donde están escondidos y se prepara para el tiro cruzado.

1. Mikel con sus padres y sus hermanas, María Jesús y Mari Luz, a la puerta de su casa de Villaro, en 1957, cuando tenía diez años.

2. Mikel, el primero de la derecha, cuando tenía dieciocho años, con un grupo de amigos de Arcocha (Galdácano).

3. Mikel, con veinticinco años, en un viaje a Benidorm (Alicante).

4. Proceso de Burgos, 28 de diciembre de 1979. Los seis condenados a muerte: Izco de la Iglesia, Javier Larena, Jokin Gorostidi, Teo Uriarte, José Dorronsoro y Mario Onaindía.

10

LOS DOMINGOS DE LA VOZ

LOS MUERTOS OLVIDADOS DE ETA

EL DE MARZO DE TRES TRABAJADORES GALLEGOS QUE VIVÍAN EN IRÚN FUERON ASESINADOS POR ETA EN SAN JUAN DE LUZ. FUERON CONFUNDIDOS CON POLICÍAS, COMO ASEGURA EN UN LIBRO EL ACTIVISTA SOARES GAMBOA. EL ATENTADO NUNCA FUE REIVINDICADO. HAN PASADO 25 AÑOS PERO LOS CUERPOS DE LAS TRES VÍCTIMAS SIGUEN SIN APARECER. SE DESCONOCE DÓNDE FUERON ENTERRADOS O QUE HICIERON CON ELLOS. UNA DE LAS FAMILIAS QUIERE QUE SE REABRA EL CASO PARA SABER LO QUE SUCEDIÓ.

5

6

5. Artículo de la *Voz de Galicia*, publicado en agosto de 1998, en el que se informa sobre la muerte de tres trabajadores gallegos.
6. José Ignacio San Martín, primer director del SECED.
7. Andrés Cassinello, una pieza clave en la lucha antiterrorista.
8. Atentado contra Carrero Blanco, 1973.

7

8

9

10

9. Atentado calle Correos, 1974.
10. Rueda de prensa de ETA en la V Asamblea.

11. Sede de la cooperativa Sokoa, en Hendaya, donde el 7 de julio de 1975 los agentes del SECED colocaron una bomba mientras Mikel Legarza, "Lobo", estaba en su interior.

12. La prensa madrileña da cuenta de la detención de Wilson y Txiki en Barcelona y otros terroristas de Madrid, en la primera redada de julio de 1975.

13. Wilson se pasea por una calle céntrica de Vitoria a mediados de los 80.

SE CONFIRMA LA DETENCION DE «WILSON»

Junto con Félix Eguía, detenido en Madrid, era el responsable de los "comandos especiales" de la ETA

12

13

14

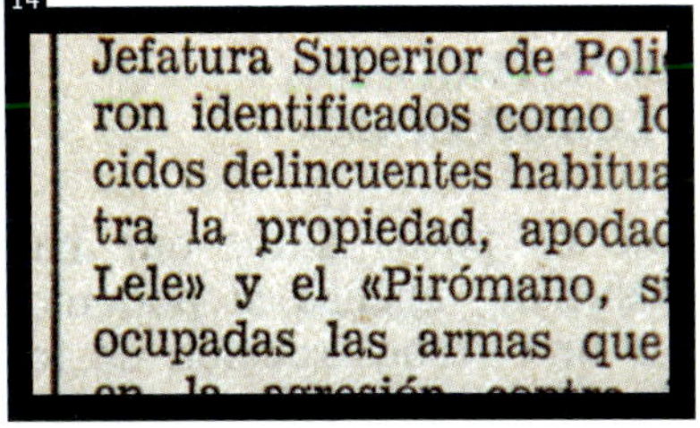
Jefatura Superior de Poli
ron identificados como lo
cidos delincuentes habitua
tra la propiedad, apodad
Lele» y el «Pirómano, s
ocupadas las armas que

15

NACIONAL
San Sebastián: A consecuencia de las investigaciones en Galicia
TRECE "ETARRAS", DETENIDOS
◆ La Policía localizó cuatro "pisos francos" y varios locales donde ocultaban armas, municiones y material subversivo

en la casa del subdirector del I. N. V.
"SOY LOBO. REPITO, SOY LOBO"

16

EN MADRID, BARCELONA Y BILBAO
DURO GOLPE A LA INFRAESTRUCTURA DE E.T.A.
Entre los detenidos figura Múgica Arregui, destacado responsable de la organización

17

14. Un diario catalán informa de la inexistente detención de dos supuestos delincuentes comunes apodados "Lele" y "Pirómano".

15. Las detenciones de los dirigentes etarras en Madrid y Barcelona continuaron en San Sebastián y Galicia.

16. El diario *Pueblo* de Madrid informa de la llamada telefónica de Mikel y de su voz de alarma "Soy Lobo. Repito, soy Lobo".

17-18. El diario *ABC* informa de las detenciones de Múgica Arregui y de los miembros de su comando en Madrid y Barcelona.

18

En Madrid y Barcelona
DESARTICULADO UN IMPORTANTE COMANDO DE E.T.A.
José Ignacio Múgica Arregui

19

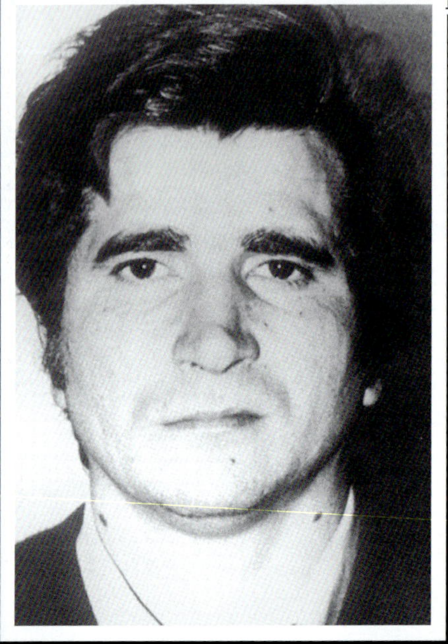

19. Iñaki Múgica Arregui, "Ezkerra", el dirigente de ETA PM detenido en septiembre de 1975.

20. Una publicación pro etarra informa de las muertes de "Andoni" y "Montxo" y de la petición de varias condenas de muerte.

21. Comunicado de ETA de septiembre de 1975 en el que reconoce las detenciones de sus dirigentes.

22. Cartel distribuido por ETA con la imagen de "LOBO".

Montxo.

Andoni.

Dos héroes que han muerto con las armas en la mano en defensa de una Euskadi Libre y Socialista. Dos soldados de Euskadi. Los hombres que hacen la verdadera Historia de su Pueblo.Montxo y Andoni.

NUEVOS PROCESOS CON PETICION DE PENA DE MUERTE

Preparémonos desde ahora a defender a quienes lucharon por hacer de Euskadi una tierra libre y sin cadenas. Nos han abierto el camino. Sigámosles.

20

COMUNICADO DE ETA

Ante las detenciones de militantes de ETA en Madrid y Barcelona.

1 [illegible]

2 [illegible]

3 [illegible]

4 [illegible] ¡Adelante hasta la victoria final!

Euskadi, 27 - IX - 75.
Comité Ejecutivo de ETA.

Por causas ajenas a nuestra voluntad, no pudimos publicar la foto del militante gallego de la U.P.G. José Ramón Reboiras Noya, en el Hautsi 6.
Montxo, como le llaman sus amigos, murió asesinado por la policía en un enfrentamiento armado.
Hoy es un ejemplo para el pueblo gallego por cuya liberación luchó.

20

21

22

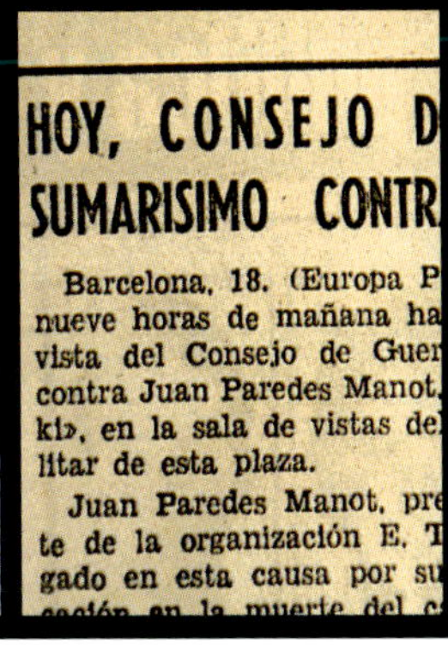
HOY, CONSEJO D
SUMARISIMO CONTR

Barcelona, 18. (Europa P
nueve horas de mañana ha
vista del Consejo de Guer
contra Juan Paredes Manot,
ki», en la sala de vistas de
litar de esta plaza.

Juan Paredes Manot, pr
te de la organización E. T
gado en esta causa por su

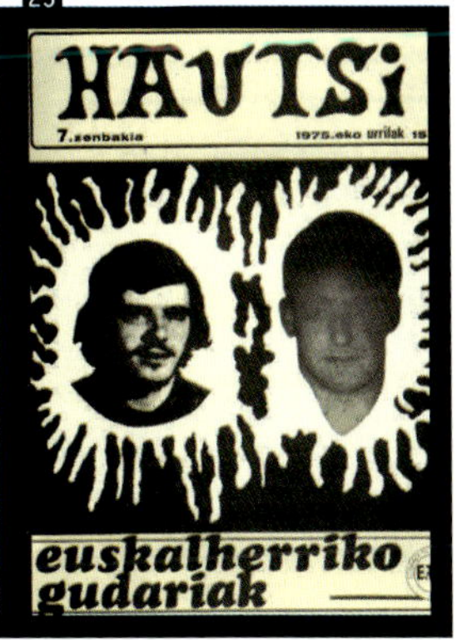

23. Octavilla en la que ETA condena a muerte a Mikel.

24. Noticia de Europa Press en la que se informa del consejo de guerra a Txiki.

25-26. Publicación etarra con las imágenes de Txiki y Garmendia. Y la última carta escrita por Txiki desde la cárcel.

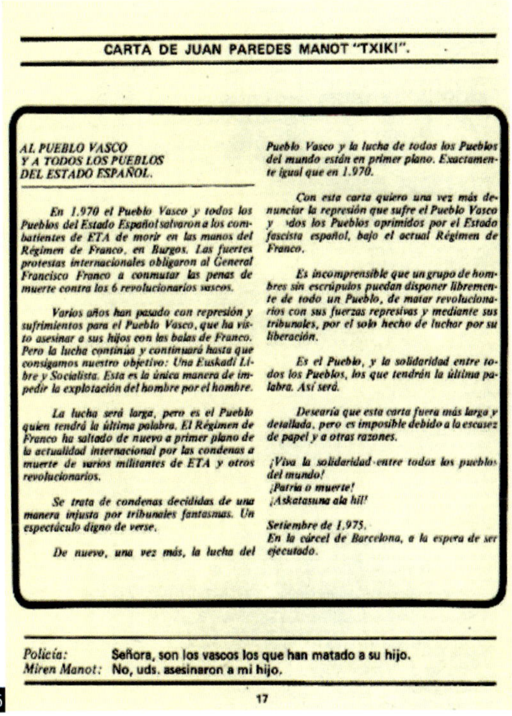
CARTA DE JUAN PAREDES MANOT "TXIKI".

AL PUEBLO VASCO
Y A TODOS LOS PUEBLOS
DEL ESTADO ESPAÑOL.

En 1.970 el Pueblo Vasco y todos los Pueblos del Estado Español salvaron a los combatientes de ETA de morir en las manos del Régimen de Franco, en Burgos. Las fuertes protestas internacionales obligaron al General Francisco Franco a conmutar las penas de muerte contra los 6 revolucionarios vascos.

Varios años han pasado con represión y sufrimientos para el Pueblo Vasco, que ha visto asesinar a sus hijos con las balas de Franco. Pero la lucha continúa y continuará hasta que consigamos nuestro objetivo: Una Euskadi Libre y Socialista. Esta es la única manera de impedir la explotación del hombre por el hombre.

La lucha será larga, pero es el Pueblo quien tendrá la última palabra. El Régimen de Franco ha saltado de nuevo a primer plano de la actualidad internacional por las condenas a muerte de varios militantes de ETA y otros revolucionarios.

Se trata de condenas decididas de una manera injusta por tribunales fantasmas. Un espectáculo digno de verse.

De nuevo, una vez más, la lucha del Pueblo Vasco y la lucha de todos los Pueblos del mundo están en primer plano. Exactamente igual que en 1.970.

Con esta carta quiero una vez más denunciar la represión que sufre el Pueblo Vasco y todos los Pueblos oprimidos por el Estado fascista español, bajo el actual Régimen de Franco.

Es incomprensible que un grupo de hombres sin escrúpulos puedan disponer libremente de todo un Pueblo, de matar revolucionarios con sus fuerzas represivas y mediante sus tribunales, por el solo hecho de luchar por su liberación.

Es el Pueblo, y la solidaridad entre todos los Pueblos, los que tendrán la última palabra. Así será.

Desearía que esta carta fuera más larga y detallada, pero es imposible debido a la escasez de papel y a otras razones.

¡Viva la solidaridad entre todos los pueblos del mundo!
¡Patria o muerte!
¡Askatasuna ala hil!

Setiembre de 1.975.
En la cárcel de Barcelona, a la espera de ser ejecutado.

Policía: Señora, son los vascos los que han matado a su hijo.
Miren Manot: No, uds. asesinaron a mi hijo.

17

27

27. Manifestación contra los fusilamientos.

28. Muerte de Franco.

29. Carlos Arias Navarro.

28
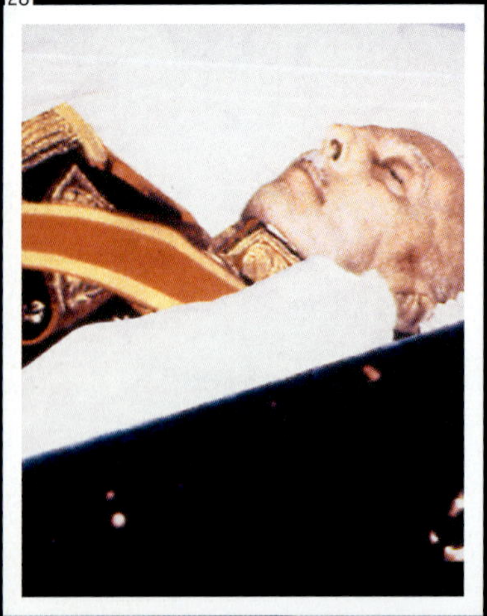

29

30. Mikel en San Lorenzo de El Escorial, en los primeros meses de 1976, poco después de la operación de cirugía estética.

31. José Miguel Casas Ferrer, así se llamaba Mikel en 1977, cuando trabajaba en Valencia como inspector de Estadísticas de la Residencia La Fe.

32. Mikel celebra el Año Viejo de 1978 en Granada. En esa época finalizó la "Operación Lejía" y puso en marcha la "Operación Escoba".

33. Mikel en una escapada a la Ciudad Encantada de Cuenca, en 1979. Ese año residía en Salamanca y ya estaba en relaciones con su actual mujer, Mamen.

34

35

36

34. Mikel de vacaciones en Ibiza, en el verano de 1979.

35. Mikel en Galapagar (Madrid), en 1981. En esa época vivía en Burgos y trabajaba en el País Vasco con el comisario Ballesteros y con Andrés Cassinello.

36. Victoria del PSOE en las elecciones de octubre de 1982. González y Guerra saludan a sus seguidores desde un balcón del hotel Palace de Madrid.

37. Carné del bingo de la UD Salamanca a nombre de Julio Forcada Serrano, como se llamaba Mikel en 1982.

37

UNION DEPORTIVA SALAMANCA
SALA DE BINGO

SOCIO N.º 02020/ 1

D. FORCADA SERRANO, JULIO

D. N. I. 30043145

F Emisión 26.12.82

F Caducidad 26.12.83

Firma Admisión

Firma Cliente

38. Mikel en Sevilla, donde pasó unos días antes de marcharse a México, en 1983.

39. Documentación mexicana expedida el 26 de mayo de 1983 a nombre de Miguel Ruiz Martínez, la nueva identidad de Mikel.

40. Dos de los dirigentes polimilis reinsertados pegan carteles de Euskadiko Ezkerra en la campaña electoral de 1990.

38

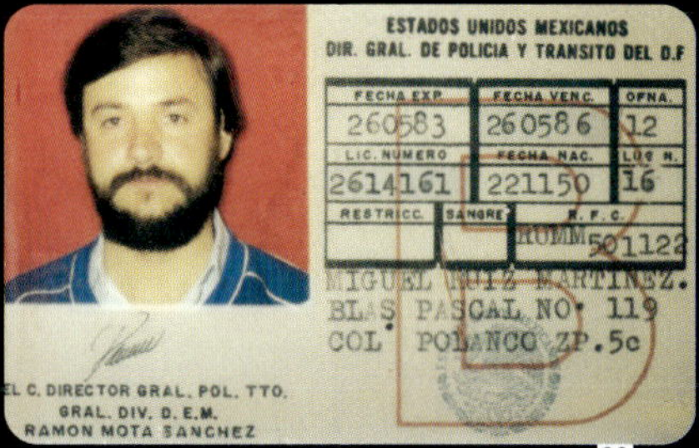

ESTADOS UNIDOS MEXICANOS
DIR. GRAL. DE POLICIA Y TRANSITO DEL D.F

FECHA EXP.	FECHA VENC.	OFNA.
260583	260586	12
LIC. NUMERO	FECHA NAC.	LUG. N.
2614161	221150	16
RESTRICC.	SANGRE	R.F.C.
		RUMM501122

MIGUEL RUIZ MARTINEZ.
BLAS PASCAL NO 119
COL POLANCO ZP.5c

EL C. DIRECTOR GRAL. POL. TTO.
GRAL. DIV. D.E.M.
RAMON MOTA SANCHEZ

39

40

41

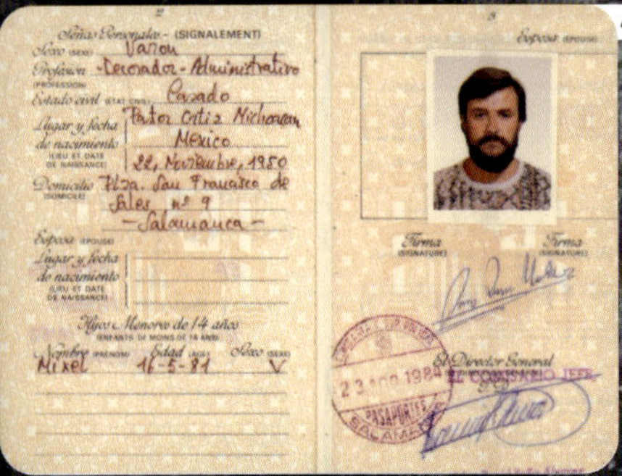

Señas Personales - (SIGNALEMENT)
Sexo (SEXE) Varon
Profesión (PROFESSION) -Decorador-Administrativo
Estado civil (ETAT CIVIL) Casado
Lugar y fecha de nacimiento (LIEU ET DATE DE NAISSANCE) Pastor Ortiz Michoacan Mexico 22, Noviembre, 1950
Domicilio (DOMICILE) Plza. San Francisco de Sales nº 9 -Salamanca-
Esposa (EPOUSE)
Lugar y fecha de nacimiento (LIEU ET DATE DE NAISSANCE)
Hijos Menores de 14 años (ENFANTS DE MOINS DE 14 ANS)
Nombre (PRENOM) Mixel Edad (AGE) 16-5-81 Sexo (SEXE) V

Esposa (EPOUSE)
Firma (SIGNATURE) Firma (SIGNATURE)
23 ... 1984 PASAPORTES SALAMANCA
El Director General
EL COMISARIO JEFE

42

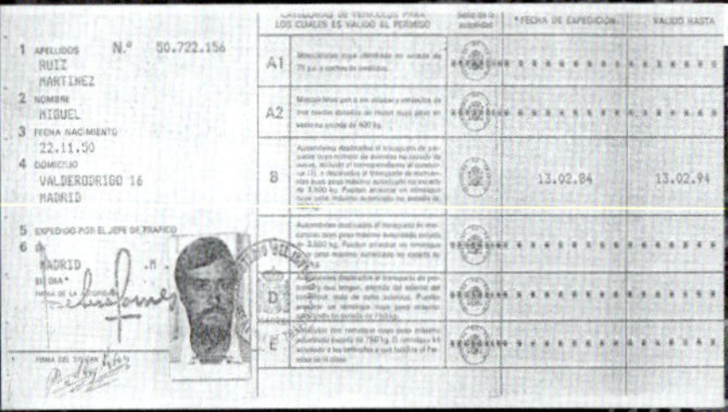

1 APELLIDOS N.º 50.722.156
RUIZ
MARTINEZ
2 NOMBRE
MIGUEL
3 FECHA NACIMIENTO
22.11.50
4 DOMICILIO
VALDERODRIGO 16
MADRID
5 EXPEDIDO POR EL JEFE DE TRAFICO
6 de
MADRID
FIRMA DEL TITULAR

CATEGORIAS DE VEHICULOS PARA LOS CUALES ES VALIDO EL PERMISO		FECHA DE EXPEDICION	VALIDO HASTA
A1			
A2			
B		13.02.84	13.02.94
D			
E			

43

SECRETARIA DE RELACIONES EXTERIORES
DIRECCION GENERAL DEL PROTOCOLO

Credencial Núm. 705-84

Se expide la presente credencial al señor MIGUEL RUIZ MARTINEZ, miembro del personal administrativo de la Embajada de España.

México, D.F., a 28 de septiembre de 1984.

De nacionalidad española

FIRMA DEL INTERESADO

P.O. DEL SECRETARIO,
EL DIRECTOR GENERAL

Pedro González-Rubio S.
Embajador

44

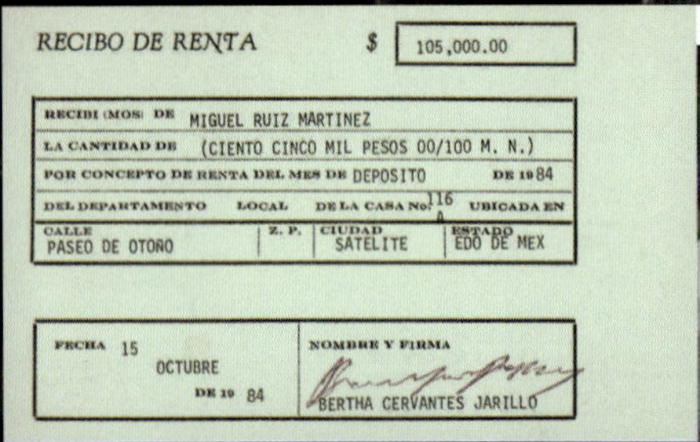

RECIBO DE RENTA $ 105,000.00

RECIBI (MOS) DE MIGUEL RUIZ MARTINEZ
LA CANTIDAD DE (CIENTO CINCO MIL PESOS 00/100 M. N.)
POR CONCEPTO DE RENTA DEL MES DE DEPOSITO DE 1984
DEL DEPARTAMENTO LOCAL DE LA CASA No. 116 A UBICADA EN
CALLE PASEO DE OTOñO Z. P. CIUDAD SATELITE ESTADO EDO DE MEX

FECHA 15 OCTUBRE DE 19 84
NOMBRE Y FIRMA BERTHA CERVANTES JARILLO

45

41. Mikel en el zoológico de Madrid, en un viaje que realizó desde México, en 1984.

42. Pasaporte a nombre de Miguel Ruiz Martínez, donde figura México como lugar de nacimiento y el 23 de agosto de 1984 como fecha de expedición.

43. Carné de conducir a nombre de Miguel Ruiz, con domicilio en Madrid, en la calle Valderodrigo, 16.

44. Documento por el que se acredita a Miguel Ruiz como "Miembro del personal administrativo de la Embajada de España" en México, septiembre de 1984.

45. Recibo por valor de ciento cinco mil pesos mexicanos en concepto del alquiler de la casa donde vivía Miguel Ruiz, en el paseo de Otoño del Estado de México, octubre de 1984.

46. Mikel descansa en Almería a la vuelta de México, en 1985.

47. Artículo que escribió Andrés Cassinello, cuando era jefe del Estado Mayor de la Guardia Civil, criticando a jueces, periodistas y demás. Cassinello se soliviantó cuando la revista *Interviú* descubrió que miembros del cuartel de Intxaurrondo, de San Sebastián, estaban involucrados en la "guerra sucia" contra ETA y formaban parte de los GAL.
Cassinello se refiere a los autores de ese reportaje, los mismos que los de este libro, de la siguiente manera: "Cada vez que sale un alumno de la Escuela de Periodismo, con el cascarón pegado adonde su señoría sabe, se le ocurre hablar de Cassinello... Lo malo es que a esos niños les pasa lo que a los policías nuevos y a las niñas tontas, se lo creen... pensando que así van a echar otra vez a Nixon".

46

A LA SEÑORIA QUE CORRESPONDA

Sí, señoría, es verdad que les llamé gilipollas y que les mandé a tomar todos los vientos. Pero es que estoy cansado y aburrido. ¿Vio su señoría lo de Sevilla? Una cosa mala. Del ombligo para arriba parecían guardias civiles, aunque llevaran los faldones fuera; pero al final acababan entre nazarenos y etarras: encapirotados o encapuchados, señoría. Del ombligo para abajo, nada. Vamos, que era una foto de medio cuerpo sí y medio cuerpo no. Pero no importa, esta historia no tiene nada que ver con lo que pasa del ombligo para abajo, así que sigo. Pues que no me quieren. Dicen que no soy demócrata y lo dicen tan enfadados que a lo mejor tienen razón, porque chillan un rato y hasta manotean; además, lo dicen también los comunistas, que de eso saben mucho. De todas formas, no lo entiendo. ¿Para qué querrán un demócrata en la Guardia Civil? Señoría, lo juro: desde O'Donnell a Azaña y de Rosón a Barrionuevo, todos los demócratas piden disciplina a la Guardia Civil, y a ninguno se le ocurre pedir consenso. Es cosa de ese sindicato-dieciséis. No, el de Pepe Oneto, no; Pepe está solo; el sindicato es el de los otros. Dicen que es verde, pero no lo creo. Digamos que entreverado, para no meternos en líos. No vea, señoría, todos son secretarios generales. ¿Cogemos uno en Bilbao? Secretario general. ¿Cogemos otro en Sevilla? También secretario general. Después, los dieciseisavos o los decimosextos —que después de lo de Solana cualquiera sabe— encuentran otro secretario general paseando por Miraflores. El de Sevilla llamaba a Castellana, 5, preguntaba por el ministro y después por el subsecretario; pero no se ponía nadie y entonces pedía el teléfono de la Moncloa. Verá, señoría, que no se andaba por abajo. El de Miraflores vuelta al GAL, como ese otro de «Interviú», que se hizo una foto en el País Vasco en un sitio donde la tapa de riego pone Ayuntamiento de Madrid. ¿Se quiere creer, su señoría, que aún no sabemos dónde? Y así dale que te pego. Cada vez que sale un alumno de la Escuela de Periodismo, con el cascarón pegado a donde su señoría sabe, se le ocurre hablar del general Cassinello. Si todavía fuera Emilio Romero, o hasta Carrillo, mire su señoría por dónde; pero nada, cosa de niños, y no se enfade su señoría; que el otro día un colega suyo, de La Mancha, opinaba que llamar cabrón no es insulto, y esto se me antoja algo menos. Además, Benjamín Franklin proponía procedimientos más contundentes, y ese sí que era demócrata. Lo malo es que a esos niños les pasa lo que a los policías nuevos y a las niñas tontas: se lo creen todo y después, hala, lo largan, pensando que así van a echar otra vez a Nixon. Su señoría opinará que es una pijotería, pero los decimosextos se han empeñado en que yo me fui a Córdoba en helicóptero, con trescientos guardias civiles, a matar a los del sindicato. Además dicen que ya no hacemos caso al terrorismo. ¡Qué va a pensar Jon Idígoras; él, tan alegre y combativo! Se va a aburrir el pobre en Amorebieta, sin nadie que le persiga. Le juro que no es verdad: en Córdoba estuve una sola vez con mi Renault 5 y mi mujer, hace ya cuatro o cinco años. Córdoba es la paz, la palmera, el río y las calles retorcidas, rezumando cal, abrazadas a la Mezquita. ¿Quién iba a pensar entonces en el sindicato-dieciséis? Quiero volver a Córdoba, como quería García Lorca en aquella poesía de mi juventud, pero no así. Además, siempre pasa igual, señoría: o un policía fullero o un guardia civil venal. ¿Por qué no le preguntan a Tarancón, que es más serio, por ejemplo? Venga, dale que le pego, y yo, señoría, a leer los periódicos, a pensar lo malo, y, tonto que soy, a enterarme de todo lo que hago o lo que he hecho.

De verdad, señoría, los he llamado gilipollas y les he mandado a tomar todos los vientos. Le juro que me he quedado corto.

Andrés CASSINELLO
Jefe del Estado Mayor de la Guardia Civil

47

48. Material incautado a ETA. En 1986 la policía localizó un zulo de ETA en la cooperativa Sokoa (Hendaya), donde los terroristas tenían armas y llevaban la contabilidad del "impuesto revolucionario". En este mismo lugar los agentes del SECED colocaron una bomba en 1975.

49. Mikel en Lausana (Suiza), adonde se trasladó en 1986 para ejercer de guardaespaldas del hijo del propietario de Prodiecu, sociedad en la que empezó a trabajar a su regreso de México.

50. Mikel en una finca de Gerona que pertenecía a un antiguo miembro del SECED, donde en 1987 pasó un tiempo apartado de todo el mundo y reflexionando sobre su futuro.

51. Entre 1991 y 1993 Mikel trabajó para el conde de Godó, editor y propietario del diario *La Vanguardia*, como hombre de seguridad.

48

49

50

51
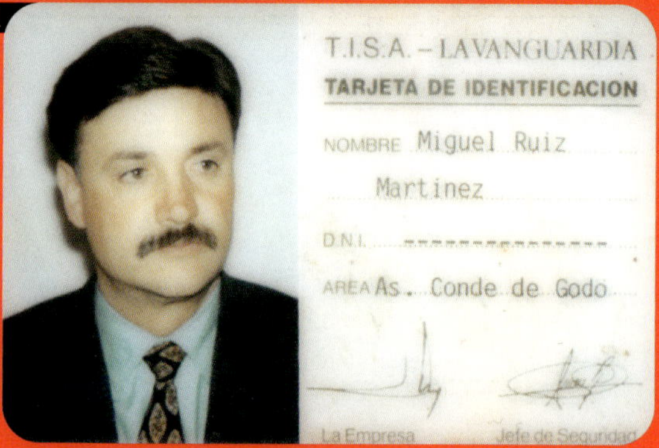
T.I.S.A. – LA VANGUARDIA
TARJETA DE IDENTIFICACION
NOMBRE Miguel Ruiz Martinez
D.N.I. ----------------
AREA As. Conde de Godo
La Empresa
Jefe de Seguridad

52

52. Fernando Rodríguez, coronel del CESID, quien trabajó durante un tiempo con Mikel en *La Vanguardia* y fue procesado, junto a Lobo, por el caso de las escuchas al conde de Godó.

53. Transcripción telefónica ordenada por el juez Bueren. Mikel habla con el coronel Rodríguez sobre la detención de Mariano.

54. Factura expedida por General Consulting a cargo de *La Vanguardia* en la que se demuestra que, además de una cuota fija, Lobo cobró complementos por sus trabajos.

53

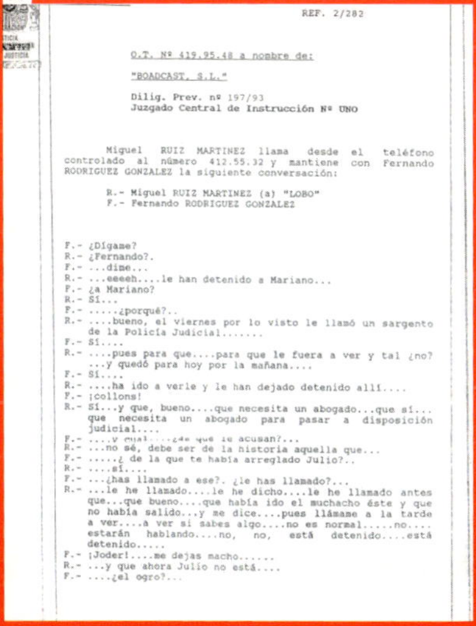

REF. 2/282

O.T. Nº 419.95.48 a nombre de:

"BOADCAST, S.L."

Dilig. Prev. nº 197/93
Juzgado Central de Instrucción Nº UNO

Miguel RUIZ MARTINEZ llama desde el teléfono controlado al número 412.55.32 y mantiene con Fernando RODRIGUEZ GONZALEZ la siguiente conversación:

R.- Miguel RUIZ MARTINEZ (a) "LOBO"
F.- Fernando RODRIGUEZ GONZALEZ

F.- ¿Dígame?
R.- ¿Fernando?.
F.- ...dime...
R.- ...eeeeh....le han detenido a Mariano...
F.- ¿a Mariano?
R.- Sí...
F.- .....¿porqué?..
R.- ....bueno, el viernes por lo visto le llamó un sargento de la Policía Judicial.......
F.- Sí....
R.- ....pues para que....para que le fuera a ver y tal ¿no? ...y quedó para hoy por la mañana....
F.- Sí....
R.- ....ha ido a verle y le han dejado detenido allí....
F.- ¡collons!
R.- Sí...y que, bueno....que necesita un abogado...que sí... que necesita un abogado para pasar a disposición judicial....
F.- ....y cual....¿de que le acusan?...
R.- ...no sé, debe ser de la historia aquella que...
F.- .....¿ de la que te había arreglado Julio?..
R.- ....sí....
F.- ...¿has llamado a ese?. ¿le has llamado?...
R.- ...le he llamado....le he dicho....le he llamado antes que...que bueno....que había ido el muchacho éste y que no había salido...y me dice....pues llámame a la tarde a ver....a ver si sabes algo....no es normal.....no.... estarán hablando....no, no, está detenido....está detenido.....
F.- ¡Joder!....me dejas macho......
R.- ...y que ahora Julio no está....
F.- ....¿el ogro?...

54

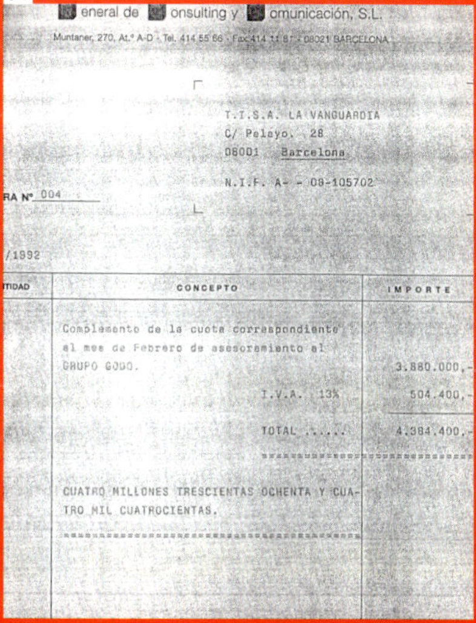

eneral de onsulting y omunicación, S.L.
Muntaner, 270, At.º A-D - Tel. 414 55 66 - Fax 414 11 87 - 08021 BARCELONA

T.I.S.A. LA VANGUARDIA
C/ Pelayo, 28
08001 Barcelona

N.I.F. A- - 08-105702

RA Nº 004

/1992

TIDAD	CONCEPTO	IMPORTE
	Complemento de la cuota correspondiente al mes de Febrero de asesoramiento al GRUPO GODO.	3.880.000,-
	I.V.A. 13%	504.400,-
	TOTAL	4.384.400,-
	CUATRO MILLONES TRESCIENTAS OCHENTA Y CUATRO MIL CUATROCIENTAS.	

(55)

55. Mikel, encapuchado, saliendo de los juzgados de Barcelona durante el juicio de las escuchas a *La Vanguardia*.

56. Mikel en su foto más reciente, tomada en 1999, durante un viaje a un poblado del oeste americano en la provincia de Almería.

57. Los autores del libro con Lobo en San Juan de Luz, en el País Vasco-francés.

56

57

NADIE ENTRA, TODOS SALEN

Pero en las siguientes horas el «cuarteto chubasquero» se lleva una sorpresa monumental. Nadie, absolutamente nadie, cruza la frontera hacia España. De hecho, ocurre todo lo contrario. Cientos de personas van en dirección contraria: de España a Francia. Unos a pie y otros en coche. Mikel y sus compañeros no salen de su asombro por lo que están presenciando y comunican con sus superiores.

—Se van, la gente se va a Francia. Como no cerremos la frontera, el País Vasco se queda despoblado.

Nadie entiende nada, pero la orden es clara:

—Si se van, no intervenir. Si entran, informáis y los seguimos.

Mikel y sus hombres no tienen un transistor para seguir los acontecimientos de esa noche, así que están a expensas de la información que les pasan sus superiores, que no es mucha.

Se da la circunstancia de que esa noche del 23-F hasta el propio *lehendakari*, Carlos Garaikoetxea, está ilocalizable durante un tiempo. Ni siquiera los dirigentes de su partido y del Gobierno vasco saben dónde está Garaikoetxea. El *lehendakari* vasco no es el único que desaparece del mapa con los primeros tiros de Tejero al techo del Congreso. Francisco Letamendía, *abertzale* radical y diputado en Madrid, es encontrado en medio del mar Cantábrico en un pequeño bote a la deriva.[3]

En Cataluña ocurre algo parecido a lo que se está viviendo en el País Vasco y, mientras unos afrontan la situación con

3. Gregorio Morán, *Los españoles que dejaron de serlo*, Editorial Planeta, 2003, p. IX del prólogo.

entereza, otros, incluyendo a importantes editores de prensa, abandonan el territorio español y se refugian en Francia. Además de una noche de tensión, el 23-F se convierte en una noche tragicómica.

Al día siguiente por la mañana, el 24, cuando todo parece volver a la normalidad, Mikel recibe la orden de retirarse de la zona de Echalar para ocultarse en Logroño en un piso de seguridad con los suyos: Eduardo y *El Calvo*. *Xavi*, el sargento, regresa al cuartel de Intxaurrondo.

Esas veinticuatro horas son de una tensa calma para Mikel y los suyos, que no saben lo que va a ocurrir. Al día siguiente, el 25, el país vuelve a la normalidad y *Lobo* recibe una nueva comunicación del CESID: «Podéis volver, todo está controlado y arreglado».

Dos días más tarde, el 27 de febrero, se presenta lluvioso, frío y desapacible, pero a pesar de ese inconveniente, el pueblo de Madrid y de otras capitales españolas se echa en masa a la calle para defender y reivindicar la Constitución conseguida y ganada en 1978. En Madrid son más de dos millones los ciudadanos que conquistan pacíficamente la calle.

Después del susto llega la calma. Los etarras y los pro golpistas desaparecen de la escena durante un tiempo. Nadie se atreve a moverse hasta que las cosas se aclaren. Mikel aprovecha ese momento para volver a Burgos, a su piso de la avenida Reyes Católicos, y vivir otro momento de intimidad con su querida *Mamen*. Durante el tiempo que pasan juntos en la capital castellana comienzan a hablar de su futuro, de crear una familia. Nueve meses más tarde, nace el primero de sus dos hijos.

Tras el 23-F, la situación de los servicios secretos cambia y Leopoldo Calvo Sotelo, que es investido presidente, nombra ministro de Defensa a Alberto Oliart, quien a su vez propone como nuevo director del CESID al general Emilio Alonso Manglano. El 24 de mayo, sustituye a Narciso Carreras, que sólo está unos meses en La Casa. La actuación del centro y de algunos de sus miembros durante el 23-F es puesta en entredicho. Las investigaciones castrenses por la intentona golpista llegan hasta el mismísimo José Luis Cortina, comandante en jefe de la Agrupación Operativa de Misiones Especiales (AOME) de los servicios secretos.

Entre los cambios efectuados en el CESID se consuma el del jefe de la AOME, que recae en el coronel Juan Alberto Perote. Con la llegada del nuevo responsable a los servicios secretos se recupera una idea que hacía tiempo había planteado Mikel a sus superiores: crear empresas en el País Vasco y en Francia para infiltrarse en el entorno etarra.

A mediados de 1981 Mikel se pone mano a la obra y ayuda a los servicios secretos en la creación de una serie de «sociedades tapaderas».[4]

«En San Sebastián montamos un criadero de perros. En Ascain, en el sur de Francia, compramos un invernadero y Antxon, que ya llevaba un tiempo en el pueblo, se incorpora como un trabajador más y deja la panadería. Sus horarios nocturnos no le permitían estar en contacto con los etarras, pero ahora, entre flores y plantas, las informaciones son más jugosas y "florecen" antes.»

La infiltración en el mundo etarra por medio de negocios

4. En el anexo referido a los servicios secretos hay una serie de documentos internos del CESID donde se detalla el número de «empresas pantalla del servicio» que había en aquella época, cómo se llamaban, el personal que estaba en nómina y a qué se dedicaban.

aparentemente normales llega también hasta París. Allí los servicios secretos abren una pequeña joyería y, al cabo de unos meses, llegan los primeros resultados. Los empleados de los negocios de San Sebastián, Ascain y París ya tienen una serie de domicilios y lugares donde suelen reunirse los etarras. El CESID traslada esa información a la Guardia Civil, cuyos jefes la clasifican y la hacen operativa.

El operativo recibe internamente el nombre en clave de «red Hurón». Es decir, infiltrarse en el seno de la organización a través de sus propias madrigueras. Mikel está contento porque los resultados comienzan a notarse.

«Andrés Cassinello está de subdirector del MULC y es el mejor. Con el que mejor se trabaja. Es quien recibe la mayoría de la información que consigue el servicio en Francia y él mismo después la administra. En esa misma fecha también está como jefe del cuartel de Intxaurrondo el comandante Rodríguez Galindo. Cassinello y Galindo se entienden a la perfección y, gracias a ellos, a su forma de trabajar y a las informaciones que llegan de Francia, comienzan a caer comandos etarras.»

Pero a pesar de que la 513 Comandancia de la Guardia Civil obtiene buenos resultados, los terrotistas no bajan la guardia y siguen matando. En 1981, después del 23-F, ETA comete veinticinco atentados, ocho de ellos contra militares, pero el que más siente el comisario Manuel Ballesteros, el jefe del MULC, es el que se produce el 16 de junio en Zarauz. Allí muere la inspectora María José García Sánchez «por disparos cuando procedía a hacer un registro en una vivienda ocupada por miembros de ETA», según la nota oficial.

María José, que lleva poco tiempo en la policía, participa junto a otros compañeros en una operación antiterrorista. Incomprensiblemente, éstos consienten que ella, todavía una novata, abra el paso hacia los terroristas. También permiten que llame a la puerta del piso de los etarras y que dé el alto. María José grita: «¡Policía! ¡Abran, policía!». Los etarras obedecen pero de repente aparece una mano empuñando una pistola que dispara a bocajarro. María José cae al suelo, malherida, y sus compañeros se refugian en la escalera del edificio. Instantes después, cuando los miembros del comando de ETA dejan de disparar y los policías se acercan hasta su compañera, la inspectora se ha desangrado y ha perdido la vida. Entretanto, los terroristas han huido por una ventana que da a la calle.

A Mikel todo eso le recuerda una película de Al Pacino titulada *Serpico*, en la que interpreta el papel de policía. La escena es similar a la de María José. Los compañeros del agente Serpico dejan que éste les anteceda en la persecución de un delincuente. Sube por unas escaleras hacia la terraza y cuando llega a la azotea, le cierran la puerta, queda solo y lo acribillan a tiros. La diferencia es que Serpico no muere.

Vengar a María José

El jefe del MULC, Manuel Ballesteros, que conoce personalmente a la inspectora, es informado del trágico acontecimiento, lanza una maldición y un juramento con su característico acento andaluz: «¡Hijos de puta! Esto me lo vais a pagar».

Después del asesinato de la inspectora, en el Cuerpo Superior de Policía se hace un pacto de sangre en el que todos sus compañeros, con el comisario Ballesteros a la cabeza, juran venganza eterna contra el asesino. Todo apunta a que el autor material del atentado es el mismo que logra huir por la ventana: Mikel Goikoetxea, *Txapela*.

Lobo recibe una llamada de Ballesteros en la que el jefe del MULC le pide que ponga especial interés en todas las informaciones que tengan relación con *Txapela*. Incluso le insinúa la posibilidad de detener, capturar y trasladar al dirigente etarra hasta territorio español.

«Enseguida nos damos cuenta de que es una operación difícil, muy difícil, y que no se puede hacer. Queda pendiente para otro momento. *Txapela* es un tío muy vivo y sabe moverse muy bien.»

Goikoetxea había huido a Francia en 1974 y no tardó en alcanzar un puesto en la dirección de ETA. Entre acción y acción, el terrorista ejerce de profesor de euskera en una *ikastola*. Mikel lo conoce bien:

«Siempre va con gente a su lado. Es uno de los mejores y tiene, como norma, cambiar de residencia cada equis tiempo. Eso le ha salvado la vida en más de una ocasión».[5]

Seis meses más tarde del asesinato de la inspectora, ETA–pm secuestra al padre del cantante Julio Iglesias, el doctor Igle-

5. *Txapela* fue asesinado, el 28 de diciembre de 1983, por un comando de los GAL cuando llegaba a casa con su esposa y una de sus hijas. Mikel Goikoetxea fue la tercera víctima de los GAL, después de Lasa y Zabala. El atentado fue reivindicado a la agencia EFE de Bilbao por una voz anónima que dijo: «Ningún elemento activo, colaborador o simpatizante de ETA va a poder escaparse de nuestra venganza». Se da la circunstancia de que el atentado contra *Txapela* se produjo poco después de que se cambiara de piso. Al traslado le ayudaron Lasa y Zabala, que después fueron secuestrados y torturados por guardias civiles del cuartel de Intxaurrondo. Con anterioridad, exactamente el 18 de octubre de 1983, la policía intentó secuestrar en Hendaya a José María Larretxea, pero fueron detenidos por un agente municipal que, casualmente, pasaba por allí cuando metían al dirigente etarra en un vehículo. (Información extraída del libro *El origen del GAL*, de A. Rubio y M. Cerdán, Editorial Temas de Hoy, 1997.)

sias Puga, y exige dos millones de dólares por su liberación. Algunos de los etarras que participan en el secuestro, que se efectúa en Madrid el 29 de diciembre, estuvieron con Mikel en el cursillo al que asistió en el caserío del sur de Francia.

«Domingo Martorell, desde el primer instante, se toma el secuestro como algo personal y me pide que le eche una mano. Facilito una serie de datos sobre unos etarras, que a su vez me facilitan los *Pitufos*, y en diecisiete días se localiza el sitio donde lo tienen escondido: Trasmoz, a setenta kilómetros de Zaragoza. Los *geos*[6] montan un operativo especial y liberan al padre de Julio Iglesias el 17 de enero de 1982.»

Meses más tarde, el comisario Domingo Martorell abandona la Policía, se marcha a Miami y se pone a trabajar para el cantante durante unos años. Después el agente regresa a Madrid y se coloca como ejecutivo en una cadena de televisión privada. Martorell, tanto en Miami como en España, no pierde sus contactos con la gente del antiguo SECED, y en más de una ocasión se reúne para recordar viejos tiempos. En la actualidad el viejo policía se dedica, entre otros «trabajos», a la compra y venta de jugadores de fútbol.

Pero en 1981 también ocurren otras cosas: buenas y malas. En marzo permanece secuestrado durante veinticinco días el jugador Enrique Castro *Quini*, delantero centro del FC Barcelona. Los secuestradores son tres trabajadores en paro. En mayo un grupo de guardias civiles de Almería, encabezado por el comandante Castillo Quero, mata a tres jóvenes inocentes a quienes confunden con los integrantes de un coman-

6. GEO (Grupo Especial de Operaciones) es una unidad especial de acción de la Policía. Tiene su sede en Guadalajara y se dedica a intervenir exclusivamente en operaciones difíciles.

do etarra. Ese mismo mes un grupo de atracadores asaltan el Banco Central de Barcelona e intentan hacerse pasar por seguidores de los golpistas del 23-F. Entre las buenas noticias destacan la vuelta del *Guernica* de Picasso, en septiembre, y la victoria de la Real Sociedad, por primera vez, en la Liga de Fútbol.

13

MIKEL EMIGRA A MÉXICO

El PSOE gana las elecciones

Después de la liberación del padre de Julio Iglesias y de los incidentes de la Casa de Juntas de Guernica, Mikel recibe la orden de centrarse fundamentalmente en las estructuras de Herri Batasuna, el partido que apoya las reivindicaciones políticas de ETA. *Lobo* es relegado, sin motivo aparente, en todo lo concerniente a la primera línea en temas de terrorismo.

Mikel no logra obtener una respuesta a lo que está pasando. De hecho los etarras continúan actuando y, al final de 1982, arrojan un saldo de treinta y ocho atentados. En esos momentos, *Lobo* está preocupado por otras cosas, como el nacimiento de su primer hijo con *Mamen*, y no se toma el retiro como un insulto. Al contrario, lo aprovecha para pasar más tiempo con su nueva familia.

En esta nueva fase de infiltración y búsqueda de información sobre HB, Mikel trabaja junto a Domingo Martorell, hasta que finalmente el comisario acepta el ofrecimiento de Julio Iglesias y se va a Miami con el cantante.

Llega junio y la información y los acontecimientos se mezclan: comienza el Mundial de Fútbol en España, sale la sentencia del 23-F en la que condenan a Jaime Milans del Bosch y a Antonio Tejero a treinta años, y a Alfonso Armada a seis. José Luis Cortina, el ex jefe de Operaciones Especiales del CESID, sale absuelto. Un mes más tarde, en julio, se publica el contenido de otra condena, la del «caso Almería»: el teniente coronel Castillo Quero es sentenciado a veinticuatro años; el teniente Gómez Torres, a quince, y el guardia Fernández Llamas, a doce. En el Mundial 82, Italia derrota a Alemania en la final por 3-1.

A pesar de que la joven democracia española se esfuerza por seguir adelante y apartar, lo mejor que puede, a los involucionistas, ETA sigue con su discurso de «acción-reacción-acción» y, durante 1982, asesina a cuarenta y dos personas y secuestra a otras ocho.

Pero lo más trascendental para Mikel Lejarza llega el 30 de septiembre: «ETA–político-militar entrega las armas». «Diez de sus miembros anuncian la autodisolución de la organización porque no tienen razón de ser.» Así recogen algunos periódicos el final de ETA–pm, que se produce el 30 de septiembre de 1982.

Mikel siente algo especial y difícil de explicar cuando tiene conocimiento del hecho:

«Siento satisfacción y pena. Satisfacción porque gracias a mi trabajo y al de otros que confiaron en mí descabezamos a ETA–pm en 1975. Y pena, mucha pena, porque si hubiéramos seguido la línea que nos marcamos hace siete años, se habrían evitado muchas muertes. Nunca entenderé por qué se hizo tan mal».

Mikel cuenta cuántos son los muertos de ETA en esos años y le salen más de tres centenares.[1] También le salen dos

1. Desde la desarticulación de ETA–pm en septiembre de 1975 a octubre de 1982, los terroristas vascos asesinaron a 359 personas.

lágrimas, dos lágrimas por todos. Por quienes fueron compañeros[2] suyos durante el tiempo que estuvo infiltrado en ETA y por los otros, por los que murieron cuando estaban cumpliendo con su deber: guardias civiles, policías, militares...

Entre los diez ex etarras que dan la rueda de prensa (a cara descubierta) en las afueras de Biarritz para anunciar la disolución de los *polimilis*, aparece uno que le trae muchos recuerdos a *Lobo*, se trata de José María Lara, *Txepe*.

Txepe está en la calle desde hace cinco años gracias a la amnistía de 1977, por la que también salieron *Wilson*, *Ezkerra*, Unzurruzaga y otros dirigentes etarras que no tenían delitos de sangre y que se acogieron a la fórmula de «preso político y de conciencia».

Mikel, *Gorka,* o *Lobo*, no puede evitar recordar lo sucedido el 31 de julio de 1975, en Madrid, cuando cuatro etarras (Félix Eguía, *Papi*; Mikel Lejarza, *Gorka*; Josu Mújica, *Kepa* y José María Lara, *Txepe*) se suben a un vehículo Mini Austin y enfilan el paseo de la Castellana, dirección norte. El comando está en la capital de España para, entre otras acciones, preparar la fuga de los presos de ETA que están en la cárcel de Segovia.

«Conduce *Txepe*, yo voy en el asiento del copiloto y detrás *Kepa* y *Papi*. El estadio Santiago Bernabéu. Nos siguen. Son policías de paisano. Más policías, ahora de uniforme, grises. Llevan subfusiles Z-70. *Papi* grita: "Salid corriendo". Corremos. Los grises disparan. Matan a *Kepa*. Detienen a *Txepe*. *Papi* huye y monta en un autobús. Yo me escondo en un portal. Subo a una casa. Llamo a los míos y no están. Al final, tras varias horas de miedo e incertidumbre, me rescatan.»

2. Los grupos parapoliciales (BVE, ATE, AAA, GAL, etc.) asesinaron a treinta etarras o personas próximas a los planteamientos *abertzales* entre 1975 y 1982.

Un sudor frío perla de nuevo la frente de Mikel. Los recuerdos, el miedo, los tiros silbando alrededor... Son muchos momentos de angustia que regresan a su mente. Momentos que estaban en el olvido, en el pasado, y que de repente vuelven con mucha fuerza. Y esos momentos traen preguntas.

«¿Qué hago yo aquí? Ahora me relegan, me colocan en segunda fila. Me arrinconan. Me encargan trabajos casi burocráticos. Los héroes son ellos. Me he convertido en un testigo negativo.»

Mikel quiere entender qué ocurre en España, pero su mente no está preparada para asumir tantos cambios en tan poco tiempo. Además, sus jefes y compañeros atizan el fuego del enfrentamiento y le enervan:

«¿Lo ves? ¿Para qué tanto trabajo? Para que ahora vengan cuatro vendidos como Rosón, Suárez y todos los demás y le den una palmadita en la espalda a esos hijos de puta y ya está. ¿Y los nuestros? ¿Y nuestros muertos? ¿Qué hacemos? Llorar en casa y poner buena cara en el trabajo. Esto es una mierda, una mierda».

La mayoría de los jefes de Mikel siguen siendo militares. Las estructuras del CESID apenas han cambiado y sus miembros proceden de la carrera castrense, entre los cuales todavía hay muchos involucionistas.

A Mikel nadie le explica que Alonso Manglano,[3] el nuevo director del CESID, está preocupado por el ambiente involucionista que existe entre sus subordinados y que por or-

3. Juan Alberto Perote, *Confesiones de Perote*, Editorial RBA, p. 118: «Mientras se perseguían a involucionistas en los cuarteles, Manglano hacía otro tanto en la propia cúpula del CESID, ejecutando una paulatina limpieza del servicio. Su primera víctima, obviamente, fue Javier Calderón, que abandonó "La Casa"».

den del Gobierno se ha decidido controlar, como sea, esos movimientos. Es la única y auténtica razón por la que el servicio baja, durante aquel año, su actividad contra ETA y se centra en otras actividades.

También ése es el origen del nuevo trabajo de Mikel: el control de los miembros de ETA y de los políticos *abertzales*, Herri Batasuna, y de los que proceden de ETA–pm y que han organizado otro partido, Euskadiko Ezkerra.

Por eso *Lobo* se mueve entre Salamanca, donde residen su mujer y su hijo, Burgos, donde tiene casa, el País Vasco, donde trabaja, y Madrid, adonde viaja de vez en cuando para informar a sus superiores de cómo van sus investigaciones sobre HB y EE.

Fruto del trabajo antiinvolucionista de Manglano y de sus hombres, el CESID detecta la preparación de otro golpe de Estado para el 27 de octubre de 1982 (27-O), un día antes de las elecciones generales. En esta ocasión el intento, según la documentación incautada a los cabecillas, es cruento, con una lista de objetivos a ejecutar. A la cabeza de los golpistas figura de nuevo Milans del Bosch, y los organizadores, entre otros, son el coronel Luis Muñoz Gutiérrez y los tenientes coroneles Jesús y José Crespo Cuspinera.

La idea de los golpistas es recuperar el Movimiento Nacional, y en la lista de gente a eliminar figuran, en primera instancia, Sabino Fernández-Campo, jefe de la Casa Militar del Rey, y Emilio Alonso Manglano, director del CESID.

Las elecciones se celebran en la fecha prevista, 28-O, y una vez más Mikel se abstiene. A pesar de su abstención, el PSOE gana con mayoría absoluta, obtiene más de diez millones de votos y España se prepara para «el cambio».

Dentro de ese «cambio» uno de los que salen tocados o perjudicados es Mikel Lejarza Eguía, que desde hace un par de meses ha vuelto a cambiar de nombre por cuestiones de seguridad. Mikel ya no se llama oficialmente José Miguel Torres Suárez. Ahora, en su nuevo DNI, se puede leer:

«Nombre: Julio.

»Apellidos: Forcada Serrano».

Mikel prepara las maletas

Llegan los primeros días de 1983 y el PSOE comienza a tomar decisiones. El 23 de febrero, dos años después del intento de golpe de Estado de Tejero y Milans del Bosch, los nuevos dirigentes expropian el grupo de empresas de Rumasa, propiedad de Ruiz Mateos, y Mikel prepara sus maletas para emigrar a México.

Los nuevos vientos que trae el Gobierno socialista, aunque son continuistas en política antiterrorista, dejan fuera de juego a Mikel Lejarza, que ahora se llama Julio Forcada. Mikel no tiene sitio entre los nuevos gobernantes, se ha convertido en un testigo negativo, y definitivamente emigra a tierras norteamericanas en la primavera de 1983.

Económicamente Mikel no pierde dinero, pues su nuevo sueldo es de setenta y cinco mil pesetas, más dos mil quinientos dólares y casa. Su nuevo trabajo tiene bastante relación con el que está desarrollando en España: control y seguimiento de los etarras. Antes, en el País Vasco, ahora en tierras aztecas.

Y como pantalla de su nuevo trabajo está la embajada española en México Distrito Federal. Allí, Mikel será un funcionario de la Secretaría de Relaciones Exteriores que pertenece a la Dirección General de Protocolo.

Pero antes de marcharse, Mikel tiene que arreglar algunas cuestiones: su equipo, su gente. *Lobo* quiere dejar bien colocados a los suyos. Hacia el mes de febrero se produce una reunión en la cafetería Manila de la Gran Vía madrileña, donde intervienen cinco personas de los servicios secretos.

«Eduardo, mi hombre, se queda huérfano, sin apoyo y sin subvención económica, y eso no puede ser. Así que os lo quedáis y que trabaje con vosotros. Es bueno, muy bueno, y vosotros sois testigos de su nivel. Muchos de mis trabajos han sido fruto de sus investigaciones.»

Mikel está hablando y presentando a sus interlocutores a Eduardo Rodríguez, el hombre que trabajó codo con codo con él en las diferentes «operaciones escoba» que organizaron en Salamanca y en el País Vasco. Eduardo viene de Valencia, de la época en que *Lobo* era inspector de estadísticas en el hospital La Fe.

Eduardo también es el hombre que en 1978 accidentalmente se pega un tiro en la rodilla en Bilbao, cuando manipula una pistola que le ha dado el servicio y mientras Mikel y *Loba* recuperan el tiempo perdido en una habitación. Es el mismo por el que Mikel termina en la cárcel de Basauri cuando el juez, sin atender a sus razones, lo encarcela en medio de los terroristas. Por estas y otras muchas razones *Lobo* no quiere dejar tirado a su amigo y se lo presenta a sus jefes: Bastarreche, su antiguo oficial de caso; el coronel Guillermo Ostos,[4] y el capitán Fernando, de la Guardia Civil.

4. A. Rubio y M. Cerdán, *El origen del GAL*, Editorial Temas de Hoy, p. 29: «En 1983 el coronel Guillermo Ostos era el jefe del Gabinete de Coordinación Central del Ministerio del Interior, también conocido como Gabinete de Opera-

Sus jefes entienden el interés de *Lobo* por su gente y aceptan hacerse cargo de Eduardo. El antiguo estudiante de Electrónica ya es un experto en esa materia y, a partir de ahora, queda bajo la tutela del coronel Guillermo Ostos, jefe del Gabinete de Operaciones Especiales del Ministerio del Interior, cuyo responsable es el socialista José Barrionuevo.

El nuevo ministro no cambia nada, o casi nada con respecto a ETA. Deja parte de la antigua estructura contra ETA que había en el ministerio y descubre, como gran novedad, a la Guardia Civil. A este cuerpo le da aún mayor protagonismo en la lucha antiterrorista. Barrionuevo recoge íntegramente las palabras de Felipe González cuando llega a La Moncloa: «Allí donde esté un miembro de ETA haré todo lo posible para que haya un policía detrás... Un grupo de desalmados no me va a fastidiar la política de cambio ni va a propiciar que un nuevo Pavía entre en el Congreso». Y estas palabras se plasman en un proyecto llamado plan ZEN.[5]

Pero en esta ocasión Mikel no va a estar presente para llevar a cabo el nuevo plan del ministerio. Cuando el plan ZEN entra en marcha, *Lobo* ya ha cambiado de madriguera y está

---

ciones Especiales. Durante un tiempo Ostos compatibilizó esta tarea con el Gabinete de Asuntos Legales (GAL), que por razones obvias tuvo que cambiar de nombre».

5. El plan ZEN (Zona Especial Norte) queda reflejado en un documento de 350 páginas en el que se indica, entre otras cosas, que «la lucha contra ETA, dada la organización y medios con que cuenta, será a medio plazo, pero tenido [*sic*] en consideración los medios con que cuenta un Estado moderno, el triunfo tiene que decantarse necesariamente de lado del poder del Estado». Ese plan también modificó el organigrama de las Fuerzas y Cuerpos de la Seguridad del Estado, descentralizando los órganos de mando. Incluía la creación de un Gabinete de Coordinación Central de Servicios de Información, encargado de recoger y analizar los datos y aplicar la operatividad policial contra ETA.

volando sobre el Atlántico en un avión de Iberia. Primero, aterriza en Miami y después en México, donde le esperan un nuevo trabajo y una nueva casa.

En los primeros días del mes de abril de 1983 aparece en la embajada de España en México el profesor Julio Forcada Serrano.

«Llego y me reciben con mi último nombre, Julio Forcada, pero poco tiempo después cambio de identidad y me transformo en Miguel Ruiz Martínez.»

Según la nueva identidad, Mikel es un ciudadano español nacido en México, en Pastor Ortiz, provincia de Michoacán, y sus padres se llaman Manuel y María Guadalupe. La fecha de nacimiento, según el nuevo DNI, es el 22 de noviembre de 1950.

Mikel está algo menos de un año en México y durante ese tiempo tiene varios enfrentamientos con su jefe inmediato y antena del CESID. *Lobo*, aunque trabaja en la calle buscando información sobre multitud de seguidores de ETA que viven en México y analizando cómo son los movimientos terroristas y guerrilleros, tanto en Norteamérica como en Sudamérica, echa de menos España, así como su anterior trabajo, la actividad del País Vasco y, sobre todo, a su mujer y su hijo.

No se lo piensa dos veces. En los primeros meses de 1984 Mikel se presenta en España, viaja a Salamanca y le pide a *Mamen* que se case con él:

«Tengo una nueva identidad, unos nuevos padres, una nueva patria y una nueva situación personal. Así que ya podemos casarnos».

En efecto, Miguel Ruiz Martínez, según consta en sus documentos, es un varón de treinta y tres años, español, nacido en México y de estado civil: soltero. Y con esa soltería bajo el brazo y un hijo de más de un año, el ciudadano Miguel Ruiz Martínez lleva al altar a María del Carmen, *Mamen*, y la convierte oficialmente en su mujer.

Tras la salida de la pareja de la iglesia, con un buen número de agentes de los servicios secretos como testigos, se materializa una posible bigamia. Según consta en el registro civil, Mikel seguía casado con María Dolores Arce Muga. Es decir, ante los ojos de Dios, Mikel es bígamo y padre de tres hijos, pero ante la justicia y la Iglesia, *Lobo*, Miguel Ruiz Martínez, es un recién casado que sólo tiene un hijo.

Los invitados a la boda son lo más granado del CESID, incluyendo algún salvapatria. Todos ellos defienden una sola idea: la unidad de España. Entre esos invitados está Eduardo, el hombre de Mikel, el estudiante de Electrónica que ahora trabaja con Bastarreche, con el capitán Fernando y con el coronel Guillermo Ostos, el jefe de Operaciones Especiales de Interior.

«Miguel, en los próximos días y antes de que te vayas a México tienes que estar muy atento a la tele y a los periódicos. Se va a producir una noticia importante. Verás qué zambombazo. Ya verás, ya verás.»

Mikel pregunta a Eduardo de qué se trata, pero Eduardo no suelta prenda.

«Es un regalo, es mi regalo de boda. Cuando lo veas, ya sabrás de qué se trata. Ahora es una sorpresa, pero luego será un regalo, un bonito regalo.»

La conversación entre Mikel y Eduardo dura dos escasos minutos. Llegan hasta el novio más invitados, más amigos, más jefes y más gente para dar la enhorabuena al recién casado y les interrumpen.

Pasan tres días y no ocurre nada. Pero al cuarto Mikel escucha y ve en la tele que ha estallado una bomba en Hendaya y que hay un muerto. La víctima se llama Cherid. Mikel piensa que ése no puede ser su regalo de boda. Jean Pierre Cherid es de los suyos, de los que están por la unidad de España y, además, al igual que él, forma parte de los servicios secretos españoles. Ha ocurrido algo que no estaba previsto y Mikel llama a Eduardo para preguntarle qué ha pasado.

Eduardo, que desde hace meses trabaja en el equipo del mercenario francés, explica detalladamente lo sucedido:

«El explosivo, ha sido el explosivo. Cuando Jean Pierre estaba colocando el explosivo en el coche, ha estallado, le ha estallado en las manos y ha muerto. El explosivo estaba pasado, caducado. Lo han destrozado, lo han matado. Han sido los nuestros. Son unos cabrones, nos han dado material defectuoso, en mal estado. Esto no tiene nombre».

Eduardo está abatido, hecho polvo, porque sabe que quien facilitó el explosivo fue un sargento del cuartel de Intxaurrondo, y es consciente de que no va a ocurrir nada. El silencio se llevará la vida y el recuerdo de Jean Pierre, un ex paracaidista francés y ex miembro de la OAS, que está bajo el control de Andrés Cassinello.

Es el 19 de marzo y la *guerra sucia* adquiere fuerza. Todavía no hace ni un mes que ETA ha matado, a sangre fría y delante de su hijo, de siete años, al senador socialista Enrique Casas en su casa de San Sebastián.

Los Grupos Antiterroristas de Liberación (GAL) aparecen oficialmente en octubre de 1983, un año después de que los socialistas ganen las elecciones y se hagan con el poder. Desde octubre del ochenta y tres a marzo del siguiente año los

GAL ya han cometido seis atentados mortales contra miembros de ETA y tres secuestros. En uno de ellos, el de José Lasa e Ignacio Zabala, todavía no han aparecido los cuerpos. José Larretxea ha tenido más suerte, porque unos gendarmes franceses han logrado detener a sus secuestradores (policías españoles), cuando intentaban meter al etarra en un coche. Segundo Marey, que no es de ETA, es secuestrado por un grupo de mercenarios dirigidos por José Amedo y después, cuando se da cuenta de que no es ningún dirigente, lo pone en libertad.

Entre los etarras asesinados por los GAL destaca el atentado cometido contra Mikel Goikoetxea, *Txapela*. Este dirigente de ETA muere delante de su hija y de su mujer el día de los Santos Inocentes, el 28 de diciembre de 1983, en San Juan de Luz. *Txapela* tenía todas las papeletas para acabar así desde el mismo instante en que el jefe del MULC, el comisario Manuel Ballesteros, juró venganza después de la muerte de la inspectora María José en Zarauz.

Pero Mikel no se queda a ver cuál va a ser el siguiente paso en el País Vasco del nuevo grupo parapolicial, del que forma parte su protegido, Eduardo. *Lobo*, tras la boda, arregla todos los temas burocráticos que tiene pendientes (hasta se examina del carnet de conducir con la identidad de Miguel Ruiz) y cambia de ministerio. Es decir, pasa del Ministerio del Interior, donde era subinspector de policía, al de Defensa, convirtiéndose de forma oficial en un agente del Centro Superior de Información de la Defensa (CESID).

Después se marcha a México con su familia. En principio Mikel busca algo de tranquilidad, pero tampoco la encontrará en tierras aztecas.

Cuando Mikel llega a México con su mujer, el niño y la suegra, se instalan en un piso del paseo de Otoño, en Ciudad Satélite, por el que paga 105.000 pesos mexicanos. *Lobo* también tiene preparadas sus acreditaciones oficiales y así se convierte en Miguel Ruiz Martínez, con DNI número 50.722.156, y pasa a formar parte del personal administrativo de la representación española, según consta en la credencial 705/84.

Comienza un nuevo año, 1985, que es bastante movido en relación con ETA y con todos los fenómenos que la rodean. Los terroristas y los grupos parapoliciales siguen actuando y matando. ETA asesina a treinta y ocho personas y los GAL a siete.

El 25 de noviembre, la Guardia Civil de San Sebastián lleva a cabo una redada contra unos presuntos etarras. Entre los detenidos figura Mikel Zabalza, un conductor de autobuses. Zabalza es *abertzale*, pero no sabe nada de ETA. Los guardias civiles del cuartel de Intxaurrondo que lo interrogan le hacen la «bañera» (meten la cabeza del detenido dentro de una bañera con agua sucia), Zabalza no aguanta y muere. Después lo arrojan al río Bidasoa y dicen que se escapó y se lanzó al agua. Finalmente el cadáver de Zabalza aparece el 15 de diciembre en las aguas del río. Este incidente encrespa aún más el ambiente en el País Vasco y ensombrece la forma de actuar del jefe de la 513 Comandancia, Enrique Rodríguez Galindo, y de «sus chicos».

Al finalizar el año Mikel no encuentra su sitio en México. Se repite la historia de Valencia, cuando fue inspector de estadística. Ve irregularidades por todas partes y comienzan los enfrentamientos con su jefe y con los miembros de la embajada. Mientras tanto su mujer, *Mamen*, y su suegra empiezan a echar de menos España y su Salamanca natal. Los viajes de *Lobo* por Sudamérica en busca de etarras no dan los frutos deseados y el ambiente se enrarece.

Así que Mikel decide regresar a Madrid y denunciar ante sus superiores las presuntas irregularidades cometidas en la embajada española y los chanchullos en los que se habían visto envueltos algunos miembros del CESID. Pero por primera vez, *Lobo* queda fuera de juego y, cuando llega a Madrid, encima de la mesa del director de los servicios secretos, Emilio Alonso Manglano, hay un informe contra el propio Miguel Ruiz Martínez.

Mikel no soporta la ofensa ni la encerrona que le han preparado y, en un acto de cólera, pide la baja del servicio.

Antes de abandonar los servicios secretos, *Lobo* celebra una reunión con el director, Alonso Manglano; el tesorero, el señor Pérez, y con el secretario general del CESID, Luis Roca. Intentan convencerlo de que se quede en el Centro, pero Mikel ya ha tomado una decisión.

Pero antes de marcharse pasa cuentas con sus jefes. El tesorero presenta la liquidación del agente Miguel Ruiz Martínez a sus superiores a razón del tiempo que éste lleva en el servicio. El total de tiempo asciende a un año y medio aproximadamente, desde mediados de 1984 hasta enero de 1986. Y la liquidación arroja un total de ochocientas mil pesetas.

Al oír la cifra, Mikel recibe un mazazo en su interior, aprieta los dientes, sube el tono de voz y comienza a recordar a sus todavía jefes los servicios que él ha prestado para el SECED, el CESID, la Guardia Civil, la Policía y para todos los que en nombre de España le han pedido ayuda y sacrificio.

También recuerda las personas que han entrado o han trabajado para el Centro por él: Edurne, Eduardo, Paco, Maribel, Laura, Antxon, Íñigo y otros.

El momento es desagradable. Mikel piensa en su familia; en su mujer, que de nuevo está embarazada; en el futuro que le espera con ochocientas mil pesetas, con un hijo pequeño y otro en camino... Con esa cantidad es imposible empezar una nueva vida, y *Lobo* le echa en cara a los directivos del CESID su actitud.

Por fin Alonso Manglano reacciona, habla con el tesorero y, veinte minutos después, este aparece con un maletín. Manglano se lo ofrece a *Lobo* y le dice que contiene cinco millones de pesetas. Mikel lo acepta sin pensarlo dos veces.

Pero antes de que Mikel abandone las dependencias oficiales del CESID, que están situadas en el paseo de la Castellana, 5, de Madrid, el director vaticina: «Te vas, pero volverás. Dentro de un tiempo volverás con nosotros».

Alonso Manglano, viejo zorro y gran negociador, sabe lo que dice y hace de agorero. El tiempo le dará la razón.

Nada más salir del CESID, Mikel llama a *Mamen* a Salamanca y le dice cuánto dinero ha sacado:

«Son cinco kilos, cinco millones de pesetas. No es mucho. Me merezco más, pero con esa cantidad podemos empezar. Podemos hacer algo».

Lobo se toma un descanso, se olvida del CESID, de sus jefes, de los etarras, de los GAL, que ya llevan veinticuatro muertos a sus espaldas y algunos atentados más, y se dedica a su familia y a los caballos.

Mikel invierte el dinero obtenido en el CESID en un picadero de caballos y comienza a trabajar en un campo totalmente nuevo para él. Se hace ganadero. *Mamen* está contenta porque tiene a su marido al lado, está de nuevo en España y espera su segundo hijo.

Todo va bien, pero la suerte no dura mucho en casa de Mikel, en la nueva familia Ruiz Martínez.

14

MIKEL VUELVE A LAS ANDADAS

Un corto retiro en Salamanca

Cansado de soportar tanta tensión, *Lobo* se retira a Salamanca con su familia. Allí comienza una nueva vida y se convierte en un ganadero que invierte su dinero (los cinco millones que le han dado en el CESID) en la cría caballar. Al principio todo va bien, pero el mundo de los caballos le obligará a entablar relaciones con un grupo de gitanos que se dedican al tráfico de armas, por lo que los problemas llegan rápidamente hasta la nueva familia Ruiz Martínez.

Los cinco millones se esfuman muy rápido. En mayo de 1986 nace la segunda hija de *Mamen* y de Mikel, el cuarto de los hijos de *Lobo*. Desgraciadamente, el nacimiento presenta problemas y la pequeña sufre las consecuencias. Mikel de nuevo se encuentra sin dinero y con muchos problemas. Piensa en dónde o a quién acudir. Sin duda la gente del servicio, después de la bronca que tuvo en enero con Manglano, no va a prestarle ayuda, así que sólo le queda una alternativa: llamar a la puerta de su «segundo padre», Andrés Cassinello.

El general de la Benemérita, que ya es jefe del Estado Mayor de la Guardia Civil y uno de los grandes descubrimientos del Gobierno socialista, no duda un instante y le ofrece a *Lobo* esa mano que busca desesperadamente. Cassinello, que es una persona muy generosa, le abre las puertas del Hospital Militar de Madrid, donde Mikel y su hija reciben las atenciones necesarias.

Mamen y Mikel están muy agradecidos con el general y quieren pagar la deuda contraída. Así pues, de la noche a la mañana, *Lobo* se encuentra de nuevo trabajando para la Guardia Civil. Cassinello lo coloca junto al capitán Navarrete en las investigaciones sobre ETA.

En junio los socialistas vuelven a ganar las elecciones por mayoría y el «segundo padre» de *Lobo* es promovido a general de división por el Consejo de Ministros presidido por Felipe González. Poco después, en julio, ETA atenta una vez más en Madrid, y en la plaza República Dominicana mata a nueve jóvenes guardias que iban en un autobús. Cassinello se desespera e intenta responder a los terroristas.

Mikel ya está otra vez en acción. Se ocupa de organizar un equipo, y para ello recupera a algunos de sus antiguos amigos en la guerra contra ETA. Entre éstos aparece Laura, la joven que dio buena cuenta del personal que estaba en la comuna de Burguillos del Cerro, junto a Zafra.

Pero ETA no para, y ahora incluso atenta contra un ex dirigente de la organización. Se trata de Dolores González Catarain, más conocida en los ambientes policiales y etarras por el alias de *Yoyes*. Dolores, que tiene una hija de tres años, regresa a España y se acoge a la reinserción ofrecida por el Gobierno, pero ETA no perdona y, el 10 de septiembre, un comando asesina a su ex compañera en su pueblo natal de Ordizia.

Los GAL han dejado de actuar y el Gobierno francés ha prometido que perseguirá a los terroristas en suelo galo y que los expulsará a España. Con este panorama aparece en octubre en la revista *Interviú*[1] un reportaje en el que un ex guardia civil del cuartel de Intxaurrondo cuenta la auténtica historia de los GAL de la Guardia Civil y la actuación tan activa que ha tenido ese acuartelamiento en la trama parapolicial.

Cassinello se enfurece por la revelación periodística y, el 16 de octubre, escribe un artículo en el diario *ABC* que titula «A la señoría que corresponda». El general no deja títere con cabeza y arremete e insulta a todos: jueces, políticos y también a los periodistas autores del reportaje (véase el artículo reproducido en el cuadernillo de fotografías de este libro).

Mikel y los hombres de la Guardia Civil que Cassinello ha puesto a su lado siguen su trabajo y se trasladan hasta la frontera para marcar los pasos de los etarras.

«Tengo la sensación de haber entrado en el túnel del tiempo. De nuevo estoy en 1981, cuando montamos con *Xavi* y Eduardo la *Operación Chubasquero* e impermeabilizamos la frontera desde Behobia hasta Puigcerdà. Cuando la noche del 23-F vimos cómo salían multitud de vascos en dirección a Francia. Han pasado cinco años y todo está igual.»

1. El reportaje corresponde al número 542 de la revista *Interviú*, que se publicó el 1 de octubre de 1986 bajo el título: «Confesiones de un ex guardia civil». «Yo fui miembro del GAL». «Toda la historia de la guerra sucia». El director de la publicación era Basilio Rogado y los autores del reportaje, Manuel Cerdán y Antonio Rubio. Con esta información se reveló por primera vez la trama verde de los GAL, donde estaban directamente involucrados algunos jefes y guardias civiles del cuartel de Intxaurrondo. Años después, el comisario Francisco Álvarez, ex jefe del MULC, confesó judicialmente que en los GAL, según el color del uniforme, había tres tramas: «La verde, que corresponde a la Guardia Civil, la marrón, que es la que forma el CESID, y la azul, que está integrada por la Policía».

Lobo y los hombres que lo acompañan no saben que se ha puesto en marcha una operación mucho más importante y que está a punto de dar sus frutos. Se trata de la *Operación Sokoa*. Julián Sancristóbal, director de la Seguridad del Estado, Francisco Álvarez, jefe del MULC, y Francisco Paesa, colaborador de Interior, han conseguido vender dos misiles a ETA. Dentro de esas armas van dos microchips facilitados por los norteamericanos. El 5 de noviembre, son detectados en la cooperativa Sokoa de Hendaya. La Guardia Civil, con la colaboración de la gendarmería francesa, encuentra más armas y la contabilidad del «impuesto revolucionario» que la organización obtiene de la extorsión a empresarios vascos.

En ese mismo lugar, en Sokoa, Mikel tuvo una actuación estelar en 1975, cuando acababa de entrar en ETA y el SECED colocó una bomba para atentar contra miembros de los *polimilis*. Milagrosamente *Lobo* salió ileso y la infiltración, a pesar de la torpeza de los servicios secretos, continuó su marcha.

También progresan los contactos entre ETA y el Gobierno español. En noviembre se encuentran en Argel el dirigente etarra Domingo Iturbe Abasolo, *Txomin*, que fue detenido en Francia y expulsado a tierras africanas, y el abogado Jorge Argote, defensor de los guardias civiles del cuartel de Intxaurrondo. Más adelante, en enero de 1987, los contactos se convierten en conversaciones y Julián Sancristóbal, entonces director de la Seguridad del Estado, encabeza la delegación española. Se forma una mesa de negociación y mientras tanto cae el comando Madrid de ETA, uno de los más peligrosos y sangrientos, gracias a la documentación encontrada en la cooperativa Sokoa.

Las negociaciones se interrumpen en febrero porque Domingo Iturbe muere accidentalmente. *Txomin*, junto a otros etarras, estaba organizando una especie de campamento para otros compañeros que tenían que venir de otros países. El dirigente etarra se desnucó al caer desde el tejado de una de las casas que estaba reparando. Las autoridades argelinas presentaron la muerte de *Txomin* como un simple accidente de automóvil. *Antxon* lo sustituyó en las siguientes conversaciones.

A pesar de los contactos y las negociaciones del Gobierno con ETA, Mikel y sus hombres continúan con su plan, que consiste en secuestrar y traer a España al dirigente etarra Francisco Mújica Garmendia, más conocido por *Artapalo* o *Pakito*.[2]

Para ello, *Lobo* recupera a Laura Alamar, una mujer progre, ácrata y muy liberal en sus costumbres.

«Laura se introduce perfectamente en los ambientes pro etarras de Hendaya, donde vive la hermana de *Artapalo* y hace amistad con ella.»

El plan funciona, pero Cassinello es trasladado temporalmente a Ceuta como comandante general de aquella ciudad. El cambio de destino del general se produce a raíz del artículo «A la señoría que corresponda» y sólo sirve para acallar las críticas de jueces y otros estamentos. El «segundo padre» de Mikel sigue controlando los servicios de información de la Guardia Civil y está al tanto de todo lo que hace su hijo adoptivo.

«Después, Laura se acerca hasta *Pakito* y tiene alguna relación más que amistosa con el asesino de *Yoyes* y de *Pertur*.

2. En 1974, cuando se produce la escisión dentro de ETA, Mújica Garmendia se queda en el grupo de los *berezias*. Después, en 1977, se queda en ETA-m y entre 1985 y 1992 forma parte de la cúpula de la organización terrorista. Entre los círculos *abertzales* se apunta a *Artapalo* como la persona que dio la orden de asesinar a Yoyes, que era del mismo pueblo que él, Ordizia.

También logra averiguar su dirección en San Juan de Luz y la contraseña que coloca en la ventana para avisar a su gente cuando está en casa: una toalla o un trapo.»

Todo va bien, la infiltración de Laura funciona, *Artapalo* la desea y la chica aprovecha las necesidades del dirigente etarra. En medio de esta situación Mújica Garmendia tiene problemas con su dentadura y comienza a visitar a un odontólogo de San Juan de Luz.

La información de los movimientos del etarra llegan vía Laura, Mikel y Navarrete (oficial que acompaña a *Lobo*) hasta los servicios de información de la Guardia Civil, cuyos jefes deciden acelerar el plan de localización, secuestro y traslado de *Artapalo*.

El siguiente paso consiste en contactar con el odontólogo que trata a *Artapalo*. Mikel y Laura buscan a otro dentista de Bilbao, amigo de *Lobo*, para que convenza al francés y le coloque al dirigente etarra un anestésico lo suficientemente fuerte como para que se quede dormido durante varias horas. Ése es el tiempo que necesita el equipo del comandante Cándido Acedo,[3] brazo derecho de Cassinello, para introducir a *Artapalo* en el

3. El comandante Acedo era amigo de Juan Alberto Perote, jefe de Operaciones Especiales del CESID. El coronel Perote aseguró en sus declaraciones judiciales y periodísticas que Acedo fue la persona a la que entregó uno de los sellos de los GAL y que después éste se lo dio a Andrés Cassinello. Los sellos se fabricaron en las dependencias del CESID. En 1988, cuando Luis Roldán es nombrado director de la Guardia Civil, Acedo asciende a jefe de la Unidad de Servicios Especiales de la Benemérita.

—En julio de 1983 la AOME (Agrupación Operativa de Misiones Especiales) del CESID redactó una nota, con el epígrafe «Acciones en Francia», que le hizo llegar al director, Emilio Alonso Manglano, donde se podía leer: «En cualquier circunstancia se considera que la forma de acción más aconsejable es la desaparición por secuestro».

—En julio de 1988 los agentes del CESID volvieron a intentar una operación de las mismas características, pero en esta ocasión iba dirigida contra José

maletero de un coche y pasarlo a España. La entrada se va a efectuar por el pueblo francés de Sare, donde todo está preparado.

Pero las cosas no salen bien, se complica la operación y el odontólogo español denuncia a Laura Alamar. Según la versión del médico, la compañera de Mikel le ha exigido que le entregue una determinada cantidad de dinero y, además, se ha hecho pasar por un miembro de ETA. Laura no logra cobrar el pretendido «impuesto revolucionario» y es detenida el 1 de julio por la PAF (Policía del Aire y Fronteras) francesa en Biarritz. La PAF encuentra en la agenda telefónica de Laura, un número de Madrid que corresponde al CESID. Se trata del 91-274-65-00.

A las pocas horas Mikel y Enrique Gacho, que están en Irún esperando a Laura, son arrestados por la policía. En el momento de la detención *Lobo* va armado. Mikel esgrime ante su señoría que el dentista bilbaíno le debe dinero por unos caballos que le ha vendido en Salamanca, pero el juez no se cree el argumento del hombre de los servicios especiales de la Guardia Civil y lo manda a la cárcel.

El túnel del tiempo se vuelve a poner en marcha. *Lobo* regresa a prisión. En esta ocasión, primero pasa por la cárcel de Martutene, y después por la de Basauri. Cuando Mikel tiene problemas, siempre acude a una mujer o a su autor preferido, Albert Camus. Obviamente, ahora no puede recibir la ayuda de *Mamen*, que está en Salamanca, ni la de Laura, que se encuentra en la misma situación que él, por lo que recurre una vez más a su autor preferido. Vuelve a interpretar mentalmente la obra que nunca llegó a representar: *El extranjero*.

Antonio Urrutikoetxea Bengoetxea, *Josu Ternera*, y la operación recibió el nombre en clave de «Shuto», aunque internamente se conoció como *Operación Mengele*, en memoria del doctor alemán de tan triste recuerdo.

En la ocasión anterior también hubo de por medio una pistola, con la que Eduardo se destroza accidentalmente la rodilla, y la estancia de *Lobo* en la cárcel fue de dos meses. Ahora la reclusión de Mikel es menor: dieciséis días. La Guardia Civil actúa con mayor diligencia y paga las 200.000 pesetas de fianza que ha impuesto el juez. Miguel Ruiz Martínez, el cuarto nombre o identidad utilizada por *Lobo*, vuelve a estar quemado judicialmente. Y a Mikel no le queda otra cosa que desaparecer por un tiempo.

Prodiecu y viaje a Suiza

Tras su desagradable paso por la cárcel, *Lobo* regresa a Salamanca, a su casa, a su madriguera, con los suyos. Durante unos meses está inactivo, pero cuando el poco dinero que le queda se acaba, tiene que volver a pedir ayuda para sacar a su familia adelante. Las llamadas de *Lobo* llegan hasta un grupo de guardias civiles que tiene una empresa de seguridad, Antares, y le ofrece la posibilidad de marcharse a Lausana, en Suiza, para hacer de guardaespaldas del hijo de un multimillonario español.

Mikel acepta la propuesta y después de arreglar su situación judicial, pues tiene pendiente el tema del odontólogo bilbaíno, llega a Lausana y se pone a las órdenes de Andrés Rodríguez, fundador y presidente de la empresa Prodiecu (Promoción y Difusión de Entidades Culturales, Recreativas y Benéficas).

Entre 1985 y 1987, Prodiecu ha movido a más de siete mil minusválidos, ha organizado una lotería paralela a la de la

ONCE y ha intentado crear un periódico: *Portada de Actualidad*.

Mikel, que siempre ha sido un buen agente comercial, vende a Andrés Rodríguez que él y su gente pueden hacer el trabajo que realiza la empresa Antares por menos dinero. El empresario acepta la propuesta, nombra a *Lobo* ejecutivo de su empresa, le encarga que ponga en marcha el periódico y consigue nuevos enemigos: los guardias civiles de Antares. Esos miembros de la Benemérita se dan cuenta de que se les acaba el negocio y exigen a Mikel llegar a un acuerdo.

El acuerdo con el jefe de Antares, un oficial de la Guardia Civil, se produce en la Feria de Abril de Sevilla de 1988:

«Te hemos recogido de la calle, te hemos dado trabajo, te hemos arreglado lo de Bilbao y ahora nos dejas fuera. Te vas a enterar. Te vas a arrepentir toda tu vida de lo que has hecho».

El tiempo le da la razón al responsable de la empresa de seguridad. Las aventuras de Mikel aparecen, en septiembre de 1988, publicadas en *Diario 16* en una serie de reportajes que firman Melchor Miralles, Ricardo Arqués y José Carlos Duque.

«Los hombres de Antares intentan responsabilizarme en la formación de los GAL y utilizan a Michel Domínguez, el compañero de Amedo, para pasar la información a los periodistas.»

Miralles, quien mantuvo una fuerte discusión con *Lobo*, Arqués y Duque no pican con el tema de los GAL, pues ya hacía tiempo que sabían perfectamente quiénes estaban detrás de esos grupos parapoliciales, y se centran en la vida y milagros del infiltrado en ETA.

Andrés Rodríguez, el empresario de Prodiecu, es procesado por la forma como llevaba sus negocios y, antes de que se vengan abajo sus sociedades y que el Gobierno prohíba definitivamente la lotería paralela, saca parte de su dinero a Panamá y Suiza.

Mikel vuelve a quedarse sin «padre protector», ha sido descubierto por la prensa e incluso comienzan a acudir periodistas a su casa de Salamanca. No le queda más remedio que emigrar y desaparecer otra vez por un tiempo.

Lobo tiene que echar mano de sus verdaderos amigos una vez más y llama a la puerta de un antiguo miembro del SECED, Fernando Sanagustín. El ex capitán de los servicios secretos le proporciona cama y comida a la tenia de ETA. Mikel se esconde en la Costa Brava.

En esas fechas, 1988, ETA y los GAL copan la mayoría de las portadas de los periódicos. En enero los partidos políticos firman el pacto de Ajuria Enea. En febrero el Gobierno reconoce las negociaciones con los etarras y la banda terrorista secuestra al industrial Emiliano Revilla, que permanece retenido durante 249 días. En julio, en plena canícula, los policías José Amedo y Michel Domínguez son acusados por el juez Baltasar Garzón, de la Audiencia Nacional, de ser los organizadores de los GAL e ingresan en prisión.

Mientras tanto, Mikel comienza a conocer Cataluña en profundidad y se plantea trasladar a su familia hasta esas tierras.

«Me gusta. Esta gente me gusta. Puede ser un buen lugar para empezar una nueva vida con mi familia. Barcelona, en Barcelona no me conoce nadie. Éste es mi sitio.»

Mikel consulta con *Mamen* y la ex miss Salamanca no lo duda un momento: «A Barcelona».

15

LOBO: ESCUCHAS ILEGALES

1989 es un año de transición para Mikel. Se encuentra en Barcelona, pero sin trabajo aparente. Vive de unas operaciones inmobiliarias (la venta de unas oficinas), negocio que le proporciona José Chavarría Xifré, el padrino de una de sus hijas. Mikel está asociado a José Manuel Trujillo Ortiz, por medio de quien conoce a un empresario de Tudela. Con éste y el ex policía Leo Castro[1] participa en la constitución de la empresa de seguridad Orion, con delegaciones en Madrid, Barcelona y Pamplona. La firma está financiada por Fernández Tapia y Goizueta. Leo Castro es nombrado director general y *Lobo*, delegado en Barcelona, con la categoría de subdirector.

Pero la misión de *Lobo* en Barcelona, al margen de la versión oficial, es la de introducir un topo en Terra Lliure. Barcelona ha sido designada sede de los Juegos Olímpicos de 1992 y al Gobierno central le preocupa que se produzca un rebrote terrorista del grupo independentista catalán. ETA había golpeado fuerte en 1987 colocando una bomba en el su-

1. Fue señalado por *El Mundo* como uno de los policías que participó en los GAL, con base en Pamplona.

permercado Hipercor de El Corte Inglés, pero las acciones terroristas de la organización armada vasca le preocupaban menos al ministro del Interior, José Luis Corcuera, y al ejecutivo de Felipe González. Su obsesión es Terra Lliure. Corcuera lo expone ante sus colaboradores con bastante crudeza:

«Estos descerebrados nos colocan un petardo en el aeropuerto o en una de las instalaciones deportivas y se cargan las Olimpiadas. Una buena campaña de propaganda exterior nos puede hacer mucho daño. Para prever eso lo mejor es detener antes a todos sus miembros».

Corcuera no se equivoca. Los grupos terroristas siempre han pretendido aprovecharse de los grandes eventos internacionales para propagar su mensaje. Además, el Gobierno español se ha comprometido con el Comité Olímpico y con el ayuntamiento de Barcelona —promesa de Narcís Serra a Pascual Maragall— con desarticular al grupo independentista catalán antes del verano del noventa y dos.

Y la persona escogida por el CESID para llevar a cabo la misión de infiltración es Mikel. Él está quemado desde la operación de 1975 pero, como ya ha demostrado en casos anteriores, tiene experiencia para seleccionar y adiestrar a otros *lobos* que se infiltren en las organizaciones terroristas. Mikel da con la persona adecuada para asestar un duro golpe a Terra Lliure.

El grupo independentista nació en 1978 de una escisión del Partido Socialista de Liberación Nacional y ha cometido unos 150 atentados. Su fin último es la unificación de lo que el grupo denomina «países catalanes» (Cataluña, Comunidad Valenciana, Baleares y Cataluña francesa) por medio de la lucha armada y conseguir así la independencia de España, al mismo tiempo que implantan un régimen socialista marxista-leninista.

Las Fuerzas de Seguridad del Estado tenían información de dentro del grupo sobre los preparativos de una campaña internacional contra el Estado aprovechando la celebración de los Juegos Olímpicos. Entre los años 1987 y 1989, Terra Lliure ha colocado varios artefactos explosivos en Cataluña y Valencia. En abril de 1990 el grupo independentista lleva a cabo una campaña de acciones terroristas ante la visita del príncipe Felipe a Cataluña en ese mismo mes.

Con esos antecedentes, el CESID envía a Mikel a Barcelona, como siempre con una tapadera ajena a la estructura de los servicios de información. Únicamente Mikel tiene que dar cuentas y pasar la información a su oficial de caso, por aquel entonces el teniente coronel Julio Leal Monedero.

Mikel encuentra en Barcelona a su *Lobo* particular. Se llama *Chema*,[2] tiene unos treinta años y es piloto de helicópteros. Como en los inicios de Mikel, *Chema* carece de experiencia en la lucha antiterrorista, por lo que hay que marcarle la pauta. El nuevo topo arranca desde cero y, para aproximarse a las bases de Terra Lliure, cambia su residencia a Manresa, una de las ciudades con mayor presencia de independentistas.

La misión de infiltración se inicia en 1990 y dura un par de años. Durante ese tiempo el magistrado Baltasar Garzón, el titular del Juzgado Central de Instrucción número 5, dirige desde la Audiencia Nacional las investigaciones. Mikel acompaña a *Chema* a Madrid para que firme un documento delante

2. Los autores del libro conocen la auténtica identidad del «topo», pero se reservan los datos por medidas de seguridad.

del juez, a fin de que el juzgado tenga conocimiento de cuál es su papel dentro de la organización independentista.

En ese viaje, Mikel presenta a *Chema* a los directivos del CESID y consigue que den a su protegido una pequeña instrucción sobre explosivos.

Lobo busca reproducir con Terra Lliure el mismo éxito que él había conseguido con ETA. Siendo cocinero antes que fraile, da una serie de consejos a su protegido:

«Tu misión consiste en ir, poco a poco, descubriendo uno a uno a los cabecillas. Tenemos tiempo de sobra. No te precipites. Nunca arriesgues la operación por ganar un día. Haz tu vida normal y no pienses en los resultados. Te vendrán solos. Y de eso entiendo un poco».

Lobo compatibiliza durante meses su seguimiento a los miembros de Terra Lliure con su actividad en el campo de la seguridad privada. La investigación sobre el grupo independentista le ocupa poco tiempo, pues él sólo hace de enlace entre *Chema* y el CESID. Sigue con su trabajo en la empresa Orion, pero por poco tiempo, ya que opta por otras salidas profesionales.

Por medio del periodista Antonio Herrero, a quien conoce en una entrevista radiofónica en la COPE, llega hasta el conde de Godó. Mikel desvela a Herrero el plan que ETA tenía para secuestrar en 1975 al padre del dueño de *La Vanguardia*, cuando *Lobo* propició la caída del comando etarra en la Ciudad Condal.

El periodista radiofónico le aconseja que escriba una carta al conde, facilitándole todos esos datos, y se compromete a entregársela personalmente en mano. Mikel le remite la carta y espera una contestación del conde de Godó, que no se produce hasta seis meses después.

Entretanto, *Lobo* sigue abriendo puertas y utilizando a sus amigos, para dar con un trabajo que se ajuste a sus aspiraciones. Por medio de Juan Antonio Linares, el policía que lo presentó a los agentes del SECED en 1974, y de un comisario de Sevilla, llama al portón del Partido Popular. A *Lobo* no le desagrada la idea de encargarse de la seguridad del primer partido de la oposición. Para ello, mantiene varias entrevistas con Javier Arenas y Álvarez Cascos, dos de los dirigentes de la formación política. Con Arenas se reúne varias veces en Sevilla y Madrid. Mikel se queja de que no tiene trabajo y de que los servicios de información lo han dejado tirado, como un juguete roto. Arenas le comenta: «Con nosotros en el poder no te habría pasado esto».

En busca de un trabajo que lo aleje definitivamente del espionaje español, Mikel llama a otra puerta: la de Alicia Koplowitz. La millonaria es propietaria de Falcon, una de las empresas de seguridad más importantes de España. Alicia le dice que hable con su primo Carlos, que a su vez le pide que espere tiempos mejores. Muchas entrevistas pero nada en concreto. El futuro de Mikel sigue en el aire.

Mientras se despejan las tres posibles ofertas de trabajo —Godó, PP y Koplowitz— *Lobo* sigue trabajando para Orion, aunque tiene tomada una decisión: «El primero que me llame, me marcho con él». Y así ocurre. En la primavera de 1991 Mikel recibe una llamada de Gemma Guillén, la secretaria del conde de Godó. El presidente del Grupo Godó lo recibe en su despacho de la calle Pelayo de Barcelona, en la planta baja del edificio, lugar donde está ubicado en aquella fecha. Mikel asiste a la reunión acompañado por un joven llamado *Chema*, a quien tiene infiltrado en Terra Lliure. El conde le confiesa que anda preocupado por la situación interna de su empresa. Según el noble, uno de sus estrechos colaboradores le está traicionando y, si se demora, puede abocarlo a la ruina.

«Mire usted, tiene que investigar y descubrir quién me está traicionando. Me han hablado muy bien de usted y me han dicho que dispone de gente y medios para dar con el traidor. Reúna las pruebas e infórmeme a través de Gemma. Es de mi entera confianza.»

Los modales del conde impresionan a Mikel. Él, que está acostumbrado a tratar con gente ruda y hasta zafia, se encuentra ante una persona que destila una extremada educación. Mantiene su discurso sin elevar el tono de voz y, aunque expone unos hechos para él graves, no sale de su boca ningún epíteto malsonante. Mikel también percibe que Gemma no es una simple secretaria, sino que disfruta de una parcela de poder en los aledaños del conde. Cuenta con su total confianza y, hasta cierto punto, toma decisiones, sin la obligación de consultarlas previamente con su jefe. Más que una secretaria, actúa como la mano derecha de Godó. Los ojos y oídos de Gemma también son los del conde en el diario *La Vanguardia*. Más tarde, una vez contratado, Mikel puede verificar en primera persona que Gemma tiene más influencia sobre el conde que el propio director general de la empresa o el director de *La Vanguardia*, el periodista Juan Tapia.

El arranque del caso Godó

Nos encontramos a mediados de 1991 y Mikel se pone manos a la obra. No deja definitivamente Orion, pero organiza su propio grupo de trabajo, con José Manuel Trujillo Ortiz como socio. Inscribe en el registro mercantil la sociedad General de Consulting y Comunicación SL, con sede en un ático del número 270 de la calle Muntaner de la Ciudad Condal,[3] y comienza a trabajar para Godó. La primera factura que presenta al dueño de *La Vanguardia* por un importe de 5.650.000 pesetas —incluye un 13 por ciento de IVA—, corresponde al mes de noviembre de 1991 y recoge el concepto: «Cuota mensual correspondiente al mes de noviembre de 1991 por asesoramiento en imagen y comunicación al Grupo Godó».[4] Esa cantidad se repite en los meses sucesivos, a veces con suplementos, según los pinchazos telefónicos que ejecutara el grupo.

Lobo se rodea de las mismas personas que le ayudan a descabezar en Cataluña al grupo independentista Terra Lliure. Con *Chema* no puede contar al cien por cien, pues sigue con su tarea de infiltración entre los independentistas catalanes. En la seguridad de *La Vanguardia* coloca a un antiguo policía llamado Miguel Izquierdo. Para la delegación de Ma-

3. La sociedad figura inscrita en el registro el 5 de febrero de 1992. El capital social es de dos millones de pesetas y su objeto social: «La consultoría de comunicación e imagen, la compra y venta y, en general, la comercialización de derechos de explotación para cine, vídeo y televisión y la prestación de servicios informáticos, preparación de programas y bases de datos».

4. La factura está emitida por la sociedad General de Consulting y Comunicación SL y va dirigida a TISA *La Vanguardia*, Pelayo, 28, Barcelona. Está numerada con un 001 y fechada el 20 de febrero de 1992. Con posterioridad, la sociedad de Mikel fue emitiendo todos los meses facturas por el mismo importe más otras correspondientes a «complemento de la cuota» mensual. Según ha declarado *Lobo* a los autores del libro, ese complemento iba unido a los gastos motivados por los pinchazos telefónicos. Algunas de las facturas están giradas a la sociedad VISENA SA, con sede en Pamplona, la que según Mikel era otra tapadera de su grupo. Véase documentación en el Anexo.

drid, contrata a Ángel García. Éste es un agente del CESID, que tiene problemas con el equipo directivo de Emilio Alonso Manglano, y está dispuesto a todo para ganarse un dinero extra. Lo secunda en algunos trabajos el también guardia civil y ex agente del CESID, Vicente Gallego Abella. Los servicios de información de la transición habían fabricado a decenas de personajes como Ángel García. No llegan a ser unos juguetes rotos, pero han vivido a un ritmo frenético, sometidos a situaciones de gran riesgo. Para ellos, cualquier trabajo que no sea jugarse la vida ante los terroristas de ETA es una anécdota.

Ángel García se convierte en la sombra de *Lobo*, a quien acompaña a todas partes. También asiste a todas las entrevistas que mantiene Mikel en Madrid y Barcelona, y se implica plenamente en el proyecto. Entre sus tareas figura la de seguir día y noche a Manuel Martín Ferrand, que ha sido señalado por Godó como uno de los sospechosos de traición. En realidad más que el propio conde, es su hombre fuerte en TISA,[5] Alberto Gaforré, alto ejecutivo del grupo catalán y uno de los responsables de las finanzas del holding, quien denota cierto interés para que Martín Ferrand sea investigado.

Martín Ferrand, un profesional de elevado prestigio, ocupa el cargo de director general de Antena 3 en sus facetas radiofónicas y televisivas, sociedad en la que Godó es accionista. Pero el noble catalán busca alianzas con dos monstruos de los negocios: Mario Conde y Jesús Polanco. Con este último cie-

5. Taller de Información S.A. (TISA) es la sociedad editora del diario catalán. Después pasó a llamarse La Vanguardia Ediciones.

rra un acuerdo por el que le cede la gestión de Antena 3 Radio a través de una nueva sociedad: Unión Radio, en la que se asegura una participación.[6]

Tras un estrecho seguimiento personal a Martín Ferrand, que no incluye el pinchazo de su teléfono, García Román elabora un informe sobre el periodista que concluye sin ninguna apariencia de irregularidad. Martín Ferrand lleva una vida monótona y no parece que esté traicionando al conde. Según el informe, en realidad ocurre todo lo contrario.

El informe llega a la mesa del despacho de Godó cuando éste se halla visitando a su hija en Nueva York, donde posee un magnífico apartamento en la Quinta Avenida. En la ciudad de los rascacielos también mantiene una excelente relación con un hombre de negocios llamado Milton Schward.

Garrofé se entrevista con *Lobo* e insiste que el objetivo es Martín Ferrand, al que considera el verdadero traidor. Esa obsesión enfermiza pone en guardia a Mikel, que decide por su cuenta meter la nariz en la vida del financiero. Los seguimientos al alto ejecutivo de *La Vanguardia* ponen al descubierto una conspiración urdida por él y el director general de la empresa, Carlos Fajardo. Ambos mantenían encuentros periódicos con Macià Alavedra, consejero de Presidencia de la Generalitat. Entre todos ellos preparaban la salida al mercado de un nuevo periódico catalán, *El Observador*.

Lobo, un detective llamado Juan García, Trujillo y un ex miembro de los servicios de información francés siguieron a

6. Posteriormente, Polanco integró a la cadena Antena 3 Radio entre sus emisoras del Grupo PRISA. De ser una radio puntera en la información pasó a ser una red de emisoras radiofórmula que sólo emite música.

Garrofé hasta Suiza, donde se entrevistó en secreto con otros de los participantes en la conspiración contra el conde.

Días después, Mikel mantiene una entrevista con Garrofé en el hotel Ritz de Madrid y le expone sus dudas sobre la participación de ejecutivos de Antena 3 de Madrid en cualquier conspiración. Le dice que el topo está en Barcelona, pero no aporta más datos. La conversación entre ambos en la entrada del hotel Ritz es fotografiada por Ángel García desde un automóvil aparcado en la acera de enfrente.[7] Los ex agentes del CESID pretenden blindarse ante cualquier maniobra del ejecutivo catalán. Y no se equivocan. Garrofé les comunica que no quiere saber más de ellos y que tienen que marcharse de *La Vanguardia*.

Mikel pide a Gemma una entrevista con el conde de Godó. El dueño del periódico catalán lo recibe y, tras leer un informe elaborado por el equipo de *Lobo* sobre las traiciones de los dos colaboradores de *La Vanguardia*, admite que él también sospechaba de Garrofé:

«Ya me habían advertido que era el traidor. Están preparando un diario para hacerme la competencia y, lo peor de todo: lo están financiando con mi dinero. Los voy a poner en la calle».

El conde entrega a Mikel cinco millones de pesetas por su trabajo, pero rompe sus relaciones por un tiempo. Mikel y su gente pasan tres o cuatro meses sin noticias de Godó y sin trabajo extra. *Lobo* sigue colaborando con Orion, pero es entonces cuando decide romper definitivamente sus vínculos con la sociedad de Leo Castro.

7. La fotografía fue publicada por el diario *El Mundo* en su edición del 17 de noviembre de 1983, tras estallar el escándalo del caso Godó. Mikel afirma a los autores del libro que Ángel García la entregó al diario madrileño.

Utilizando sus relaciones en el campo de la seguridad del Estado llega a un acuerdo con la sociedad francesa Sevip Estrategyl, propiedad de un comandante de los servicios de información galos llamado Cristian Colombon, y abre una delegación en Barcelona.[8] Las oficinas quedan instaladas en un edificio de la avenida Diagonal, 359. Mikel y su grupo siguen elaborando informes técnicos sobre sociedades y empresarios españoles, muchos de ellos bordeando la legalidad vigente.

Los años 1991 a 1993 son los años del boom de los dossieres secretos. Mario Conde y Javier de la Rosa ponen de moda esa técnica de espiar al contrario para jugar con ventaja. Se desata un verdadero furor por saber qué hacen los protagonistas de la vida política y económica del país. Paralelamente, el CESID también se convierte en el perro de presa del Gobierno de Felipe González. Emilio Alonso Manglano, un general de gran prestigio por su actuación durante el 23-F y la posterior limpieza de golpistas de los servicios de información militares, también se dedica a espiar a los enemigos del Gobierno socialista. En medio de esas aguas revueltas se mueven profesionales de la seguridad y el espionaje, como Mikel, que deciden sacar partido económico a esa situación de descontrol.

Mientras Mikel se abre camino en el mundo de los negocios catalanes, sin cortar su cordón umbilical con el CESID a quien mantiene informado por escrito de sus tareas extraoficiales, el conde de Godó sigue enfrascado en una lucha con su equipo directivo. Los informes de *Lobo* han sido concluyentes para él, y Garrofé está a punto de abandonar su cargo en *La Vanguardia*.

8. Aparece inscrita en el registro mercantil de Barcelona el 18 de junio de 1991. Su objeto social es la «investigación contra el espionaje industrial y laboral». Colombon figura como administrador único.

Alta traición al conde

Godó cita nuevamente a Mikel en su despacho de la calle Pelayo. En esta ocasión el conde pierde el control y se olvida de su flema británica trufada con *seny* catalán. Se le nota contrariado y exaltado:

«Mire, Ruiz.[9] Tenía usted toda la razón. Las sospechas sobre la implicación del señor Garrofé y otros de mis colaboradores se han cumplido. Están despedidos, pero no hemos llegado a un acuerdo económico. Quiero que investiguen a todos ellos porque se han llevado el dinero de mi empresa y además pretenden que los indemnice. Quiero que lleguen hasta el final y no reparen en gastos».

Tras el descubrimiento de las infidelidades, ya en el mes de octubre de 1991, Godó decide cesar fulminantemente a Fajardo y Garrofé. A éstos no les preocupa, pues tienen puesto un pie y medio en la nueva sociedad editora de *El Observador*.

Mikel y su equipo, con el visto bueno de Godó,[10] deciden intervenir los teléfonos de todos los sospechosos para descubrir su grado de participación en el complot. El primer objetivo es el propio Garrofé, quien más interesa al conde. Intentan intervenir todos los teléfonos de su oficina, pero fracasan porque descubren con las manos en la masa a Manuel Trujillo, el socio de *Lobo*, y a un operario de Telefónica al que tenían comprado. Este técnico, que habían conocido por medio de un detective catalán, ya les había ofrecido otros trabajos anteriormente. Él era quien efectuaba la manipulación de las líneas y lo

9. *Lobo* utiliza en esas fechas la identidad de Miguel Ruiz Martínez.

10. Así se lo confesó el propio Mikel a los autores en una entrevista mantenida el 16 de diciembre de 2002.

hacía tan bien que nunca había dejado rastro de su actividad.

El incidente no interrumpe la actividad investigadora y el equipo de Mikel consigue pinchar otros teléfonos: entre ellos el de Carlos Fajardo, director general de la empresa editora de *La Vanguardia*. Las cintas con la grabación de las conversaciones entre los miembros del equipo directivo de Godó son determinantes para descubrir un presunto desvío de novecientos millones de TISA a otras sociedades ajenas al conde.

El de 5 de diciembre, una pesquisa rutinaria coloca a Mikel y a su equipo en una difícil situación. Gregorio Carrascal, técnico de Telefónica en Barcelona, realiza una comprobación de las líneas del edificio número 25 de la calle Puertaferrisa y descubre que una de ellas está intervenida. Consulta a sus jefes por si se debe a una decisión judicial, pero la respuesta es negativa. Una nueva comprobación le revela que el teléfono intervenido es el del despacho profesional del abogado Alberto Garrofé.

Dos semanas después, un segundo técnico descubre otro pinchazo en el domicilio de Carlos Fajardo en la calle Córcega. Ambos han abandonado *La Vanguardia* y trabajan de lleno en el proyecto de *El Observador*.

Los dos ex altos cargos de *La Vanguardia* presentan una denuncia y la Brigada Regional de Información de la Policía catalana inicia una investigación. Para ellos, el primer sospechoso es *Lobo*, que en esas fechas todavía se presenta como Miguel Ruiz Martínez.

Las relaciones de *Lobo* con los agentes del Cuerpo Superior de Policía no son buenas. Nunca lo han sido, ni siquiera en los inicios de la *Operación Lobo*. Sus trabajos especiales para la Guardia Civil y el CESID lo colocan en una posición de revancha. Al margen de la rivalidad entre cuerpos hermanos, Mikel tampoco es un dechado de virtudes. Sus últimos trabajos rozan la ilegalidad e incluso la traspasan. Además, juega con ventaja, porque vive bajo el amparo del CESID. Ese escudo protector de los hombres de La Casa provoca un mayor malestar entre los funcionarios de la policía.

Lobo ya no es el joven vasco que se infiltró en ETA y provocó la caída de sus generales. Ahora es un ejecutivo que se mueve entre tiburones y hombres de negocios. Se desenvuelve en una actividad privada, pero nunca rompe su cordón umbilical con el CESID, que está informado de todos sus pasos a través de sus oficiales de caso. En esa época sigue en pie la operación secreta contra Terra Lliure.

Mikel sigue bajo el punto de mira de la investigación policial, pero el conde no se detiene en sus ansias de descubrir a sus enemigos. Tras intervenir los telefónos de Garrofé y Fajardo, pide a Mikel que su gente efectúe un seguimiento exhaustivo a Rafael Jiménez de Parga, que ha sido nombrado consejero delegado de TISA y a quien Godó llama Judas porque tiene dudas sobre su fidelidad. Los colaboradores de *Lobo* pinchan el teléfono de su domicilio particular en el paseo de Gracia y, tras un breve período de escuchas, llegan a la conclusión de que Jiménez de Parga se está posicionando a favor de la unión con Mario Conde.

El presidente de *La Vanguardia* también le encarga realizar algunos trabajos personales: investigar a su hijo Carlos y a su hija en París. El equipo de *Lobo* también realiza por su cuenta el seguimiento a Godó en varias salidas nocturnas, acompañado por Salva, una persona de su total confianza.

Mikel ha establecido un sistema de trabajo con Godó.

Siempre debe dirigirse a Gemma, a quien tiene que darle cuenta de su trabajo de forma periódica e incluso entregarle las cintas de los pinchazos telefónicos. A menudo éstas son reproducidas en la sala de juntas con la presencia de altos directivos de *La Vanguardia*. En teoría, Mikel entrega todos los originales a Gemma, que se encarga de su clasificación. Junto a las cintas, se adjunta un informe con las transcripciones más importantes.

Sobre esas fechas, a principios de 1992, entra en escena un personaje que luego tendrá gran importancia en el proceso del caso Godó: el coronel del CESID Fernando Rodríguez. El dueño de *La Vanguardia*, enzarzado en multitud de frentes económicos financieros (negociaciones con Mario Conde, Jesús Polanco y Antonio Asensio), le encarga a Mikel que le busque a alguien de los servicios secretos que entienda de economía y a la vez disponga de información sobre el poder.

Lobo habla con su jefe de división, el teniente coronel Julio Leal Pérez-Monedero, que está al tanto de sus actividades, para que le recomiende a alguien de su confianza. Leal le menciona al coronel Fernando Rodríguez, entonces jefe de la División de Economía y Tecnología, una de las áreas más influyentes del CESID. El coronel, conocido en el servicio con el sobrenombre de *Romeo*, reúne el perfil de la persona que busca Godó: es ingeniero y está muy bien considerado en La Casa. Además, siempre es mejor contar con uno de los suyos dentro de una corporación tan influyente como *La Vanguardia*. Sobre todo, porque Narcís Serra, vicepresidente del Gobierno, anda preocupado por las negociaciones de Godó con Mario Conde y la venta de acciones de Antena 3, a la que el ejecutivo socialista se opone frontalmente. La Moncloa, en cambio, sí ve con buenos ojos una aproximación de Godó al empresario Jesús Polanco y al Grupo PRISA.

Mikel organiza un encuentro entre Godó y el coronel, al que también asiste la secretaria Gemma Guillén, la verdadera sombra del conde. Al presidente de *La Vanguardia* le cae bien el coronel, de quien valora de forma especial su currículum y su estrecha relación con la dirección del CESID. El funcionario queda abrumado por la oferta profesional y económica que le hacen: un contrato blindado de alto ejecutivo, con una indemnización de doscientos millones de pesetas si prescinden de sus servicios unilateralmente, y unos emolumentos anuales de cuarenta millones de pesetas, brutos. Su oficina estará situada dentro del edificio de *La Vanguardia*, en una planta inferior a la del despacho del conde.

El coronel no lo duda un instante —en el CESID percibe siete millones brutos al año— y acepta las condiciones laborales. Pide la baja en los servicios secretos, pero como se retrasa por formalidades burocráticas, adelanta sus vacaciones y se instala en Barcelona, en el hotel Calderón, con el visto bueno de sus superiores. Ya es un civil y su misión consiste en organizar la seguridad del holding catalán y anticipar a Godó los pasos que piensan dar sus enemigos.

16

UN CORONEL CON MANDO EN *LA VANGUARDIA*

El coronel toma las riendas de la seguridad de *La Vanguardia* con plenos poderes. El nuevo jefe desmonta la estructura de seguridad que había y nombra a Mikel asesor interno con un sueldo fijo. Todos los miembros de su equipo también son contratados, aunque en esas fechas ya han cesado los pinchazos a los enemigos de Godó.

El coronel pide a Mikel que deje de facturar con cargo a General de Consulting, sociedad que desde ese instante queda inoperativa en el registro mercantil. La nueva sociedad que emite las facturas se denomina Aquarius Internacional,[1] y la proporciona el propio Fernando Rodríguez.

El sistema de cobro es el siguiente: Mikel recibe un talón bancario con el importe estipulado y el resto, las partes corres-

1. Las investigaciones aportaron que Aquarius era una pantalla del CESID para facilitar operaciones internacionales. La sociedad estaba registrada en Roma, aunque su domicilio social declarado, número 78 de Via Savoia, correspondía a una simple muralla en el centro de Roma. La sociedad fue facilitada al coronel por el empresario español Pérez de Hacha. Aquarius formaba parte de un entramado de empresas investigadas por la justicia italiana por blanqueo y fraude fiscal. La persona que figura como administrador era el italiano Luigi Luoni, con antecedentes judiciales en España e Italia.

pondientes a retenciones, seguridad social e IVA, van a parar a una cuenta privada del coronel. *La Vanguardia* lo factura todo en bruto a la sociedad Aquarius, según lo pactado por Pérez Hacha, un amigo del coronel, y Piqué, abogado del diario catalán. Los talones de Mikel, por sugerencia del coronel, para no dejar ningún rastro figuran a partir de ese momento a nombre de Gabriel Sánchez García, el DNI operativo del CESID.

Godó comienza a establecer unas relaciones excelentes con Mario Conde, hasta el punto de que el banquero le muestra al dueño de *La Vanguardia* sus sistemas de seguridad. Conde le explica a Godó cómo funciona un equipo de cámaras y grabadoras que él acciona para registrar las conversaciones de las personas que lo visitan en su despacho. El sistema está preparado para grabar en la sala de espera y en la de juntas. Y, según le confiesa Conde a Godó, el dispositivo le ha salvado de más de un quebradero de cabeza.

Godó regresa a Barcelona y, ese mismo día, cita en su despacho al coronel y a Mikel. Les dice que quiere que instalen un dispositivo como el que le ha enseñado en Madrid Mario Conde y les explica su funcionamiento:

«Quiero micrófonos y cámaras de vídeo en mi despacho, en el salón de juntas y en la sala de espera. Con un panel de mando que lo controle Gemma. Lo quiero cuanto antes».

Los expertos le explican que un sistema de grabación sonora es fácil de instalar, pero que un circuito de vídeo les puede acarrear problemas. Finalmente acuerdan instalar micrófonos camuflados en los ladrones de la red eléctrica. A Gemma le colocan un receptor y a Bronchart, el secretario particular del conde, otro. Gemma, además, se hace cargo de la custodia de las cintas.

Una vez instalados los equipos, Mikel y el coronel, estando en el despacho de este último, se percatan de que sintonizando la misma frecuencia de los aparatos también pueden grabar desde allí todas las conversaciones.

«Quiero que se grabe hasta la respiración», ordena el coronel. Y así se hace. *Lobo* y su gente interfieren en paralelo todas las conversaciones en las reuniones de la sala de juntas y en el despacho de Godó. La frenética actividad empresarial del conde genera un número ingente de cintas que Rodríguez guarda en su despacho.[2] Los equipos microfónicos son adquiridos a la sociedad Proselec, muy conocida entre las agencias de detectives, por medio de otra empresa denominada Visena, con sede en Pamplona.

Por el despacho pasan el juez Pascual Estivill y altas personalidades de la vida política catalana. Sus voces quedan registradas por medio de los micrófonos. Todas ellas, menos una. El vicepresidente del Gobierno y diputado por Barcelona, Narcís Serra, visita al conde en su despacho. En la entrevista está presente el director de *La Vanguardia*, Juan Tapia. Como el CESID está informado por el propio coronel Rodríguez de los sistemas de registro, su dirección manda a unos agentes con los escoltas de Serra provistos de unos equipos distorsionadores.

Sin embargo, *Lobo* y su gente logran grabar el encuentro con unos micrófonos unidireccionales que descuelgan con un cable por el hueco de la chimenea del despacho del conde. En la entrevista Serra ofrece a Godó su ayuda y la del Gobierno siempre que pacte con Polanco y se distancie de Mario Conde.[3]

2. Confesión realizada por *Lobo* a los autores.

3. En contra de la versión oficial, las cintas nunca fueron destruidas y permanecen guardadas en una caja de seguridad.

En junio de 1992, un par de meses antes de que comiencen los Juegos Olímpicos, la Guardia Civil emprende una redada contra la dirección de Terra Lliure. Con los datos proporcionados por *Chema* y otros infiltrados, los agentes del Instituto Armado logran detener a siete de sus militantes, justo después de que coloquen tres artefactos explosivos en Barcelona y Girona, que son desactivados.

El 1 de julio, agentes antiterroristas de la Guardia Civil detienen a un ex concejal de Masnou. Otro de los detenidos, José María Granja, facilita una lista con los nombres de las personas que le habían ayudado en septiembre de 1990, cuando resultó herido mientras preparaba un atentado. Los agentes detienen a treinta y seis militantes de Terra Lliure.

El éxito policial es tan espectacular que el ministro del Interior asegura que Terra Lliure ha quedado desmantelada. Y no se equivoca. El juez Garzón ordena el ingreso en prisión de diecinueve de los treinta y seis detenidos. Entre ellos, está Jaume Oliveras, considerado el jefe del aparato de finanzas, y Josep Musté, el supuesto responsable del área de comandos.

Mikel se olvida de sus problemas personales y celebra el éxito con *Chema*, a quien rescata para otras tareas. *Lobo* está eufórico, pero anda rebotado con el ayuntamiento de Girona. El 14 de julio, el pleno del consistorio decide aprobar por unanimidad una moción en la que exigen la libertad de los independentistas detenidos que no tengan una relación orgánica con Terra Lliure.

«Estos concejales —comenta Mikel a *Chema*— no saben lo que piden. Si han sido detenidos es porque guardan relación con las acciones terroristas. Quién es el guapo que le dice a los dieciséis heridos de la bomba colocada en las oficinas del

INEM de Barcelona, en mayo, que los autores no son de Terra Lliure, sino independentistas.»

Mientras Mikel celebra el éxito de la acción antiterrorista de la Guardia Civil, la policía catalana le sigue sus pasos de cerca por las denuncias sobre pinchazos que hay contra él. Los inspectores saben que *Lobo* está metido en algo gordo y que es ilegal. Su plan consiste en cogerlo con las manos en la masa.

Por su parte, Mikel se obsesiona con la idea de que la policía de Barcelona va tras él porque la labor de infiltración de uno de sus colaboradores ha facilitado a la Guardia Civil una acción antiterrorista brillante, a espaldas de la policía catalana, que se entera por la prensa. La proximidad de los Juegos Olímpicos motiva que lluevan medallas y felicitaciones por doquier. Además, la operación supone el cese del comisario provincial de Barcelona, Mantecón. Pero Mikel se equivoca, los agentes barceloneses le siguen la pista porque él está pisando un terreno de arenas movedizas. Las escuchas ilegales son un clamor y los agentes pretenden poner fin a una intromisión en la intimidad de las personas.

Aunque lo cierto es que por esas fechas el enfrentamiento entre Emilio Alonso Manglano, director del CESID, y Rafael Vera, secretario de Estado para la Seguridad, primero con José Barrionuevo y luego con José Luis Corcuera, es *vox populi* en los mentideros políticos. Manglano y Vera son como dos gallos de pelea en un mismo corral. Andan muy alterados porque ambos aspiran a controlar los secretos del poder. Vera, además, tiene en los cajones de su mesa un proyecto sobre una comunidad de inteligencia que contempla la unificación de todos los servicios de información del Estado y, por tanto, la desaparición del CESID. Y, cómo no, el propio Vera se postula ante Felipe González como la persona idónea para mandar los servicios secretos españoles.

El 15 de julio, el coronel Rodríguez consigue por fin la baja del CESID y puede firmar el contrato con Godó, aunque ese dato ya es intranscendente porque lleva trabajando para *La Vanguardia* desde hace meses.

A mediados de 1992, el juez Carlos Bueren, titular del Juzgado Central de Instrucción número 1 de la Audiencia Nacional, coloca su punto de mira judicial sobre la trama de *Lobo*. Tiene su despacho a pocos metros del juez Garzón, que dirige la operación contra Terra Lliure, pero él no sigue a Mikel para felicitarlo, sino para meterlo entre rejas por pertenencia a una banda armada. La acusación es un tanto paradójica. Mientras *Lobo* colabora con un magistrado en la desarticulación de Terra Lliure, otro juez de la Audiencia Nacional abre unas diligencias contra él por un delito de terrorismo.

El comisario Alberto Elías, jefe de la Brigada Central de Información, pone encima de la mesa del despacho de Bueren un informe sobre la presunta intervención de la red de *Lobo* en una escalada de atentados con paquetes bomba contra empresarios y hombres de negocios. Para la Policía, la organización de Mikel es presuntamente la encargada de elaborar los informes privados sobre los movimientos de esos objetivos.

Entre las personas que han recibido paquetes bomba se hallan: el director de cine Luis Rodríguez Aller, la empresa Juan Dragado SA, los empresarios Antonio Díaz y Juan Antonio Pérez Herrero y el aristócrata Juan Goyeneche.

Semanas después, *Lobo* se entera por Gemma, la secretaria de Godó, de que el juez Bueren va tras él y su equipo. Mikel informa al CESID y sus superiores le contestan que no se preocupe. De hecho, *Lobo* no está preocupado porque cada vez intervienen menos telefónos. Pero para no facilitar la labor a la Policía, decide cambiar de oficina y se instala en el 241 de la calle Rocafort de Barcelona.

El comisario Elías también informa al juez Bueren de que el fiscal jefe de Cataluña, Carlos Jiménez Villarejo, y el juez Baltasar Garzón están siendo seguidos e investigados por la red de *Lobo*. Sin embargo, los datos aportados por el comisario son inexactos. No son detectives quienes investigan a Jiménez Villarejo y a Garzón, sino las propias Fuerzas de Seguridad del Estado. Y especialmente por sus investigaciones sobre los GAL y la *guerra sucia* desarrollada por los distintos gobiernos de Felipe González.

Con los datos aportados por el comisario Elías, Bueren inicia una investigación sobre las sociedades de Mikel, General de Consulting y Cine Broadcast.[4] Ordena intervenir los teléfonos de estas sociedades, así como los particulares de Mikel y de su socio Trujillo. Otros colaboradores de la red, Manuel María Sánchez y Juan Rodríguez González, son seguidos por los agentes de Elías. El juez también autoriza el pinchazo a un teléfono de Sánchez.

El equipo de Mikel se mueve en un terreno resbaladizo, al margen de la legalidad. Mientras sus hombres se dedican a

4. En febrero de 1993 sustituye esta sociedad por una nueva, denominada Cine Broadcast, inscrita en el registro mercantil en enero de 1992. Está domiciliada en la calle Gomis, 23, de Barcelona, y su administrador único es José Manuel Trujillo. Su actividad es: «Producción cinematográfica y de vídeo». A nombre de esa sociedad *Lobo* y Trujillo compran a una distribuidora los derechos de emisión para España de diez películas, que luego no consiguieron colocar en ninguna televisión.

pinchar teléfonos, la policía hace lo mismo con ellos, pero con autorización judicial. En junio de 1993 una de esas intervenciones telefónicas registra una conversación entre Mikel y su enlace en el CESID, el teniente coronel Julio Leal Pérez-Monedero, un alto cargo del espionaje y experto en lucha antiterrorista (de ahí su especial relación con *Lobo*). Ambos comentan las noticias aparecidas en la prensa catalana sobre espionaje a empresarios, pero no muestran ningún nerviosismo. Juegan la partida con las cartas marcadas y bajo el paraguas protector de Manglano.

—Cuando he leído el periódico he sentido un fuerte temor, pero después me he tranquilizado —comenta Julio Leal a *Lobo*.

—A nosotros no nos perjudica en absoluto ese asunto. Cada palo que aguante su vela —responde *Lobo*.

La larga sombra del CESID

Mikel anda confiado, pero se equivoca, ya que no advierte que en esta ocasión va a ser el propio *Lobo* el que reciba un fuerte zarpazo. Sobre todo, porque quienes están interviniendo el teléfono de sus oficinas son los agentes de la Comisaría General de Información con una orden de un juzgado central de la Audiencia Nacional de Madrid. Y al frente de todos ellos hay un juez meticuloso y trabajador, que no se dejará impresionar por los galones de los generales y coroneles del CESID.

Lo que desconoce Bueren es que *Lobo* sigue en activo para los servicios de información y que acaba de prestar un gran servicio a España. Gracias a su equipo de infiltrados en Terra Lliure, ha logrado desarticular al grupo más violento, meses antes de que en Montjuïc suenen las fanfarrias de la jornada inaugural de los Juegos Olímpicos de verano.

En esas intervenciones telefónicas de Bueren aparecen varias referencias al teniente coronel del CESID Julio Leal Pérez-Monedero. *Lemos*, como se le conoce en los servicios de información, es amigo del coronel Rodríguez y experto en terrorismo. Ésa es su coartada para explicar al juez del caso sus contactos con Mikel. Según el alto jefe del CESID, sus entrevistas con Mikel se deben a la protección que éste recibe del espionaje español porque, desde la *Operación Lobo*, es un objetivo de ETA.

Pero cuando Manglano se entera de que la Policía está investigando a sus chicos, solicita una entrevista con el entonces ministro del Interior, José Luis Corcuera. El ministro lo tranquiliza y se compromete a poner orden en la guerra entre servicios. Sin embargo, las actividades del grupo de Mikel están más próximas al Código Penal que a la guerra de espías.

Los colaboradores de Mikel concitan un interés inusitado entre las Fuerzas de Seguridad del Estado. La Guardia Civil no está al margen de las investigaciones. El 21 de julio de 1993, *Lobo* mantiene una conversación telefónica con el coronel Fernando Rodríguez.[5] Le informa de que el sargento Lafuente, de la policía judicial de la Guardia Civil, ha detenido a *Mariano*.[6] La mano derecha de Mikel es acusado de extorsionar a

5. La conversación, marcada en el sumario como la 23, fue registrada por la Policía, que tenía intervenido el teléfono de la sociedad Broadcast SL por orden del Juzgado Central de Instrucción número 1 de la Audiencia Nacional. El juez Carlos Bueren había abierto las diligencias previas 197/93.

6. Es el nombre de guerra de Manuel María Sánchez, hombre de confianza de *Lobo*. *Mariano* había sido agente del CESID hasta 1988 y había causado baja de la Guardia Civil en 1991. Mantenía unas excelentes relaciones con el grupo de la Guardia Civil denominado «los pata negra», formado por agentes de la talla de Gómez Nieto.

tres empresas textiles catalanas. *Mariano* y su cuñado habían descubierto que estas sociedades manejaban dinero negro en sus negocios y que no lo declaraban a Hacienda. Exigían una cantidad de dinero para no facilitar la información a la prensa y al fisco.

—*Lobo* (L): Aquí las movidas son un poco extrañas, macho.

—Rodríguez (R): Menos mal que lo arregló él.

—L: Pasa a disposición judicial.

—R: No significa nada.

—L: No, no, el juez lo soltará. Lo malo es que le calienten la cabeza.

—R: Los de allí son unos chafarderos porque, después de arreglar toda la leche y toda la historia... ahora resulta que la denuncia ya estaba en marcha.

—L: Sí, sí, claro. Exactamente.

—R: Entonces, ¿en qué ha consistido el arreglo?

—L: Pues no lo sé. En nada. Supongo que en arreglar eso para ellos.

—R: En quitarle al otro de en medio.

—L: Digo yo, porque si no, no lo entiendo.

—R: Bueno, a Julio[7] se le puede localizar. Si tuviera...

—L: Yo no tengo el teléfono..

—F: Si estuviera en casa... ¿Tienes el teléfono de casa?

—L: De él, no.

7. Se refiere a Julio Leal Pérez-Monedero, teniente coronel del CESID. La Guardia Civil descubrió después que Fernando Rodríguez y Julio Leal visitaron a la juez, Josefina del Niño Jesús García, titular del Juzgado de Instrucción número 16, responsable de la investigación. La intervención de Leal propició que Manuel María Sánchez no ingresara en prisión tras prestar declaración ante la juez.

—F: En mi casa sí lo tengo. ¡Cago en la leche! ¿Cómo se llama esto? Llama al jefe del servicio.

—L: Sí.

—F: Llamas allí y les dices que te pongan con el jefe de servicio.

—L: Sí, sí.

—F: Les dices si pueden localizar a don Julio y decirle que llame urgente a ...

—L: Voy a intentarlo.

—F: Claro, porque el único que en principio puede hacer algo..

—L: Es él.

—F: Tú a Julio le dijiste que si se arreglaba por las buenas... bien. Pero que podía ser peligroso si no se arreglaba por las buenas.

—L: Claro, chico. No entiendo nada...

—F: Sí, claro. Todos los papeles los tenéis vosotros, ¿no?

—L: Sí. Los tiene él.

—F: ¡Ah! Si quieren eso y empezamos a mover el rabo, también....

—L: No se trata de eso.

—F: O sea... Además, está detenido ahí, ¿no?

—L: Sí, sí. Detenido... Ha ido como compañero. Estaba hecho con todas las de la ley.

—F: Fíjate, la cantidad de hijos de puta que hay.

—L: Esto en el ramo de la sanidad y eso... no pasa, ¿eh?

—F: No. ¿Qué coño? Únicamente pasa con los nuestros. Valientes hijos de puta hay sueltos...

Al mismo tiempo que Bueren desarrolla sus investigaciones desde su despacho, en la primera planta del edificio de la

Audiencia Nacional, el juez de Barcelona Eduardo Navarro está convencido de que una mano negra pretende ocultarle algo gordo. La versión de que todo es obra de una banda de chorizos no se la traga nadie, y menos el magistrado. Conforme va avanzando en sus investigaciones, se percata de que el CESID ha dirigido desde la sede central en Madrid las actividades de la red mafiosa dedicada a realizar escuchas ilegales y a extorsionar a empresarios.

Al margen de las presunciones del juez, la Brigada Provincial de Información de la Policía en Barcelona lo corrobora todo por escrito. Es la unidad policial responsable de la investigación, que finalmente permite desmantelar la trama.

El documento, que el magistrado incorpora al sumario judicial, ha sido redactado por el comisario José Domingo Río,[8] jefe de la Brigada Provincial de Información. Río es un tipo duro, exigente y honesto, además de un buen sabueso policial. Domina su profesión y tiene mucha experiencia de los años que se curtió en el País Vasco en la lucha antiterrorista. En cuanto a su pasado se parece a *Lobo*, aunque no tiene el placer de conocerlo. Sólo lo ha visto en las fotos que le han hecho sus colaboradores en los seguimientos por las calles de la Ciudad Condal.

El informe del policía, que puede debilitar los mismísimos cimientos del Ministerio del Interior y del CESID, sostiene que el coronel Fernando Rodríguez González es el verdadero cerebro de la trama. El espía dirige las actividades

8. Río, un hombre de confianza de Agustín Linares, entonces subdirector de la Policía, ocupó después la jefatura de la Brigada Central de Estupefacientes y la de Extranjería, para acabar como experto en seguridad en el banco Central Hispano antes de que se fusionase con el Santander.

delictivas de la red mafiosa desde su despacho en la sede central de los servicios secretos, en la Cuesta de las Perdices de Madrid. Según el informe policial, el coronel maneja los hilos de la red de *Lobo* desde mucho antes de ser contratado por Godó, en la época en que ocupaba la jefatura de la División de Economía y Tecnología del CESID.

El informe policial abunda en detalles: «El citado Fernando Rodríguez González ha utilizado antes de trasladarse a esta ciudad como teléfono de contacto el 91-470-24-63, extensión 2637, correspondiente a su despacho oficial. Dicho teléfono figura a nombre del Centro Superior de Información de la Defensa, carretera de La Coruña s/n, en Madrid».

El comisario de la Brigada Provincial hace ver al juez la importancia del coronel del CESID: «A través de este teléfono Fernando Rodríguez se comunicaba únicamente con Miguel Ruiz Martínez, quien, a su vez, y cuando así se lo exigía aquél, se trasladaba a Madrid para entrevistarse personalmente con él».

Pero el comisario José Domingo Río se muestra aún más duro cuando asegura: «Actualmente, las actividades de las citadas personas continúan amparándose en la cobertura y seguridad que les da el propio CESID, representado en la persona de Fernando Rodríguez González, quien ya se encuentra instalado en un despacho del periódico *La Vanguardia*, no descartándose que dichas actividades se extiendan a otros campos de la vida nacional, tales como entidades bancarias, inmobiliarias y, por supuesto, otros medios de comunicación social».

El informe también afirma, como han podido verificar los detectives por las intervenciones telefónicas, que la red mantenía contactos con el teniente coronel Julio Leal Monedero, miembro del CESID en activo y uno de los mas estrechos colaboradores del director Alonso Manglano. «Julio Leal ha mantenido contactos telefónicos con Miguel Ruiz Martínez a través del teléfono 91-470-24-63, extensión 2614, correspondiente a su despacho oficial y ubicado en las dependencias del CESID.»

Sablazo a la cadena amiga Telecinco

Pero las investigaciones policiales no amedrentan a los hombres de Mikel. Ese mismo verano, aun sabiendo que les van pisando los talones, dos colaboradores de *Lobo*, Manuel María Sánchez y Vicente Abella Gallego,[9] descubren, tras intervenir el teléfono de Javier Gimeno de Priede en Antena 3 TV, la nueva política de fichajes televisivos de la entonces cadena de Antonio Asensio. Gimeno, que ocupa el cargo de director general, y que es señalado por Godó como un objetivo a investigar, comenta a un interlocutor que piensa arrebatar a Telecinco a sus mejores estrellas, entre ellas a Emilio Aragón. Aunque Antena 3 ha hecho saber en círculos financieros, su falsa intención de reducir sus presupuestos destinados a contrataciones.

Los colaboradores de *Lobo* disponen de las pruebas que demuestran que la versión oficial de la cadena es una patraña. Para ellos, esa información «vale una pasta» y tienen que sacarle un rendimiento económico. Manuel María Sánchez ad-

9. Era un guardia civil que colaboraba con el CESID, concretamente con Emilio Jambrina, conocido como *Don Emilio* y *Señor Pina*. Gallego había pertenecido durante un tiempo a la Agrupación Operativa de Misiones Especiales del CESID.

vierte que puede sacar una buena tajada si facilita las cintas a Telecinco, cadena que desconoce la *opa* hostil de Antena 3:

«Si nos presentamos en el despacho de Lazarov con esta información podemos sacarle un buen rendimiento. Al menos, amortizaremos las muchas horas que nos hemos pasado en vela».

Ése es el comentario que Manuel María Sánchez hace a *Lobo*, que se encuentra en Barcelona y no conoce puntualmente cómo se desarrolla la investigación a Gimeno. Mikel le pide que se encargue él personalmente de controlar el asunto.

Sánchez intenta ponerse en contacto con Valerio Lazarov, pero no lo consigue porque se encuentra fuera de España. Ante su insistencia, Juan Carlos López Cifuentes, representante de la ONCE en la cadena controlada por el italiano Silvio Berlusconi, decide mantener una cita con Manuel María Sánchez en un lugar próximo a su despacho, en Torre Picasso, donde Telecinco posee su sede central en la planta 36.

Los *ciegos* organizan un encuentro en el hotel Holliday Inn, a escasos metros de la torre, que está ubicada en el complejo Azca y es propiedad de las hermanas Koplowitz. Antes de nada quieren verificar el contenido de las cintas ofrecidas por Manuel María Sánchez y comprobar si son ciertas sus bravuconadas. A la cita asiste Alberto Durán, el abogado de la cadena de televisión. Durán, además de un buen letrado, es una especie de hombre orquesta dentro de la cadena: lo mismo redacta un contrato para Raffaella Carrá o las *Mamachicho* que organiza una operación en bolsa o negocia la organización del Festival de Benidorm con su alcalde, Eduardo Zaplana. *Lobo*, en cambio, no está presente. En ese primer encuentro no se llega a un acuerdo económico, ya que el colaborador de Mikel se descuelga con la cifra de veinticinco millones de pesetas, que los representantes de la cadena se niegan a abonar. La negociación, por consiguiente, se pospone para otro día.

Días después se celebra una nueva cita, esta vez en el campo de Telecinco. Sánchez visita los Estudios Roma, donde la cadena tiene sus estudios de grabación, en Fuencarral, frente a un cuartel de artillería. Telecinco ha contratado a un experto en seguridad, Manuel Cebada, propietario de la empresa Ininco, quien ha preparado en una habitación contigua a la de la reunión los equipos audiovisuales necesarios para grabar todo el encuentro y, sobre todo, la entrega del dinero. El precio finalmente acordado es de quince millones de pesetas. El propio Cebada, que se presenta acompañando a Cifuentes como asesor de la cadena, lleva el maletín con la cantidad acordada.

Manuel María Sánchez recoge el dinero en una bolsa de papel y entrega a cambio las cintas con las grabaciones hechas a Gimeno. Guarda el paquete debajo del brazo, como si se tratara de una bolsa con un bocadillo y pide que un coche de la cadena lo traslade a la Gran Vía de Madrid. El abogado Durán, que también está presente en la reunión y quiere que la cámara grabe a Sánchez contando el dinero, le espeta:

—¿No cuentas el dinero?

Manuel María Sánchez le contesta con tono pendenciero:

—No es necesario. Me fío de vosotros. No creo que me engañéis, por la cuenta que os trae.

Cebada, antes de que se despida, le recrimina:

—Éste es el primer y último pago. Espero no volver a verte, porque yo no me dedico a cazar *lobos*.

Manuel Sánchez capta la ironía del mensaje y contesta que

él es un hombre de palabra. Desaparece y Telecinco no vuelve a saber nunca más de él.

Cebada, tras verificar el contenido de las cintas grabadas a Gimeno, plantea a la cadena que también alguien ha podido hacer lo mismo con ellos. Realiza un barrido de las líneas telefónicas y busca micrófonos ocultos por los distintos despachos. Finalmente encuentra uno camuflado en un equipo de música que Lazarov había trasladado desde su despacho a una sala de reuniones, donde solía comer con su equipo directivo e invitados. El experto en seguridad localiza un segundo micrófono en el despacho del representante de la ONCE.

Tras el hallazgo, la dirección de Telecinco presenta una denuncia en el Juzgado de Guardia de Madrid, que se archiva por falta de pruebas. Principalmente porque la justicia se ve impotente para determinar la autoría de las escuchas y porque Telecinco no denuncia a Sánchez.[10] Esa denuncia implica reconocer el pago del dinero y la existencia de unas cintas comprometedoras para el supercapo de la cadena. En esa operación no ha existido ningún elemento delictivo. No se ha producido extorsión alguna. Sólo un intercambio de mercancías: cintas a cambio de dinero.

Las investigaciones abiertas por la Audiencia Nacional tampoco culminan. Las sospechas del comisario Alberto Elías sobre las actividades terroristas de *Lobo* con una red que se dedica a enviar paquetes bomba a hombres de negocios resultan infundadas. Después de varios meses de pesquisas, los policías no obtienen ninguna prueba que implique a Mikel en unos

10. Meses después, cuando estalla el escándalo de las escuchas de *La Vanguardia*, Cebada y Lazarov declararon como testigos en Barcelona en la causa abierta contra Mikel.

hechos que él había combatido desde su época del SECED. Por tanto, el magistrado Bueren decide archivar la causa y remitir las actuaciones al juez Eduardo Navarro, titular del Juzgado número 32 de Barcelona.[11]

Finalmente, el lunes 15 de noviembre de 1993 estalla el escándalo. La policía catalana, siguiendo órdenes del juez Navarro, detiene al coronel del CESID, a Mikel (Miguel Ruiz Martínez), a Manuel María Sánchez, a José Manuel Trujillo, a Juan Rodríguez González, empleado de la sociedad, a Miguel Izquierdo Guillén, jefe de seguridad de *La Vanguardia* y a Salvador Daroqui González, chófer y escolta personal de Godó. Todos ellos, según las primeras acusaciones judiciales, son imputados en la causa por su pertenencia a una red que se dedica a practicar escuchas telefónicas ilegales y extorsiones a empresarios. Más tarde, tras los interrogatorios, los agentes policiales se percatan de que el grupo trabaja por encargo de Godó. El juez decide también actuar contra el presidente de *La Vanguardia* y su secretaria.

A *Lobo* la detención no le coge por sorpresa. Desde una semana antes, Mikel viene sospechando que algo grave iba a ocurrir. Llega a sus oídos que el abogado Piqué, director general de *La Vanguardia*, ha encargado a un amigo suyo, propietario de una empresa de seguridad, que realice un simulacro de barrido en el despacho de Godó y Gemma para detectar micrófonos. El plan buscaba descubrir lo obvio, lo que todos sabían, y seguidamente presentar una denuncia contra Mikel y el coronel por pinchazos a *La Vanguardia*. *Lobo*

11. Durante la instrucción del sumario en Barcelona, el juez Navarro tampoco consideró probada la pertenencia de Mikel a una banda armada que mandaba paquetes bomba.

tiene la mosca detrás de la oreja y se lo comenta a un amigo periodista en una comida:

«Los hombres del conde me están preparando una encerrona. Saben que algo se está cociendo y van a desviar toda la atención hacia mí y mi gente. Tengo claro que, en Madrid, Narcís Serra y Manglano han decidido sacrificarnos a nosotros. Al final, seremos nosotros quienes hemos espiado a Godó».

La gran redada

Mikel no se equivoca. El 15 de noviembre, la policía lo detiene en su casa. Acuden veinte agentes de paisano, varios policías de uniforme y un camión de bomberos por si hay que derribar la puerta. La primera acusación es la de extorsión, que más tarde se convierte en la de interceptación de los teléfonos de *La Vanguardia*. Mikel, para defenderse de esos cargos, facilita a la policía una caja con las cintas que habían desechado el conde y su secretaria y que él había guardado en su casa. Es una prueba irrefutable de que él y su gente no actuaban por su cuenta.

En medio de la gran redada, la policía encuentra en el despacho del coronel un paquete de cintas magnetofónicas con más de cien horas de grabación. También interviene medio centenar de informes clasificados del CESID relacionados con la lucha antiterrorista.

Uno de los documentos corresponde a una copia de las diligencias de la policía francesa sobre la detención en Francia del etarra Jesús Arcauz, *Josu de Mondragón*. El documento está dentro de una carpeta en la que también se guardan la declaración policial del propio Arcauz y unas cartas recibidas por éste de su jefe en ETA, Francisco Mújica Garmendia, *Artapalo*.

Otro dossier corresponde a una exhaustiva investigación del CESID sobre el narcotráfico y las redes de la droga en España.

En un principio, *Lobo* cree que su paso por la comisaría va a ser fugaz y que sus jefes darán la cara por ellos, sobre todo teniendo en cuenta que también ha sido detenido el coronel. Se equivoca. Sus reflejos ya no son los mismos de los años de la infiltración en ETA. Finalmente permanece incomunicado casi nueve días y pasa dos meses y medio entre rejas, en la prisión de Quatre Camins. Ya es la tercera vez que entra en la cárcel, las dos anteriores fueron en el País Vasco.

Pero el trato recibido por Mikel de la policía no es malo. El que había comenzado su vida de espía, como subinspector de la policía, años después se ve sometido a un interrogatorio por sus hermanos de cuerpo.

En un primer momento, tanto Mikel como el coronel son conducidos a las instalaciones de la Jefatura Superior, en la Vía Layetana. Al coronel lo mantienen en un despacho cerrado y a Mikel en una especie de celdilla donde están situados los policías que vigilan los calabozos. El resto de los miembros del grupo pasa a los calabozos. *Lobo* permanece todo el tiempo recluido en ese habitáculo sin pisar en ningún momento los calabozos. Los policías lo tratan bien y no tiene ninguna queja. Además, jamás a nadie se le ocurre colocarle las esposas.

La primera noche, a las dos de la madrugada, lo llama el comisario Río a su despacho. Hasta ese momento Mikel no ha sido interrogado y espera que lo frían a preguntas. Sin embargo, se encuentra ante una situación inesperada para él. Río, que es un viejo zorro, pretende minar la moral de *Lobo*:

«Mira, el tiempo que estés o no aquí depende de ti. Depende de tu colaboración. Como ves, tu gente te ha dejado solo y te va a caer un paquete de la leche. Te vas a comer todas las bombas y las muertes de los GAL. Si crees que vas a seguir viviendo de glorias pasadas, estás equivocado. Esto es muy serio».

Mikel se mantiene en silencio y le contesta que no piensa decir nada hasta que hable con su abogado. No intenta eludir las acusaciones sobre el envío de paquetes bomba a empresarios españoles ni los atentados de los GAL. Sabe que ese globo acabará pinchándose y que su única responsabilidad es la de intervenir teléfonos y espiar a colaboradores de Godó.

Una vez pasado el período de incomunicación, *Lobo* y el coronel son colocados en una misma celda de la cárcel de Quatre Camins. Más que una celda se trata de una sala especial. Ambos reciben un buen trato y disfrutan de buena comida, calefacción y un decodificador de Canal Plus. Junto a ellos comparten módulo cuatro policías detenidos por distintos delitos: narcotráfico, robo, atracos y falsificaciones.

La comida es servida por un muchacho que ha matado a su novia tras un ataque de cuernos y después la descuartizó para no dejar rastro. Había huido a Francia, pero se arrepintió y se entregó a la Guardia Civil. Lleva en prisión seis o siete años.

Con el coronel y *Lobo* en la cárcel, el escándalo salpica a los servicios de información, pero la dirección del CESID sigue negándolo todo. En su defensa dan la cara dos altas personalidades del Gobierno socialista, que niegan cualquier implicación de la institución en el caso Godó. El 9 de diciembre, el ministro de Defensa, Julián García Vargas, afirma en el Congreso de los Diputados que «ni el CESID ni ninguno de sus miembros tienen implicación en la trama de escuchas ilegales y extorsión que está siendo investigada».

Unos días más tarde, también en el Congreso, el vicepresidente Narcís Serra afirma: «Cualquier intento de relacionar al Gobierno con estas actividades ilegales está condenado al fracaso, porque tales imputaciones son absolutamente falsas».[12]

Por todo ello, 1993 es un año negro, de nefasto recuerdo, para Mikel. Unas veces por sus propios errores, otras por la persecución a la que lo ha sometido ETA desde su infiltración en 1974. La banda terrorista ha puesto precio a su cabeza y, aun habiendo transcurrido dieciocho años de su delación, sigue a la caza de *Lobo*. Mikel vive bajo la gran presión del caso de las escuchas y, al mismo tiempo, sigue bajo el punto de mira de ETA. Unos supuestos reporteros del diario *Egin* localizan su vivienda en Barcelona, en el número 10 de la calle Juan Oliver. Sacan fotografías del inmueble y del lugar de trabajo de Mikel, y hacen preguntas a los vecinos sobre su persona.

Gracias a esos mismos vecinos, que le informan de las preguntas de los reporteros de *Egin*, Mikel evita el secuestro de sus dos hijos cuando éstos regresaban del colegio. Este incidente provoca la salida precipitada de Barcelona de los hijos de Mikel. Son trasladados a Zamora, al domicilio del hermano de *Mamen*, que es agente de policía en la ciudad castellanoleonesa. *Lobo* vive entre Madrid y Barcelona, a la espera de que el juez concluya la instrucción del sumario y fije fecha para el juicio.

12. Después no sólo se pudo demostrar la implicación del CESID en el caso Godó, sino que los autores del libro lograron documentos del CESID en los que se demostraban que los servicios de información españoles durante años espiaron al Rey, empresarios, políticos, financieros y periodistas, entre otros.

Por fin, en septiembre de 1994, el juez Eduardo Navarro da por concluida la instrucción de la causa y dicta un auto en el que razona la posible comisión de cinco delitos por parte de los acusados. El auto judicial es indeterminado, ya que no los relaciona con cada uno de los dieciséis encausados. Los delitos señalados por el magistrado son de «amenazas condicionales, revelación de secretos, tenencia ilícita de armas, infidelidad en la custodia de documentos y falsedad en documentos de identidad».

Cuatro meses después, en febrero de 1995, el teniente fiscal de Barcelona y fiscal del caso, José Luis Mena, emite su escrito de calificación, poniendo los nombres y apellidos en cada una de las presuntas implicaciones. El fiscal acusa a Godó de ordenar la creación de una red de escuchas ilegales y de falsificar un documento mercantil para ocultar su objetivo. Ese documento se refiere al supuesto soporte societario del coronel Rodríguez, montado para cobrar la nómina por sus servicios y los de *Lobo*. La empresa Aquarius sirve de tapadera para eludir las investigaciones sobre la trama económica del caso.

Pero resulta curioso que durante la instrucción de la causa nunca preste declaración el administrador único de la sociedad fantasma Aquarius. Es el ciudadano español Agustín Girón Domingo. Aun siendo un personaje clave para esclarecer la trama financiera del coronel del CESID, tampoco se le cita para el juicio. Todo indica que Girón es un colaborador del CESID en su estructura de empresa pantalla.[13]

El fiscal Mena no tiene dudas de que Godó está implicado en la trama y pide para él una pena de cinco años de cárcel por

13. Girón Domingo, nacido en San Clemente (Cuenca) en 1954, fue nombrado administrador único de Aquarius en 1993 con el nombre de Girón de Velasco, y con residencia en la ciudad venezolana de Barquisimeto.

el delito de falsedad, dieciocho meses de arresto por las escuchas y una multa de quinientas mil pesetas. A su secretaria, Gemma Guillén, la acusa de los mismos delitos que a su jefe. Según las declaraciones de los encausados, Gemma era la supuesta encargada de accionar el botón de las grabadoras y de retirar las cintas.

El escrito del fiscal Mena, un profesional con gran autoridad en el mundo de la judicatura catalana,[14] pretende poner un poco de orden en el caso de las escuchas y aclarar cuál es el grado de participación de cada uno de los procesados. Según el relato del fiscal, Godó contrató a Miguel Ruiz, *Lobo*, para que investigara a sus enemigos en sus actividades empresariales. Mikel y sus colaboradores comenzaron a interceptar líneas telefónicas y a grabar las conversaciones de las personas que el conde ordenaba. Para Mena, Godó conocía el contenido de las cintas, «sabiendo que había sido obtenido sin consentimiento de las personas afectadas».

El editor de *La Vanguardia* niega esas acusaciones cuando declara ante el juzgado. Godó llega aún más lejos y se queja de que la verdadera víctima de las escuchas ilegales es él. Ésa fue siempre la gran incógnita del proceso y nunca quedó aclarada, ni durante la instrucción ni durante la vista oral.

El fiscal Mena, que demuestra un gran conocimiento de la trastienda del caso y no es una persona que doble la cerviz ante el poder, no deja títere con cabeza. En sus críticas, se muestra especialmente contundente con el director del CESID, Emilio Alonso Manglano. Para el ministerio público,

14. Él y Jiménez Villarejo habían acusado a Jordi Pujol de estar implicado en el escándalo financiero de Banca Catalana, pero el caso fue archivado en medio de una gran polémica.

el director del CESID es el responsable de haber puesto en contacto a Godó con uno de sus agentes, el coronel Fernando Rodríguez González. Al parecer, el conde, con la participación de Narcís Serra como introductor de embajadores, expuso a Manglano «su desasosiego y preocupaciones por causas que no constan».

Según Mena, el conde ocultó el verdadero objeto del contrato con el coronel Rodríguez y *Lobo* e incluso la verdadera identidad del topo. Para ello, cambió un primer contrato entre TISA y *La Vanguardia* por otro con Distribución Domiciliaria SA, completamente dependiente de la misma empresa. Después, para disimular el objetivo del contrato utilizó la sociedad Aquarius Internacional SRL con sede en Roma. Esta firma ficticia es la que emite facturas por servicios biográficos de personalidades italianas que nunca se elaboraron.

Aquarius Internacional, según las investigaciones, emitió y cobró facturas por un total de 27.600.000 pesetas, con cheques a nombre de Gabriel García Sánchez, la falsa identidad que el CESID había proporcionado a *Lobo* por vivir bajo la persistente amenaza de ETA. La falsedad en el DNI de Mikel sirve al fiscal de agravante para aumentarle la pena con cinco meses más de arresto mayor. En total, *Lobo* se enfrenta a una condena de siete años y cuatro meses de prisión.

El fiscal pide la mayor condena para el ex coronel del CESID, Fernando Rodríguez González: trece años de prisión.

En resumen las peticiones fiscales son:

Javier Godó, presidente y editor del diario *La Vanguardia*, cinco años de prisión por delito continuado de falsedad de documento y dieciocho meses de arresto mayor por descubrimiento de secretos.

Gemma Guillén, secretaria de Godó, acusada de los mismos delitos que su jefe.

Miguel Ruiz Martínez, *Lobo*, cinco años por falsedad y dos años y cuatro meses por descubrimiento y revelación de secretos y falsedad de DNI.

Fernando Rodríguez González, coronel del CESID, siete años de inhabilitación por ser funcionario público que trabaja de forma privada en el mismo ámbito de su retribución oficial, más cinco años de prisión por falsedad en documento mercantil y otros nueve por infidelidad en la custodia de documentos y descubrimiento y revelación de secretos.

Manuel María Sánchez, ex guardia civil y ex miembro del CESID, dos años y ocho meses por descubrimiento y revelación de secretos.

José Manuel Trujillo, empleado de Mikel, dos años de prisión por escuchas.

Lucio García Mochales, expulsado de Telefónica, cuatro años y seis meses por escuchas.

Miguel Luis Izquierdo Guillén, jefe de seguridad de *La Vanguardia*, tres meses por escuchas.

Juan Rodríguez, empleado de la empresa de Consulting perteneciente a *Lobo*, cuatro meses por escuchas y cohecho.

Manuel Eyre Lorenzo, amigo de Trujillo, nueve años por descubrimiento de secretos.

Salvador Daroqui, chófer de Godó, cinco meses por escuchas.

Jordi López Angulo, policía municipal, un mes y un día por cohecho.

Juan Gracia Navarro, un año por tenencia ilícita de armas.

José Chavarría, un año por tenencia ilícita de armas.

Juan Moyano Linares, relacionado con el robo de documentos contables de una empresa para chantaje, tres meses por descubrimiento de secretos.

Jorge Juan Trujillo Campos, trabajador de Telefónica, dos años por encubrimiento de secretos.

En marzo de 1995 el caso de las escuchas comienza a tocar fondo. El día 15, el juez decreta la apertura de juicio oral contra los dieciséis implicados en la red de escuchas descubierta en Barcelona y mantiene la inculpación de presunta falsedad en documento mercantil contra el editor de *La Vanguardia*, Javier Godó.

Lobo echa una mano a Godó

En noviembre de 1995 en la Sección Sexta de la Audiencia de Barcelona da comienzo el juicio en medio de una gran expectación y de grandes presiones. El CESID consigue ganarle la partida al juez Navarro y logra que no declaren algunos de sus directivos. Además, los documentos catalogados como clasificados han sido guardados por el juez en un sobre lacrado y han quedado fuera del proceso.

Los abogados de Godó, entretanto, promueven un acuerdo con el resto de los procesados para que el conde no se siente en el banquillo. Los abogados del presidente de *La Vanguardia*, Jufresa y Martell, han perseguido ese pacto con José María Fuster y Fabra, el letrado de Mikel, pero *Lobo* se opone.

Mikel se resiste a un acuerdo desde el primer día, pero cuando llega la fecha señalada, ante la sorpresa de todos, se echa atrás. La decisión la adopta minutos antes de su declaración durante la vista oral. Por motivos de seguridad, Mikel tiene la costumbre de permanecer sentado en el banquillo cada vez que el presidente interrumpe la vista para dar un descanso y los asistentes salen de la zona del estrado. En uno de esos paréntesis, con la sala de audiencias vacía, Godó se acerca a *Lobo* y le ruega que le salve del proceso. Le dice: «Soy una persona agradecida y no le faltará de nada en lo que le queda de vida».

Mikel no tiene tiempo de hablar con sus colaboradores, que están sentados junto a él en el banquillo de los acusados, pero como intuye que el fiscal va a empezar el interrogatorio por él, decide marcar la pauta cuando le llegue el turno. Sabe que los demás apoyarán su versión miméticamente. Y así sucede.

Cuando el fiscal Mena le pregunta por el grado de implicación de Godó, Mikel responde: «El conde no tiene nada que ver con este asunto. Tampoco su secretaria».

Un murmullo de fondo impide que se escuchen las últimas frases de Mikel, que repite: «El conde y su secretaria no tienen nada que ver».

En la sala todo el mundo deduce que *Lobo* está tocado: por dinero o por presiones de sus jefes de los servicios de información. Mikel, que sigue sometido a la disciplina del CESID y no tiene libertad para hacer lo que le pide el cuerpo, se retracta de todo lo declarado en la fase de instrucción. Niega haber realizado intervenciones telefónicas ilegales y exculpa a Godó de cualquier participación. ¿Y cómo justifica esa pirueta de doble salto mortal?

Afirma que cuando realizó su comparecencia ante el juzgado de instrucción fue «totalmente coaccionado por el comisario Río». Un dardo envenenado contra la profesionalidad del comisario, versión que nadie cree y que al propio Mikel le cuesta enhebrar. Porque nadie imagina que *Lobo*, capaz de superar a *Argala*, *Wilson*, *Ezkerra* y *Pertur* en una lucha psicológica cuerpo a cuerpo, ahora se deje coaccionar por la policía catalana. Además, en esas fechas Mikel contaba con apoyo del CESID y de la Guardia Civil, que le daban protección por una serie de reportajes publicada en *Egin*.

Según la declaración de *Lobo*, las supuestas coacciones tenían como objetivo organizar «un complot» contra el CESID: «Me dijeron que incriminara a Manglano, Julio Leal y al CESID en general». Por todo ello, según *Lobo*, los agentes policiales responsables de su detención le insistieron sobre «unas cintas del vicepresidente del Gobierno, que debían aparecer», ya que de lo contrario le «meterían cincuenta años» de cárcel.

Mikel, en el proceso Miguel Ruiz, insiste durante su declaración en su condición de agente que se infiltró en ETA, justificando así sus cambios de identidad. Cuenta que en la comisaría de Pamplona le facilitaron un DNI con el nombre de Gabriel Sánchez por orden del Ministerio del Interior para protegerle de las amenazas de ETA.

Sobre su verdadera identidad, ante la insistencia del fiscal Mena, Mikel le contesta que sigue estando amenazado por ETA y que ni él sabe quién es. El fiscal le espeta: «Quien no lo sabe soy yo».

Lobo no miente a Mena. Vive bajo el punto de mira de la banda terrorista, que le sigue el rastro muy de cerca. La policía tiene los documentos que lo prueban. Los expertos antiterroristas encuentran entre los papeles del etarra Pedro Pikabea, detenido en Francia, una serie de documentos en la que aparece la figura de *Lobo*. Muchos de los datos están recogidos en una carta que le envía Carlos Almorza, *Pedrito de Andoain*, desde la prisión francesa de Fleury.

El etarra había coincidido en prisión con Javier Abasolo Fernández,[15] que había sido detenido por la policía francesa por una supuesta estafa en la que estaban implicados dirigentes socialistas. Uno de ellos, Juan Huguet, que también permanecía en una cárcel francesa, había mantenido relaciones en Barcelona con *Lobo*. Almorza destaca los antecedentes de Mikel y recuerda que es uno de los personajes más buscados por ETA.

Se daba la circunstancia de que Almorza había recibido en la cárcel información de periodistas de *Egin*[16] sobre *Lobo* y los escándalos financieros de los socialistas vascos. Según las investigaciones judiciales, la banda terrorista disponía de un *talde*[17] de información dentro del diario de Hernani, como más tarde pudieron demostrar los jueces de la Audiencia Nacional.

Tras la declaración de *Lobo* en la vista oral, al fiscal jefe de Barcelona, José María Mena, no le queda más remedio que retirar la acusación contra el editor del diario *La Vanguardia* y contra su secretaria. Antes, Mena explica que «la fiscalía se ha quedado desprovista de la prueba acusatoria, por lo que carece de indicios objetivos para mantener la imputación».

15. Todos estos datos fueron corroborados por los autores en varias entrevistas mantenidas por éstos con el propio Abasolo.

16. En aquellas fechas, el redactor jefe de ese diario, José Rey, estaba en prisión por colaboración con banda armada, según las investigaciones del magistrado Carlos Bueren.

17. En vasco, grupo perteneciente a un comando de ETA.

Javier Godó aprovecha la retirada de la acusación para insistir en su inocencia: «Todo ha sido un globo que se ha hinchado en un juicio paralelo y que, gracias a Dios, el globo se ha deshinchado».

El editor de *La Vanguardia*, al margen de las muchísimas evidencias, sigue blanqueando su imagen: «Tanto a mi persona, como a mi secretaria y a la institución de *La Vanguardia*, se nos ha puesto en medio de un huracán por distintas fuerzas, distintos intereses. Hemos estado luchando entre ellos».

Godó, no contento con sus explicaciones, emite una nota de prensa: «Mi actuación ha ido siempre dirigida a consolidar *La Vanguardia* como un diario independiente, objetivo e influyente. Estas imputaciones me han hecho daño a mí y mis colaboradores. Hoy es un día de satisfacción porque la retirada de la acusación por parte del fiscal me permitirá continuar con mi trabajo con normalidad y con el entusiasmo de siempre. Quiero manifestar también mi confianza en la sentencia que debe pronunciar la Sección Sexta de la Audiencia de Barcelona y mi profundo respeto por la justicia».

Todos los acusados, al igual que Mikel y como él había previsto, cuando les llega el turno se retractan de sus primeras declaraciones inculpatorias realizadas durante la instrucción del sumario. Insisten en la tesis común de que lo habían hecho bajo presiones de la Policía. El tribunal no considera «satisfactorias» las explicaciones de los acusados durante el juicio y cuando dicta sentencia «llega a la convicción» de que habían participado en las escuchas ilegales.

El 2 de diciembre, Mikel y el resto de los acusados se encuentran con una larga nota en *La Vanguardia*, en la que el diario catalán explica su posición acerca del caso:

Han pasado dos largos años desde que se produjo un hecho que causó un notable impacto en la opinión pública y también en esta casa. Se trataba de la desarticulación y detención de una trama de escuchas ilegales que actuaba en Barcelona. Esas detenciones derivaron en culpabilizar directamente a la persona de Javier Godó e indirectamente a *La Vanguardia*. La tácita acusación de haber actuado al margen de la ley ha significado durante estos años un importante perjuicio moral en la labor empresarial de sacar cada día a la calle este periódico. No obstante, a lo largo de este tiempo, hemos venido informando con prudencia y también con detalle de los diferentes avatares por los que pasaba este desdichado caso. Finalmente, dos años después de aquellas detenciones, dio comienzo a principios de esta semana el juicio oral. Y ayer, al cabo de cuatro días, la Fiscalía, encarnada en el teniente fiscal de la Audiencia de Barcelona, José María Mena, decidió retirar todas las acusaciones de falsedad en documento mercantil y de escuchas ilegales que afectaban al editor de *La Vanguardia*, Javier Godó, y a su secretaria personal, Gemma Guillén.

En estos momentos el caso no ha terminado, antes bien continúa pendiente de la sentencia que ha de dictar la sección sexta de la Audiencia de Barcelona, una sentencia que en cualquier circunstancia respetaremos. Pero ahora es cuando la prudencia no sólo no nos obliga ya a mantener la discreción propia del caso, sino que es precisamente esa misma prudencia la que nos exige opinar sobre el verdadero asunto de fondo y comunicar a nuestros lectores aquello que creemos ha sucedido.

Hace unos cuantos años, en el marco de la creciente competencia entre los medios de comunicación, provocada en parte por la irrupción de las televisiones privadas y en parte por la consolidación democrática del país, *La Vanguardia* participó en la promoción de una cadena de televisión (Antena 3 TV) tras haber impulsado a su vez una cadena de radio (Antena 3 de Radio). Ello obligaba a llegar a acuerdos con grupos financieros de primera magnitud. Es en este marco cuando el presidente-editor de *La Vanguardia* estableció unas posibilidades de colaboración con el entonces presidente de Banesto, Mario Conde, una colaboración que no llegó a cuajar por la pretensión del propio Mario Conde, a la sazón apoyado por los entonces altos ejecutivos de Antena 3 Televisión y Antena 3 de Radio, de que Banesto entrara a formar parte del accionariado de *La Vanguardia*.

Esa posible entrada de Banesto en *La Vanguardia*, tras una profunda reflexión, fue considerada inconveniente tanto por la propiedad como por la dirección y la redacción de este rotativo. Es entonces cuando se produjo una salida traumática del Grupo Godó del accionariado de Antena 3 Televisión. Coincidieron estos hechos de alcance empresarial, y otros que sería largo enumerar, con otros de mayor gravedad: en los momentos previos a los Juegos Olímpicos de Barcelona se recibieron serias amenazas de origen terrorista que afectaban a la integridad personal del presidente-editor de *La Vanguardia*. Es por ello que se consideró la oportunidad de reforzar los servicios de seguridad del periódico. Para ello se procedió a contratar a personas de experiencia, alguna de las cuales procedía de los servicios de información del Estado, concretamente el ya famoso CESID.

Lo que entonces no se podía ni mucho menos imaginar es que el personal de seguridad, contratado precisamente entre las filas de los servidores del Estado, podía actuar —tal como se desprende de la acusación del fiscal— sobrepasando los límites estrictos de la ley. Tampoco era imaginable que la presencia de este equipo de seguridad de *La Vanguardia* fuera utilizado por un sector de la policía para hacer recaer en él todas las sospechas sobre escuchas ilegales. Recordemos que en aquellos momentos existía en Cataluña una gran inquietud por la práctica de este tipo de espionaje de encargo de la que fueron víctimas acreditadas entre otros el entonces fiscal jefe de la Audiencia de Barcelona, Carlos Jiménez Villarejo, el dirigente de Iniciativa per Catalunya, Rafael Ribó o el directivo de TVE Enric Sopena.

La realidad es que, en nuestra opinión, las escuchas ilegales que se realizaron en aquellos años en Barcelona no eran obra del equipo de seguridad de *La Vanguardia*. Antes bien: su culpabilización obedecía al intento de un sector de la policía de exonerar a otros presuntos autores de escuchas ilegales, algunos de los cuales por cierto se encuentran hoy procesados en el sumario de los GAL. Toda la maniobra obedeció también al intento de un sector de la policía de desacreditar la actuación del CESID para lograr de esta manera el relevo de su director, el teniente general Emilio Alonso Manglano. Sea como fuere, la lucha entre dos cuerpos de seguridad del Estado —Cuerpo Nacional de Policía y CESID—, el intento de sectores policiales de proteger a antiguos policías que habían constituido empresas de seguridad vinculadas a financieros privados y, finalmente, la guerra abierta entre distintos medios de comunicación y sus financiadores, provocaron un escándalo del que *La Vanguardia* ha sido víctima.

Durante este tiempo el editor de este diario no ha permitido que su peripecia personal afectara al rumbo y a la trayectoria de esta Casa y se ha erigido en el más firme bastión para que *La*

Vanguardia mantuviera su línea de objetividad y pluralidad. Los lectores han sabido comprender, cosa que agradecemos, que por encima de los escándalos superficiales *La Vanguardia* continuará con su trayectoria de siempre. Ni los juicios paralelos de algunos diarios y algunas cadenas radiofónicas auspiciados por los grupos que les sustentan han conseguido apartarnos de nuestra línea. Afortunadamente la justicia, aunque con lentitud, funciona. En el desarrollo del juicio oral, la Fiscalía ha mantenido una actitud rigurosa que la ha llevado, tras multitud de pruebas testificales y periciales, a retirar las acusaciones contra Javier Godó y su secretaria. No ha habido nunca un caso Godó, sino un conflicto entre poderes policiales y económicos.

Confiamos plenamente en la sentencia final del caso. Pero conviene que los lectores sepan que, sean cuales fueren los acontecimientos futuros, *La Vanguardia* se mantendrá fiel a su línea editorial de objetividad, rigor e independencia al servicio de una sociedad plural que, pese a todo, es cada día más europea.

Más que condena, correctivo

El 2 de diciembre, la Sección Sexta —una sala compuesta por los magistrados Antonio Perea, presidente, María José Feliu, ponente, y Francisco Herrando— está preparada para escuchar las conclusiones finales. El fiscal Mena aprovecha su turno para rechazar las acusaciones de Mikel de que la Policía le había coaccionado para obtener su declaración inculpatoria. «¿Creen que a Ruiz le intimida que le digan que le aplicarán la ley antiterrorista?», expone Mena con ironía. El caso queda visto para sentencia.

El 16 de enero de 1996 se hace pública la sentencia y llega a la opinión pública sin sorpresas. El tribunal condena a penas mínimas a los dos principales implicados en el caso de las escuchas telefónicas. A Mikel, considerado el máximo responsable del grupo que perpetró las escuchas ilegales, le caen siete penas de un mes de prisión por otros tantos delitos de descubrimiento del secreto de las comunicaciones. Pero no se ve obligado a ingresar en prisión.

Fernando Rodríguez González, *Romeo*, es condenado a una pena de seis meses de prisión por un delito de infidelidad en la custodia de documentos. El tribunal recuerda que la Policía encontró en el despacho que ocupaba el coronel en las dependencias de *La Vanguardia* quince documentos del CESID clasificados como secretos y confidenciales.[18] Al igual que *Lobo*, tampoco ingresa en prisión, al tratarse de penas inferiores a un año y carecer de antecedentes penales.

El editor de *La Vanguardia*, al margen de las muchísimas evidencias, sigue blanqueando su imagen ante la opinión pública y los poderes fácticos catalanes: «Tanto a mi persona, como a mi secretaria y a la institución de *La Vanguardia*, se nos ha puesto en medio de un huracán por distintas fuerzas, distintos intereses. Hemos estado luchando entre ellos».

Mikel lee su condena con escepticismo: «Tantas alforjas para este viaje». Como siempre predomina la razón de Estado. En la extensa sentencia de 55 folios, el tribunal considera probado que Mikel y seis acusados más, algunos de ellos componentes del equipo de seguridad de *La Vanguardia*, realizaron

18. Por esa misma acusación el coronel Juan Alberto Perote fue perseguido por el CESID y sentado en el banquillo por un tribunal militar.

ocho intervenciones telefónicas ilegales a empresarios y directivos del diario.

La sentencia también considera probado que el editor del rotativo catalán encargó a *Lobo*, como componente de su servicio de seguridad, que obtuviera informaciones de las actividades personales y profesionales «de personas que Javier Godó consideraba antagonistas en sus actividades empresariales».

El texto de la sentencia deja sin dilucidar quién ordenó las escuchas a las personas que Godó ordenó investigar. «Sin que conste acreditado —dice— que Javier Godó y Gemma Guillén tuvieran conocimiento de ello para obtener más información, Miguel Ruiz y José Manuel Trujillo ordenaron la interceptación [...] de algunas líneas telefónicas.»

Llama también la atención del tribunal sentenciador el hecho de que los empleados de seguridad de *La Vanguardia* dependientes de *Lobo*, que desde 1991 venían cobrando a través de la sociedad General de Consulting SA, en un determinado momento pasen a hacerlo a través de la sociedad italiana Aquarius, «representada —dice la sentencia—, al menos en el cobro, por Gabriel Sánchez García, una de las identidades de seguridad facilitadas por la Dirección General de la Policía a *Lobo*».

«Parece sorprendente —afirma el tribunal— que se abonen cantidades tan importantes de dinero [...] sin que el que las abona (TISA, sociedad editora de *La Vanguardia*) conozca el verdadero destinatario de las mismas.»

La sentencia del caso Godó arroja también una crítica velada a la actuación de la Brigada de Información de la Policía. Si bien reconoce la oportunidad de la Policía a la hora de solicitar al juez la intervención de los teléfonos de varios de los acusados, en cambio recrimina que en el momento de aportar al juzgado las grabaciones, éstas sean «copias evidentemente manipuladas, de las que resultan claras diferencias entre las transcripciones y las cintas».

También constata el tribunal que aparecieron transcritas «conversaciones que no constan en las grabaciones», y que otras ininteligibles «aparecen transcritas».

El resultado final del caso Godó, tras dos años de escándalo, queda descafeinado. Nada tiene que ver con el traje que había confeccionado la policía de Madrid y Barcelona. De los quince procesados por la red de escuchas ilegales, tan sólo diez son condenados a penas que oscilan entre el mes y los seis meses de arresto, y ninguno de ellos ingresa en prisión.

Tras la vista oral y la sentencia, Mikel queda tocado. Él y su familia difícilmente pueden seguir viviendo en su domicilio de San Cugat. Están marcados por los vecinos como por los comandos de ETA. Un amigo de Mikel, llamado Josep, sale en su ayuda y le deja una vivienda que posee en la costa catalana, en el pueblo de Llafranc.

Lobo, una vez más, se ve obligado a emprender una nueva vida. Sigue siendo agente del CESID y cuenta con todo su apoyo. En esa época disfruta de la protección de unos guardias civiles que están bajo las órdenes del teniente coronel Faustino Pellicer, a quien *Lobo* le había facilitado la operación Terra Lliure.

Hasta agosto de 1996, *Lobo* vive en tres distintas guaridas: el chalet de la costa catalana, su casa de San Cugat —en donde se aloja algunos días de forma clandestina, con las luces apagadas—, y Zamora, adonde sus hijos tuvieron que huir tras las amenazas de ETA.

Mikel hace vida de hurón. Ya no es un topo infiltrado en

las entrañas de ETA, sino un animal acorralado que se esconde en la oscuridad y debajo de la tierra.

En agosto de 1996 la dirección del CESID está en manos del Partido Popular, que ha ganado las elecciones y ha colocado a José María Aznar en La Moncloa de presidente del Gobierno. El ejecutivo conservador designa al frente de los servicios secretos al teniente general Javier Calderón, un militar que había tenido una actitud poco clara durante el intento de golpe de Estado del coronel Antonio Tejero, el 23 de febrero de 1981.

Lobo se siente eufórico porque piensa que con la llegada de los suyos (el PP) su vida puede dar un giro espectacular. Además, hasta la posición de los astros está a su favor. Conoce con cierta soltura a Javier Arenas y a Álvarez Cascos y el viejo señor Colodrón, como conocen en el servicio a Calderón, es como un «tercer padre». El «segundo» siempre será Andrés Cassinello.

Sin embargo, la entrada de Calderón, a quien le persigue el estigma del 23-F, provoca la expulsión de todos los colaboradores de Manglano y de quienes pueden recordarle su oscuro pasado en el Centro. Salen Santiago Bastos y Julio Leal, los dos altos mandos con los que *Lobo* había trabajado más estrechamente en la lucha antiterrorista. Por tanto, Mikel queda solo y olvidado de la nueva dirección.

El malestar de Mikel hacia sus superiores aumenta cuando Calderón le juega una mala pasada. La casa alquilada donde vive Mikel, en las afueras de Madrid, sale a subasta y tiene la oportunidad de comprarla a bajo precio. La operación Godó le ha dejado sin blanca, por lo que pide un anticipo al CESID. Supera el visto bueno de la gerencia del Centro, pero cuando la operación llega a oídos del director, este boicotea el préstamo. Mikel no sólo no puede comprar la casa, sino que se ve obligado a abandonarla porque se presenta un nuevo propietario.

Lobo intenta hablar con Javier Arenas y Álvarez Cascos, pero los altos cargos del PP se niegan a recibirle. Ahora todos ellos pisan la moqueta del poder.

Abandonado y olvidado por su Casa, Mikel decide colaborar con otros servicios extranjeros en asuntos de blanqueo de dinero y narcotráfico. Poco a poco, se van abriendo las puertas del FBI y la DEA, agencia antidroga norteamericana, con quienes sigue manteniendo unas excelentes relaciones profesionales.

Mikel vive bajo la amenaza permanente de la banda terrorista. Él mismo reconoce que «ETA sigue teniendo una bala de plata para *Lobo*». Pero esa amenaza latente no le acobarda. El CESID sabe que puede contar con la colaboración de Mikel siempre que lo necesite. Precisamente, durante unos meses del año 2000 participó en Bilbao en una investigación sobre el entorno de la *kale borroka.*[19] *Lobo* se paseó por varias *herriko tabernas.*[20]

Parece como si Mikel buscara insistentemente esa «bala de plata» que ETA guarda para *Lobo*.

Kafka mantiene que todo hombre puede ser víctima de una metamorfosis y es indudable que Mikel Lejarza Eguía, José Miguel Casas Ferrer, José Miguel Torres Suárez, Julio Forcada Serrano, Miguel Ruiz Martínez y Gabriel Sánchez han experimentado, sin excepción, esa transformación: la de convertirse en *Lobo*.

19. Término utilizado para señalar a los jóvenes vascos de HB que participan en manifestaciones violentas durante los fines de semanas, en las que queman autobuses y cabinas de teléfonos.

20. Los bares donde sólo acuden seguidores y simpatizante *abertzales* de Herri Batasuna.

EPÍLOGO

«Tumba sin nombre»

El mes de enero de 2003 se presenta frío y lluvioso en Madrid. A Mikel no le importa la temperatura que marca el termómetro, ya que ha salido de casa bien pertrechado: viste una zamarra verde y cubre sus manos con unos guantes y la cabeza con una gorra de esquiador. El uso de guantes es una manía que *Lobo* conserva desde 1975, a raíz de que ETA pusiera precio a su cabeza. Los usa hasta en agosto, por lo que ha tenido que labrarse una respuesta ante la pregunta de todo el mundo por los dichosos guantes de piel:

«Me lo enseñó un agente de la CIA. Me decía que ellos también estudian la manera de reconocer a una persona a través de las manos. Desde entonces, prefiero ocultármelas por si las moscas. El tema de la persecución de ETA no me preocupa, pero tampoco debo darle facilidades».

Lobo no se conforma con la cirugía estética que transformó su rostro sino que, de tiempo en tiempo, prefiere cambiar de aspecto físico. Unos meses lleva barba, otros se la quita. A veces se deja el pelo largo o se lo corta al cero.

Mikel se ha citado con uno de sus confidentes en una cafetería de la calle Serrano de Madrid. *Lobo* sigue en activo y ayuda al nuevo Centro Nacional de Inteligencia (CNI) en operaciones internacionales de movimientos de capitales. Desde hace meses sigue el rastro a una organización de narcotraficantes que blanquea cientos de millones de dólares a través de sociedades españolas.

El interlocutor de *Lobo* es italiano, pero habla perfectamente español. Está introducido en las redes de los cárteles colombianos de la droga y conoce Bogotá mejor que Roma, su ciudad natal. Mikel y su equipo están a punto de desmantelar una importante organización que utiliza Madrid como plataforma para llegar a los mercados europeos. Sólo le faltan las últimas pruebas.

—Había oído entre grupos de mafiosos colombianos que Madrid era el camello de Europa y estoy empezando a creérmelo.

Le espeta el confidente, cosa que no le hace ninguna gracia a Mikel. Sobre todo, porque desde hace años, después de levantar cabeza tras la sentencia del caso Godó, se ha especializado en temas económicos. Desde entonces se ha convertido en un experto en redes de blanqueo y mantiene asiduos encuentros con agentes de la DEA, el departamento de antinarcóticos norteamericano, y del FBI.

Pero aun así, el terrorismo de ETA es una pesadilla que persigue a Mikel. No consigue alejarse de esas siglas sangrientas. Los activistas etarras siempre se cruzan por su camino. Y una vez más llama a su puerta. El confidente de *Lobo*, que conoce la parte más popular de su pasado, le confiesa su última averiguación sobre los terroristas:

—Miguel,[1] me han comentado que ETA ha establecido relaciones con grupos de narcos colombianos. Sobre todo les está ayudando en la preparación de coches bomba, especialidad en la que algunos de sus militantes son los *número uno*. Todo el mundo lo niega, pero mi información es de primera mano. Te puedo decir que han visto a dos vascos con unos capos en una hacienda próxima a Cali.

Mikel recuerda que los etarras siempre tuvieron buenas relaciones con guerrilleros colombianos de la FARC, pero detestaban a los narcotraficantes. Y así se lo hace saber a su colaborador.

—¿No te llamó la atención cuando asaltaron hace unos años a aquel agente del servicio que estaba destinado en la embajada de España en Bogotá? Creo que se llamaba Anido o algo parecido y que había estado, como tú, infiltrado en ETA. Pues te puedo asegurar que desde entonces están manteniendo contactos. ETA necesita armas y dinero, y esas dos cosas les sobran a las organizaciones colombianas.

A Mikel la conversación con su colaborador le ha amargado el inicio del nuevo año. Lo que iba a ser un rutinario encuentro para retomar una larga investigación sobre una trama de blanqueo de dinero, se convierte en una nueva pesadilla para *Lobo*. ETA es su eterno retorno. Mikel vive con una sombra que no lo abandona. Su cuerpo proyecta una figura virtual llamada ETA. Lo peor de todo es que también ha invadido sus sueños sin pedirle permiso. Desde hace meses no logra quitarse de la mente las imágenes de *Kepa* y *Montxo* agonizando, los dos

1. *Lobo* no ha cambiado su nombre. Sigue dándose a conocer dentro de los servicios secretos con el nombre de Miguel. Nunca Mikel.

jóvenes etarras que cayeron muertos a tiros de la policía en las redadas de julio y septiembre de 1975, tras su labor de topo.

Desde entonces, los fantasmas del pasado visitan a menudo a *Lobo*. No siente ningún remordimiento por sus hazañas, pero no ha logrado borrar la imagen de *Montxo*, con quien mantenía en Francia, en sus meses de infiltración, una buena relación. El antiguo *polimili* le hace pensar acerca de la muerte y del epitafio en la lápida de su tumba. Es una obsesión macabra, pero que tiene una explicación para Mikel. *Tumba sin nombre* es el título de una novela que a *Lobo* le gustaría escribir en un futuro sobre su vida. Al igual que él, la mayoría de los personajes de las historias de espías nunca sabe cuál es su verdadera identidad. Mikel ha tenido muchas.

Mientras Mikel lucha por sobrevivir en ese mundo implacable de los servicios de información, sus dos hijos tenidos con *Mamen* se hacen mayores. El chico tiene veintidós años y estudia Electrónica en la universidad. No ha salido al padre, ya que no quiere saber nada de los servicios secretos y prefiere vivir alejado de ese mundo.

No sucede lo mismo con su hija, una fiel estampa de Mikel. Tiene dieciséis años, quiere estudiar Económicas y después hacerse agente secreto. «Papá, voy a ser directora del Servicio de Inteligencia y voy a poner tu figura en su sitio», le lleva diciendo desde hace años a Mikel. Ha oído muchas cosas sobre su padre y quiere poner los puntos sobre las íes.

Al margen de su participación en operaciones esporádicas sobre blanqueo de dinero, la vida actual de Mikel es bastante rutinaria. Suena fuerte hablar de rutina en torno a la vida de *Lobo*, pero la realidad es que, desde el caso Godó y la llegada de Javier Calderón a la dirección del CESID, en 1996, el Centro cada vez cuenta menos con sus servicios. Mikel es un testigo negativo para muchos y, cuanto más alejado esté de la sede del CESID, en la carretera de La Coruña de Madrid, mejor para ellos.

Sus años dorados en el CESID lo llevaron a detentar conocimientos de muchos secretos de Estado, de la *guerra sucia* contra ETA y de actividades un tanto atípicas de algunos de sus jefes. Pero *Lobo* insiste a sus allegados en que todos esos secretos se los llevará a esa tumba sin nombre.

Los protagonistas de la *Operación Lobo*, en la actualidad

Iñaki Múgica Arregui, Ezkerra. Cincuenta y ocho años. Reside en San Sebastián y es propietario de una editorial de libros vascos. Participó en la organización del partido Auzolan, escindido de Euskadiko Ezkerra, pero los resultados fueron desoladores para él. Vive retirado de la política.

Tras su detención en septiembre de 1975, sufrió duros interrogatorios y llegó a padecer torturas en la cárcel, según denunciaron algunos presos. Fue extrañado a Noruega en 1977, pero se acogió a la amnistía poco después, por lo que pudo regresar a Euskadi.

Iñaki Pérez Beotegui, Wilson. Tiene cincuenta y cinco años. Fue puesto en libertad, extrañado en Noruega y finalmente amnistiado en agosto de 1977. En la actualidad vive apartado de la política. Reside en Vitoria y se dedica a los negocios. En las primeras elecciones democráticas apoyó a EIA, el partido nacido de las ideas de *Pertur* y liderado por Mario Onaindía.

Juan Cruz Unzurrunzaga, Jon. Sesenta y dos años. Abogado. Fue amnistiado junto a *Wilson* y *Ezkerra.* Tras su vuelta a

Euskadi, se hizo marchante de obras de arte. Hoy en día, posee un comercio, una mezcla entre tienda de regalos y galería de arte, en el centro de San Sebastián. En 1979 la editorial Hordago le editó el libro *Infiltración* en el que narra sus experiencias junto a *Lobo*.

José María Lara, Txepe. Tras su detención en Madrid en 1975, fue amnistiado como los demás compañeros. Regresó a Francia y vivió en la clandestinidad hasta 1982. En septiembre de ese año participó con otros compañeros de ETA–pm en la rueda de prensa en el frontón de Biarritz, en la que la organización armada anunciaba su disolución. En la actualidad, vive apartado de la vida política.

Andrés Cassinello Pérez. En 1998 fue imputado por pertenencia a banda armada por el juez Baltasar Garzón en uno de los sumarios (17/95) de los GAL que todavía estaba pendiente en la Audiencia Nacional. Posteriormente, en febrero de 2002, quedó fuera de la investigación por falta de pruebas. En la actualidad se ha retirado, está algo delicado de salud, y pasa el tiempo escribiendo libros de investigación histórica.

José Antonio Sáenz de Santamaría. Después de trabajar de asesor del Ministerio del Interior durante la época socialista y de denunciar en varias ocasiones que la *guerra sucia* la creó UCD, se encuentra retirado. El general ha concedido una entrevista a una productora televisiva donde revela una serie de secretos de la Transición. La entrevista, según acuerdo entre ambas partes, sólo podrá ser emitida tras la muerte del ex director de la Guardia Civil.

José Ignacio San Martín. El ex director de la Organización Nacional Contrasubversiva y del SECED fue condenado por el intento de golpe de Estado del 23-F. Desde la cárcel escribió un libro sobre sus experiencias en los servicios secretos: *Servicio Especial. A las órdenes de Carrero Blanco*. Después, tras cumplir condena, se refugió en la religión. Vive totalmente retirado y dedicado por entero al catolicismo.

Emilio S. Mateos. Dejó los servicios de información y se fue a trabajar con el empresario vasco Luis Olarra. Después se pasó al Banco Bilbao. También trabajó para la central nuclear de Lemóniz.

Manuel de la Pascua. Tras la *Operación Lobo*, fue destinado por el CESID a la embajada de España en París. Más tarde, se pasó a la empresa privada. Ocupó un alto cargo en un importante banco hasta hace poco. Después se convirtió en un próspero hombre de negocios.

Francisco Gómez, Koldo. Experto en terrorismo. Inspector de policía destinado en el CESID con la categoría de técnico en inteligencia. Perteneció al CESID hasta finales de los noventa, cuando pasó a la segunda actividad. Vive retirado en una ciudad de Castilla y León.

Laura Alamar. Tras la extorsión al médico de Bilbao, fue condenada y cumplió casi dos años de cárcel en Francia. Después regresó a Valencia, donde tenía a su familia. Más tarde, encontró trabajo y se integró a una vida normal. Desapareció de la vida de *Lobo* y de todas las actividades relacionadas con los servicios de información.

Domingo Martorell. Dejó la policía y se marchó con el cantante Julio Iglesias a Miami. Después volvió a España y fichó como alto ejecutivo de Antena 3 TV. En la actualidad se dedica a la compraventa de jugadores de fútbol. En julio de 2002 la Audiencia Provincial de Madrid dedujo testimonio contra él por considerar el tribunal que no había declarado toda la verdad en el juicio del videomontaje contra Pedro J. Ramírez. Martorell, que fue colaborador de los servicios secretos, pagó varios millones de pesetas a Exuperancia Rapú por el visionado de una cinta grabada subrepticiamente al director de *El Mundo.*

Emilio Alonso Manglano. El ex director del CESID está retirado y condenado por el *caso de las Escuchas.* Este proceso propició las dimisiones de Manglano, Julián García Valverde, ministro de Defensa, y Narcís Serra, vicepresidente del Gobierno. La sentencia está pendiente de confirmación por el Tribunal Constitucional, pero el alto tribunal ya ha resuelto la expulsión del ex director del CESID de la carrera militar. En la actualidad Manglano no realiza ninguna actividad y sólo se dedica a leer, principalmente libros de historia.

Fernando Dueñas, Bastarreche. Dejó los servicios secretos cuando Javier Calderón fue nombrado director del CESID. En la actualidad no tiene ningún tipo de relación con sus antiguos compañeros y está dedicado por completo a los negocios familiares.

Manuel Ballesteros. Fue jefe del MULC. El PSOE lo apartó de la Secretaría de Estado cuando llegó al poder. Posteriormente el secretario de Estado, Rafael Vera, lo nombró asesor en asuntos relacionados con el terrorismo. Acompañó a Vera a Argel en los contactos con ETA en la capital argelina. El Tribunal Supremo lo absolvió del caso Hendayais. Tras cumplir la edad reglamentaria, pasó a la segunda actividad y fue contratado como asesor por la Asociación de Empresarios de Seguridad. Actualmente vive retirado de toda actividad policial y profesional.

Fernando Rodríguez, Romeo. Tras la condena del caso Godó, el coronel del CESID volvió a Madrid. En la actualidad tiene una actividad relacionada con el petróleo y diferentes representaciones de empresas norteamericanas. Es decir, vive del mundo de los negocios. También tuvo relaciones comerciales con Libia.

Juan Antonio Linares. Llegó a ser subdelegado del Gobierno en Córdoba. Después regresó a la Policía como jefe del departamento de Extranjería. Sigue residiendo en Andalucía.

Agustín Tejedor, Jaime Arrieta. Pasó a la reserva en el Ejército y en los servicios secretos. Después recuperó su actividad de arquitecto técnico. En la actualidad está jubilado y disfruta de su retiro.

Eduardo Rodríguez. El compañero de *Lobo* tuvo algunos problemas con la justicia, pero una vez resueltos abandonó la actividad de espía para dedicarse a los negocios familiares.

Anexo I

LOS SERVICIOS SECRETOS DE CARRERO BLANCO

Nacen el infante Felipe y la ONC

En 1968 hay dos hechos que destacan poderosamente por su repercusión en la historia de España. Se trata de dos nacimientos. El primero, el del infante Felipe de Borbón, que se produce el 30 de enero en la clínica madrileña de Nuestra Señora de Loreto; el segundo, el de la Organización Contrasubversiva Nacional (ONC), que ve la luz también en Madrid, pero en El Pardo, exactamente en el despacho del generalísimo Francisco Franco. La ONC nace unos meses después que el infante, en septiembre.

Franco está muy preocupado por la recuperación en España de los movimientos estudiantiles franceses de Mayo del 68 y encarga al ministro de Educación, José Luis Villar Palasí, un control exhaustivo de las universidades españolas. El valenciano Villar Palasí, miembro del Opus Dei y doctor en Derecho y Filosofía y Letras, es uno de los «tecnócratas» que utiliza Franco en aquella época para dar una nueva imagen al Régimen.

Y así nace la Organización Contrasubversiva Nacional, que depende del Ministerio de Educación y Ciencia pero que se crea por iniciativa directa del propio Generalísimo. El primer jefe de la

ONC es un comandante de artillería, licenciado en Económicas y miembro de la Sección Tercera del Alto Estado Mayor: José Ignacio San Martín.

El propio San Martín recuerda en su libro *Servicio Especial. A las órdenes de Carrero Blanco*:[1] «El 27 de septiembre de 1968 el jefe de la 3.ª sección de Alto Estado Mayor convocó en su despacho a los jefes de los negociados de Exterior, Interior y Técnico, a mí y a un capitán de Interior, para indicarnos que el capitán general jefe del Alto Estado Mayor —Muñoz Grandes— había recibido, el día anterior, al subsecretario de Educación, Alberto Monreal Luque, quien solicitaba en nombre del ministro, con la aprobación del jefe del Estado, apoyo técnico para evitar que la subversión en los medios universitarios colocara al Régimen en una situación similar a la que el mayo francés situó a De Gaulle».

Después de esa reunión a la que hace referencia San Martín en su libro, el comandante de artillería y su capitán ayudante quedan adscritos al Ministerio de Educación y Ciencia con las instrucciones de asesorar al ministro, obtener información a través de los bedeles de las universidades (la mayoría eran guardias civiles), captar informadores, infiltrar a agentes propios, conseguir un local aislado (alquilan un chalet) y efectuar un barrido electrónico en los despachos del ministro, Villar Palasí, y el subsecretario, Monreal Luque.

En enero de 1969, tras el primer trimestre del curso académico 1968-1969, los movimientos estudiantiles se radicalizan y el Gobierno declara el estado de excepción. La Policía detiene, interroga y tortura a Enrique Ruano, estudiante de cuarto de Derecho de la Complutense de Madrid. Curiosamente, Ruano aparece muerto en el patio interior de un edificio tras haber acompañado a las fuerzas de

1. José Ignacio San Martín, *Servicio Especial. A las órdenes de Carrero Blanco (desde Castellana a El Aaiún)*, Editorial Planeta, 1983, p. 21.

seguridad al registro de un piso donde, al parecer, se reunía con «elementos subversivos».

Estos sucesos demuestran que la ONC todavía no es operativa en la universidad, por lo que el propio Caudillo recrimina al ministro de Educación y le indica que los avances de los «contrasubversivos» son lentos y que el número de agentes que forman ese grupo no son suficientes. Entonces el ministro Villar Palasí requiere a San Martín para que acelere su trabajo y busque una fórmula para aumentar el número de confidentes universitarios.

La preocupación de Franco por los desórdenes estudiantiles es tal que, el 23 de enero, el vicepresidente del Gobierno, el almirante Carrero Blanco, toma cartas en el asunto y recibe en su despacho al comandante San Martín. A partir de esa fecha, los encuentros entre el almirante y el comandante de artillería se suceden con bastante frecuencia, hasta el punto de que poco tiempo después la ONC se desvincula de Educación y Ciencia y pasa a depender, primero del Ministerio de Gobernación, y después de Presidencia del Gobierno.

San Martín ficha a estudiantes ultras

El propio San Martín realiza un estudio detalladísimo en su libro *Servicio Especial* del momento en que se vive en la universidad española cuando él se hace cargo de la ONC y cuáles son los problemas reales con los que se enfrenta el Régimen ante la subversión estudiantil que crece sin ningún tipo de control.

El comandante retrocede hasta el 9 de marzo de 1966, fecha en que «se celebró la Asamblea Constituyente del Sindicato Democrático de Estudiantes en el convento de capuchinos de Sarrià (Barcelona)». San Martín aclara quiénes eran los personajes que participaron en aquel alumbramiento y los efectos negativos que tuvo para el sindicato oficial de estudiantes, el SEU: «No podían faltar algunos intelectuales como Rubio, Espriu, Oliver, el profesor Sacristán, el editor Barral y el catedrático Solé Tura. El SEU recibía otro golpe mortal».

La subversión estudiantil no se detiene y, un año más tarde, llega hasta Madrid. El 26 de abril de 1967 se celebra la Asamblea Constituyente del Sindicato Democrático de Estudiantes de la Universidad de Madrid (SDEUM). El jefe de la ONC define y centra perfectamente quiénes son los dirigentes de este nuevo movimiento estudiantil: «Los elementos marxistas más destacados».

El movimiento asociativo y subversivo no para y el Tribunal de Orden Público, el famoso y triste TOP, juzga y condena a varios estudiantes, que durante el juicio son defendidos por abogados democráticos como Solé Barberá, José Benet, Salvador Casanovas, Ángel Latorre, Jiménez de Parga y José Luis Sureda.

Esta reacción de apoyo de los abogados a los estudiantes es considerada por San Martín como la «entrada de la subversión en la abogacía española».

Pero para el jefe de los contrasubversivos lo más sorprendente y llamativo de aquella época es que en una asamblea de estudiantes, celebrada en Madrid, se reclamara a las autoridades universitarias la reposición en sus cátedras de los profesores expulsados Tierno Galván, Aranguren y García Calvo.

Ante esta situación de desconcierto y desorden, y viendo que la semilla del mal recorre la universidad española, las autoridades académicas y policiales deciden crear una policía universitaria. Su misión: controlar los campus y apoyar a las «organizaciones adictas» al Régimen que ya funcionan en diversas facultades.

Tras los sucesos de Mayo del 68 en París, la Hermandad Nacional Universitaria, la Hermandad Sacerdotal Española, Joven Europa (grupo pro nazi) y un sector del SEU (el más radical y falangista) se unen en torno a un solo grupo que toma el nombre de

Defensa Universitaria (DU), liderado por el coronel Federico Quintero Morente.

El coronel, que controla y aglutina a tan amplio número de estudiantes, es un experto en temas de información y pertenece al servicio de información del Ejército de Tierra, más conocido por Segunda Bis o Sección Segunda. Quintero dirige DU hasta 1969, fecha en que Defensa Universitaria se convierte en Guerrilleros de Cristo Rey.

Este nuevo grupo, cuyo dirigente máximo es Mariano Sánchez Covisa, antiguo alférez provisional, se dedica principalmente a «limpiar de marxistas» la universidad con métodos expeditivos: palo y tentetieso. En el argot universitario se quedaron con el sobrenombre de «los reyes de la porra», y en su haber tienen más de un muerto.

Acaba el curso 1967-1968 y se demuestra que la idea de la Dirección General de la Seguridad, en connivencia con el Ministerio de Educación, de crear una policía universitaria ha resultado un rotundo fracaso.

El siguiente curso universitario es muy distinto. La ONC, que ha nacido en septiembre de 1968, toma cartas en el asunto y comienza a fichar a estudiantes colaboradores de acreditada reputación franquista que ya forman parte de «organizaciones adictas».

La mayoría de esos jóvenes estudiantes está en la órbita del ultraderechista Blas Piñar, en la Guardia de Franco o en alguna hermandad estudiantil. Las pruebas de acceso para entrar a formar parte de los contrasubversivos consisten fundamentalmente en una carta de presentación o recomendación de alguien cercano a esos movimientos.

A la llamada de San Martín y sus hombres acude un destacado número de profesores y estudiantes que se agrupan en Acción Universitaria Nacional (AUN).

A pesar de sus esfuerzos, el comandante San Martín no consigue aglutinar alrededor de AUN a todos los estudiantes que él quería para controlar la universidad. Un sector importante se queda en Defensa Universitaria, que en 1969 se transforma en el Partido Español Nacional Sindicalista (PENS).

Mariano Sánchez, periodista especialista en movimientos ultras, define al PENS en su libro *Los hijos del 20-N*[2] como «un grupo salido directamente de una fracción de Defensa Universitaria y compuesto por los autodenominados Comandos de Lucha Antimarxista y un sector de Hermandad Nacional Universitaria». Para Sánchez, el PENS contaba en el terreno político «con el caudillaje ideológico de los sectores más radicales de la extrema derecha franquista... y en la que destacaba con luz propia el notario Blas Piñar y su plataforma de expresión Fuerza Nueva».

En enero de 1969 la universidad estalla a pesar de los movimientos promocionados por San Martín, Federico Quintero, Sánchez Covisa y sus jóvenes, los Guerrilleros de Cristo Rey, y otras tantas hermandades afines al Régimen.

El 24 de enero de 1969, unos días después de que Carrero Blanco y San Martín se reúnan en el despacho del vicepresidente para estudiar la forma en que se pueden parar los disturbios en la universidad, el Gobierno decreta el estado de excepción en toda España, con la supresión de una serie de artículos del Fuero de los Españoles (los 12, 14, 15 y 18), y un control total de las facultades con la detención de profesores y alumnos. Días antes, concretamente el 17, Enrique Ruano, estudiante de Derecho, es detenido por la policía y poco después fallece al arrojarse por «voluntad propia» desde un séptimo piso de la calle General Mola (actualmente Príncipe de Vergara) de Madrid.

Esa historia barata sólo es asumida por la policía y el periódico *ABC*, que publica un diario personal de Ruano donde se recogen

2. Mariano Sánchez, Los hijos del 20-N, Temas de Hoy, 1993, p. 145.

frases como éstas: «Pienso que el suicidio sería una solución, si todavía tuviera creencias religiosas... a veces me siento arrastrado por la voluntad de otros».

Los estudiantes no admiten esa versión y se echan a la calle, cortan el tráfico y montan barricadas en la universidad. Estos actos conllevan la expulsión y el destierro de estudiantes y profesores. Entre los últimos están: Raúl Morodo, Gregorio Peces-Barba, Javier Muguerza, Pedro Schwartz, Francisco Bustelo, Jiménez de Parga, Óscar Alzaga, Elías Díaz, Roberto Mesa, Paulino Garagorri y López Cachero.

Tres meses después, el 24 de marzo de 1969, se levanta el estado de excepción y en los calabozos de la Dirección General de Seguridad ya no encierran más estudiantes. De esta forma, con los más rebeldes fuera de juego, el curso acaba sin mayores problemas.

Con los estudiantes fuera de la universidad, Francisco Franco designa al príncipe Juan Carlos como sucesor a título de Rey y, el 22 de julio, el Pleno de las Cortes respalda la decisión del dictador. El futuro monarca jura lealtad al jefe del Estado y fidelidad a los principios del Movimiento Nacional y demás Leyes Fundamentales del Reino.

El 15 de agosto, en plena canícula veraniega, estalla el escándalo Matesa. En octubre Franco forma nuevo Gobierno y deja fuera a los «camisas viejas» y a Fraga Iribarne.

En 1969 los desórdenes estudiantiles se suman a los problemas del País Vasco, que también cobran gran protagonismo: «Consejo de guerra contra cinco curas vascos», «Quince presos de ETA se fugan de la cárcel bilbaína de Basauri» y «Duras penas de prisión contra miembros de ETA». En un informe interno de ETA se indica que el número de simpatizantes alcanza los diez mil, cinco mil de los cuales apoyan el separatismo.

En El Pardo, donde nace la ONC, tienen muy claro que los dos auténticos problemas de España son los estudiantes y los etarras. Franco confiesa a Carrero Blanco que si ambos movimientos no son controlados inmediatamente pueden crear inestabilidad e inseguridad en el sistema.

Los contrasubversivos espían a ETA

San Martín, que ya es un experto y estudioso de la universidad, también se presenta en su libro *A las órdenes de Carrero Blanco* como un especialista en temas de ETA. En sus memorias el ya coronel de artillería (que escribió en la prisión militar de Santa Catalina, en Cádiz, durante el tiempo que cumplía condena como «autor consumado del delito de conspiración para la rebelión militar» por el golpe de Estado del 23 de febrero de 1981) mantiene que «antes de la celebración de la Sexta Asamblea, en julio de 1970, surgió ETA–V o ETA–militar, que albergaba en su seno a los terroristas más agresivos, que eran separatistas antes que cualquier cosa».

Y así es. Mientras que en 1968 se confirma que los estudiantes ya son un gran problema para el Régimen, 1970 supone el despegue total del movimiento terrorista vasco y ETA lleva a cabo su primer secuestro contra Eugene Beihl, cónsul de la República Federal de Alemania en San Sebastián.

El secuestro, según ETA, se ejecuta para protestar por el proceso de Burgos, donde se juzgan a dieciséis presuntos etarras, condenando a muerte a seis de ellos y al resto a penas superiores a los quinientos años de cárcel. Tras la sentencia, se producen multitud de manifestaciones dentro y fuera de España, y el Gobierno decreta suspender el artículo 18 del Fuero de los Españoles.

Al constatarse que Franco lleva razón y que los auténticos problemas son los estudiantes y ETA, la ONC deja la tutela del Ministerio de Educación y Ciencia y se incorpora al Ministerio de la Gobernación. En ese nuevo departamento San Martín se siente más comprendido y más apoyado.

Los contrasubversivos, que cuentan con el apoyo y la comprensión de Carrero Blanco, realizan un fichaje estrella en la persona del comandante Andrés Cassinello, un experto en guerrillas y contrainsurgencia por la escuela norteamericana.

Con el tiempo, Andrés Cassinello llega al grado de general, jefe de los servicios secretos, jefe del Estado Mayor de la Guardia Civil y mentor de la *guerra sucia* contra ETA. Cassinello es el antecesor de los GAL (Grupos Antiterrorista de Liberación), y para ello se apoya en el BVE (Batallón Vasco Español) y otros grupos afines.

Con el objetivo de contrarrestar los actos de apoyo que se producen en España y en el extranjero a favor de los condenados por el Proceso de Burgos, el comandante San Martín y sus hombres organizan el 17 de diciembre de 1970 una manifestación de exaltación de las Fuerzas Armadas, que después desemboca en otra de adhesión inquebrantable al Caudillo de España en la mismísima plaza de Oriente. El acto multitudinario se realiza a través de una convocatoria que llevan a cabo los jóvenes de Fuerza Nueva y grupos de Falange que están colaborando con la ONC y que llenan de octavillas todo Madrid.

En principio, la manifestación está prevista ante Capitanía General, pero el número de asistentes rebasa las previsiones y los hombres de San Martín conducen la riada humana hasta la plaza de Oriente. Una vez allí Franco, de paisano, sale al balcón y agradece a los asistentes su presencia.

El honor del Ejército español, que era la base de la manifestación, ya está salvado y San Martín y algunos miembros del Gobierno consideran que el acto ha sido un éxito total.

En la primavera de 1971 San Martín, que ya depende del Ministerio de la Gobernación, está a punto de lograr que los contrasubversivos se transformen en un auténtico servicio de inteligencia interior. Pero el comandante, no se sabe por qué, se encuentra con la suspicacia de sus jefes, que no acaban de ver claro cuál es la función de estos agentes y para quién o quiénes trabajan.

Servicios secretos: 1939-1977

Se da la circunstancia de que esa suspicacia contra San Martín viene motivada porque en esa misma época en España (según recoge un documento interno elaborado por el CESID titulado *La información en España: 1939-1977* —véase anexo—), ya hay diferentes servicios de información, que además están regulados por una Orden Reservada de 1945 que aclara:

— Corresponde al Estado Mayor cuanto se refiere al espionaje y contraespionaje de carácter militar, dentro y fuera del país.
— Incumbe a cada ministerio la información de carácter general, conforme a sus necesidades.
— El Ministerio de la Gobernación (Dirección General de Seguridad) será responsable de cuanto se relacione con la seguridad interior del país. Debiendo entenderse por seguridad el conocimiento anticipado y la destrucción o anulación de cuantas actividades se dirijan a perturbar el orden público y/o a poner en peligro la vida del Estado.

En ese mismo documento del CESID se hace un relato sobre los servicios de información españoles desde el final de la Guerra Civil (1939) hasta la llegada de la democracia y la creación del Centro Superior de Información de la Defensa (1977).

Para entender y comprender los recelos que San Martín ha despertado entre sus compañeros, jefes de armas y en la Guardia Civil y la Policía, sólo hay que leer los apartados 1.2 y 1.3 de ese informe del CESID, donde se específica cuál es el cometido de «Los servicios de información de las Fuerzas Armadas» y «Servicios de Inteligencia de la Dirección General de Seguridad».

En ese informe interno, que forma parte de la historia de España y que sólo está al alcance de los jefes de los servicios de inteligencia, se recuerda que las Fuerzas Armadas tienen cuatro servicios de información: Ejército de Tierra, Red Naval de Inteligencia, Ejército del Aire y Guardia Civil.

En el Ejército de Tierra las labores informativas están centradas en «la 2.ª Sección del EMC (Estado Mayor Central) y la Segunda Bis Central, en sus aspectos generales de Inteligencia, la primera, y de Contrainteligencia, la segunda».

La Armada dispone de la «Red Naval de Inteligencia», cuyo máximo organismo es la «Sección de Inteligencia del Estado Mayor de la Armada». Siempre se ha dicho que los marinos son los que tienen el mejor servicio de inteligencia. No hay que olvidar, entre otras cosas, que Carrero Blanco era almirante.

En el Ejército del Aire la distribución de los departamentos de inteligencia son iguales a los de Tierra: «La 2.ª Sección del Estado Mayor del Aire» y «la 2.ª Sección Bis».

La Guardia Civil, que es un cuerpo más de las Fuerzas Armadas, dispone del SIGC (Servicio Información de la Guardia Civil), que cubre toda España (hasta el pueblo más pequeño).

Y por último, el Servicio de Inteligencia de la Dirección General de Seguridad, que depende directamente del director general de la Seguridad. Este servicio cuenta con tres secciones: Sección de Coordinación, Operaciones y Enlace (SCOE), Sección de Asuntos Especiales y Sección de Observaciones (también se llamó de Censura).

Pues bien, a pesar de que cada uno de los servicios de información o inteligencia ven en San Martín y sus hombres un enemigo, Garicano Goñi, ministro de la Gobernación, encarga al subsecretario, Santiago de Cruylles, que sea él quien despache directamente con el director de los contrasubversivos.

Y el jefe de la ONC, que ya es coronel, vuelve a comprobar que ésta no es la vía para llegar a donde él quiere, Presidencia del Gobierno, y que debe intensificar sus contactos y reuniones con el almirante Carrero Blanco.

Es así como el mismo artillero recuerda en sus memorias que el 9 de diciembre de 1971 tiene un encuentro con el almirante Carrero Blanco, quien le comenta:

«Tanto el ministro del Ejército como el jefe del Alto Estado Mayor dicen que el servicio cuenta con los mejores oficiales. Usted se ha llevado lo mejor de lo mejor».

San Martín, orgulloso, contesta al vicepresidente del Gobierno:

«Así es, ¿y no era lógico que pudiendo elegir, me aprovechara de las facilidades que, gracias a su mediación, me han dado?».

Es indudable que la sintonía entre el artillero y el almirante cada día va a más y que los cuatro agentes-funcionarios con los que San Martín comenzó en 1968 en un chalet de Madrid ya se han convertido en más de cien, incluido el personal auxiliar, y que los colaboradores superan los mil en toda España. La ONC está en plena expansión y abre delegaciones en Barcelona, «las provincias Vascongadas y Navarra», y su jefe quiere transformar la contrasubversión en un Centro de Información y Documentación (CIDOC), donde recale toda la información que recogen y administren otros servicios.

De esta forma el coronel de artillería tiene bajo su zona de tiro e influencia toda la información que existe en España, convirtiéndose en el hombre más y mejor informado. San Martín sabe que la información es poder y lucha por tenerlo todo.

Como ETA ya es un problema, la ONC, con el visto bueno de Carrero Blanco, decide enviar a Bilbao a varios oficiales y organiza una red de informadores para apoyar a la Policía y a la Guardia Civil en el País Vasco.

Los hombres de San Martín, en principio, son bien recibidos por la Policía, pero después se dan cuenta de que lo único que buscan los agentes de la contrasubversión es quedarse con la información que ellos ya poseen. El objetivo de la ONC, fundamentalmente, consiste en captar información, elaborar dossieres sobre los subversivos y colocarlos en los despachos de los altos mandos antes de que lleguen a los de la Policía.

Es decir, que la ONC no aporta nada nuevo en la lucha contra ETA en Euskadi, excepto dos conceptos o recomendaciones psicológicas del jefe San Martín sobre los infiltrados. El coronel de artillería mantiene que cuando un agente se ha introducido en una organización o grupo se puede encontrar con problemas de conciencia o afecto, situación que hay que subsanar apartándolo del personal espiado. Incluso va más lejos: «Los "topos" tienen que readaptarse en lugares diferentes a donde han llevado cabo su operación y es conveniente cambiar de ciudad».

El 8 de enero de 1972, San Martín, que ya está en Gobernación, insiste ante Carrero Blanco para que la ONC pase a depender de Presidencia del Gobierno y se convierta en un auténtico servicio de información, a imagen y semejanza de otros servicios occidentales como la CIA norteamericana, el KGB soviético, el MI-5 británico o el SDEC francés.

Carrero habla con Franco de la propuesta realizada por el coronel, y el Caudillo deja en manos del almirante la decisión final. El vicepresidente decide crear una dirección general dentro de Presidencia que se ocupe de los temas que abarca la ONC.

En noviembre de 1971, antes de que Carrero Blanco oficialice el nuevo departamento de Presidencia, se constituye en Barcelona la Asamblea de Cataluña, en la que están representados partidos políticos en la clandestinidad, asociaciones profesionales e instituciones diversas en torno a cuatro puntos: amnistía, libertad, estatuto de autonomía y coordinación de la lucha democrática con los otros pueblos del Estado español.

Muere la ONC y nace el SECED

El decreto 511/1972 de 3 de marzo recoge que el Servicio Central de Documentación (SECED), antigua ONC, pasa a depender de Presidencia del Gobierno. Es decir, a las órdenes directas de Carrero Blanco, con nueva sede en paseo de la Castellana, 5, pero con el mismo jefe, el coronel José Ignacio San Martín.

Por tanto, se puede decir que 1972 es el año de José Ignacio San Martín y de los servicios secretos. El coronel definitivamente es nombrado director general del Servicio Central de Documentación (SECED) y ve realizados sus sueños.

Rápidamente San Martín, pone en marcha esa nueva dirección general de la Presidencia con la creación de tres secciones: régimen interior, estudios e informes y coordinación y enlace.

Según las memorias de San Martín, la misión general del SECED consistía en «realizar y difundir informes y estudios, prestar asistencia técnica y coordinar la documentación en relación con la protección de materias clasificadas, así como cuantas funciones asesoras encomiende el ministro subsecretario».

Es indudable que los nuevos servicios de información de Presidencia ya tienen un peso específico dentro del Estado y que el número de funcionarios en 1972 asciende a un total de doscientos, más cinco mil colaboradores, de los cuales dos mil son directos.

San Martín, que era artillero y economista, curiosamente demuestra un interés especial por la psicología y crea un gabinete específico de esta materia en los nuevos servicios, que recibe el nombre de GAP (Gabinete de Acción Psicológica), dedicado, entre otras tareas, «a orientar a la opinión pública y al fomento del asociacionismo».

Con la aprobación y puesta en marcha del SECED, se le reconoce a este organismo, según documentación interna del CESID, la posibilidad de «realizar acciones contrasubversivas centradas en las organizaciones de emigrantes y exiliados y entre los núcleos subversivos españoles en el exterior, para neutralizar su influencia en los medios políticos y la prensa del extranjero».

El poder de San Martín, que ya está en Presidencia del Gobierno, es cada día mayor. Entre otras actividades, también se ocupa de «asesorar al presidente del Gobierno en el planteamiento y la dirección de la lucha contrasubversiva en el interior y exterior del territorio nacional».

En el folio número 90 del capítulo II de la historia de los servicios secretos en España (1939-1977) se explica la forma en que su primer director general organiza la estructura del nuevo servicio, del SECED: «Jefatura, Secretaría General, Gabinete de Estudios, División de Información, División de Operaciones y División Exterior».

También se recoge en dicho informe la distribución de las delegaciones regionales, de las bases en el exterior y la creación de oficinas de enlaces con otros ministerios: «Su personal estuvo constituido en su casi totalidad por miembros de las FAS y del Ministerio de la Gobernación».

Hasta ese año, 1972, entrar en el Servicio Central de Documentación era relativamente fácil: «No existía más requisito para la selección, que la idoneidad estimada por el SECED y la superación de unos cursos y etapas de formación».

San Martín recuerda en sus memorias las peticiones y los encargos que le hacía Carrero Blanco: «No nos limitamos a la realización de informes y estudios sobre las organizaciones extremistas: ORT, PTE, FRAP, ETA, etc., no sobre el terrorismo en España, sino que abordábamos otras muchas cuestiones que interesaban al almirante...».

Según San Martín, los encuentros entre el almirante Carrero Blanco y él se producían los jueves: «Antes de que el presidente salga con dirección a El Pardo para visitar y despachar con el Generalísimo».

El principal interés del presidente Carrero Blanco con respecto a ETA se centra en saber quién está detrás de los comandos terroristas y quién los apoya económicamente.

Otras de las debilidades de Carrero, que San Martín satisface gustosamente, son los informes sobre «irregularidades administrativas fundamentalmente en el área local, informes sobre determinadas personas adictas al Régimen sobre las que podía recaer el nombramiento para un alto cargo».

San Martín es consciente de que la información es poder y trabaja para que toda ella esté a su alcance. Así pues, potencia la recogida de datos y crea una base de datos superior a la de cualquier ministerio: «Nuestro gabinete de lectura volcaba en fichas todo cuanto caía en nuestras manos, naturalmente con criterios selectivos».

El director general del SECED es consciente de que al poder hay que servirlo bien y rápido. Para ello, consigue que su departamento tenga «un banco de datos en un ordenador IBM, con memoria suficiente para la rápida explotación de la información allí almacenada».

San Martín recuerda que «mientras en la Dirección General de la Seguridad continuaban buscando datos moviendo a mano fichas y expedientes... nosotros, si nos daban las características de un individuo, tales como edad, profesión, cargos públicos o privados, en cuestión de segundos aparecían uno o varios nombres».

En enero de 1974, tras el atentado contra Carrero Blanco (20 de diciembre de 1973), San Martín pierde a su gran protector y es sustituido por Juan Valverde, comandante y ex gerente de urbanismo con Arias Navarro cuando éste era alcalde de Madrid.

Valverde recupera a Andrés Cassinello, que había dejado los servicios secretos en 1972, y lo nombra jefe de la División de Operaciones del SECED, cargo que corresponde al de subdirector y coordinador del servicio secreto.

La muerte de Francisco Franco, en noviembre de 1975, y las primeras elecciones democráticas, junio de 1977, producen una serie de cambios dentro de los servicios secretos.

El triunfo de UCD en las primeras elecciones democráticas y el nombramiento de Adolfo Suárez como presidente del Gobierno provocan que en julio de 1977 el SECED se transforme en el CESID (Centro Superior de Información de la Defensa), y que nombren director del organismo al general José María Bourgón. De esta forma, Andrés Cassinello se convierte en el hombre relevo entre el SECED y el CESID.

Treinta y tres años después del alumbramiento de la ONC, en septiembre de 1968 en El Pardo, nace en 2001 en La Moncloa el CNI (Centro Nacional de Inteligencia). Hay que recordar que en los servicios secretos o de inteligencia españoles siempre ha figurado a la cabeza de los mismos un militar, hasta que en 2001 el presidente José María Aznar nombra al diplomático Jorge Dezcallar como director del nuevo organismo.

Y después de tantos años de servicios secretos (primero la ONC, después el SECED y el CESID, y finalmente el CNI) todavía hoy en día, en el año 2003, nadie ha descubierto dos grandes incógnitas de la historia de España: ¿Quién había detrás del atentado de ETA contra Carrero Blanco y qué papel real desempeñó el CESID en el intento de golpe de Estado del 23 de febrero de 1981?

Estos dos grandes secretos aún están por descubrir y sin duda suponen un gran reto para todos los investigadores, tanto periodísticos como judiciales.

Anexo II

ETA: EL FIN DE LOS *POLIMILIS*

Una mesa camilla

Aunque ni los propios fundadores se ponen de acuerdo en el día del nacimiento de ETA, algunos historiadores fijan el 31 de julio de 1959 como el punto de partida de la organización terrorista vasca. En esa fecha, en la celebración en Euskadi de la festividad de san Ignacio de Loyola, a unos kilómetros del valle de Loyola, al mismo tiempo que las autoridades oficiales celebran la festividad un grupo de jóvenes vascos homenajean al santo de manera diferente. En torno a una mesa camilla del domicilio de Luis María Retolaza,[1] varios dirigentes del grupo EKIN protestan por la inoperancia del PNV, que se dedica más a cuestiones folclóricas que a las necesidades políticas y culturales del País Vasco.

Desde principios de los cincuenta han ido preparándose para una nueva etapa democrática con el estudio de la historia de Euskal Herría, las raíces de su pueblo, su raza y su lengua; han valorado las acciones de otros grupos que luchan por la liberación de sus nacionalidades en otros estados; son *abertzales* convencidos y están de

1. Tras la aprobación del Estatuto de Autonomía, fue consejero de Interior del Gobierno de Euskadi. En esos años fue el encargado de negociar con el ministro José Barrionuevo las competencias sobre la policía vasca, Ertzantza.

acuerdo en un punto estratégico: para vencer a la dictadura hay que organizar una lucha coordinada y decidida, sin los titubeos del PNV. Han intentado colaborar con EGI (Eusko Gaztedi), las juventudes del partido nacionalista, pero los resultados han sido infructuosos.

En 1957 en torno a esa mesa surge ETA (Euskadi Ta Askatasuna, es decir, Euskadi y Libertad). Como dirían los *polimilis* más tarde, ETA «nace totalmente extraña a la clase obrera, saliendo y viviendo en la clase media nacionalista. Su primera línea de conducta se inscribe en el interior de las clases nacionalistas tradicionales. Su objetivo es sustituir la influencia del PNV por la propia de los medios nacionalistas».

Los precursores de ETA venían reuniéndose desde 1952 para estudiar el fenómeno vasco, el conocimiento de la lengua euskera, analizar el espíritu religioso del pueblo vasco, revisar la evolución nacionalista y estudiar formas de oposición a la dictadura franquista. Los fundadores son: José Manuel Aguirre, José María Benito del Valle, Irigoyen Gainzarain, Julen Madariaga y José Luis Álvarez Emparanza, *Txillardegui*, en Bilbao, y Rafael Albizu y Larramendi en San Sebastián. Todos ellos con apellidos ilustres del nacionalismo vasco.

Este grupo, que posee un carácter cerrado, funciona dentro de unas estrechas medidas de seguridad. Discute la teoría de la resistencia pacífica frente a la lucha revolucionaria de Irlanda e Israel, la guerrilla de Cuba, Argelia o Vietnam. Y sus lecturas van desde Menahem Begin hasta Maritain, pasando por Duverger y otros autores vascos. Ya empiezan a estudiar la posibilidad de una «lucha armada», aunque esos principios no toman cuerpo hasta 1972.

A comienzos de los setenta, su órgano de expresión, *Zutik* («En pie»), afirmaba: «La vigilancia es necesaria. Una violencia contagiosa, destructora, que apoye nuestra lucha, la buena lucha, la que nos han enseñado los israelíes, los congoleños, los argelinos...».

Pero los primeros años de la organización terrorista, en los que se ignoran los conceptos de lucha de clases y contemplan el comunismo como sinónimo de fascismo, los postulados de ETA se aproximan a los de la doctrina social de la Iglesia y defienden una visión idealista de «un Euskadi libre formado por hombres libres».

El concepto de lucha armada, como se verá más adelante, aparece en un folleto publicado en 1964, titulado *La insurrección de Euskadi*, poco después de la III Asamblea.

En 1956 el grupo EKIN establece contactos con las juventudes del PNV. Los componentes de EKIN son llamados para formar ideológicamente a los jóvenes militantes de EGI, pero la experiencia no dura mucho. Tras el Congreso Mundial Vasco, celebrado en París, el *lehendakari* en el exilio, José Antonio Aguirre, Irujo y Landáburu piden la unificación, que finalmente se logra en 1957. Pero en la primavera de 1958 el PNV expulsa de EGI a Benito del Valle por desviacionista, llevándose éste consigo a todos los militantes de EKIN.

Los principios de ese grupo crítico con el oficialismo son otros. Quieren acción y la liberación de Euskadi al precio que sea. Por ello preparan el lanzamiento de ETA, que en un principio se llama ATA (Abarrí Ta Askatasuna–Patria y Libertad), siglas estas que son cambiadas por cuestiones fonéticas por el lingüista del grupo, Álvarez Emparanza, *Txillardegui*.

El movimiento ETA no nace por generación espontánea ni por oposición al franquismo. ETA recoge una herencia de más de cien años de nacionalismo vasco, si nos remontamos a 1839, cuando surgen los enfrentamientos entre el tradicionalismo carlista y el liberalismo isabelino. En 1895 Sabino Arana había fundado el PNV o Eusko Alderdi Jetzalea (EAJ).

ETA toma de EKIN su estructura y su organización interna piramidal, la dirección clandestina y las normas de seguridad, por las que las bases desconocen la cadena jerárquica, pero además le suma los «grupos de acción».

Con este bagaje nace ETA, con el subtítulo de Movimiento Vasco de Liberación Nacional y con la huella de la radicalización. Sin embargo, el grupo armado no empieza a hacerse notar hasta 1961 con una acción fallida: el descarrilamiento de un tren de excombatientes franquistas que hacía el recorrido San Sebastián-Bilbao. Aparecen también las primeras pintadas, pero ETA todavía no se convierte en un problema policial serio.

Asambleas: una cadena de rupturas

La ETA de los años cincuenta y sesenta nada tiene que ver con la ETA–militar de hoy en día. Su historia está plagada de cambios ideológicos y rupturas internas.

I Asamblea. Tras el fallido sabotaje al tren de excombatientes, son detenidos un centenar de etarras, de los cuales treinta son encarcelados en la prisión madrileña de Carabanchel. Otros tienen que cruzar la frontera y sientan las bases de lo que después se llamaría el «santuario francés». Y es en Francia donde se celebra la I Asamblea, en mayo de 1962, en el monasterio benedictino de Belloc. El nuevo cuartel general de la organización terrorista se instala en Burdeos, en el domicilio del sacerdote vizcaíno también exiliado José Luis Lasalle.

ETA se define entonces como un movimiento vasco revolucionario. Pero la estancia en territorio galo no se hace cómoda en un principio. Los efectos de la represión francesa contra miembros de la OAS, organización que lleva a cabo acciones terroristas contra el régimen de De Gaulle, coloca en una mala situación a ETA. Por ello, José Luis Álvarez Emparanza se refugia en Bélgica, Benito del Valle se traslada a Venezuela y Julen Madariaga se instala en Argelia, donde recibe instrucción en la lucha armada.

A finales de 1963, la Policía española convence al Gobierno de que ETA está acabada. Son los años duros de la dictadura, pero el monstruo se estaba gestando.

II Asamblea. En marzo de 1963 ETA celebra su II Asamblea en la zona de Bayona (Francia). Sigue dominando la vieja guardia: Madariaga, Benito del Valle y *Txillardegui.* A través del primero, se adoptan las teorías guerrilleras de Federico Krutwig Sagredo, un ideólogo que a partir de entonces tendría un gran peso específico dentro de la organización. En su libro *Vasconia* había defendido la teoría de la rebelión de un pueblo contra otro opresor. Con Krutwig llega «la guerra revolucionaria», y Garmendia se encarga de establecer contactos de ETA con países europeos y americanos. A esta asamblea ya asisten algunos militantes armados.

En julio de 1963 comienza en Asturias la huelga en Minas Llanos, que se extiende a las industrias más importantes del País Vasco. ETA participa en la huelga y muchos de sus militantes tienen que huir a Francia nuevamente: Javier Imaz, Juan José Etxabe, Jokin Gárate... La Policía detiene a José Etxevarrieta, Javier Izco de la Iglesia, Patxi Iturrioz, José Luis Zalbide... y la organización queda desarticulada en el País Vasco.

A comienzos de 1964 se publica el folleto *La insurrección en Euskadi*, donde se aprecian las influencias del líder chino Mao, del FLN argelino y de Federico Krutwig.

Se produce la primera escisión. Madariaga y Benito del Valle despistan a Iturrioz, defensor de una línea obrerista, para que no asista a la II Asamblea.

III Asamblea. En abril y mayo de 1964 se produce la distinción entre «nacionalismo burgués y nacionalismo popular», por lo que se condena al PNV por no estar próximo al pueblo vasco. Se impone la línea dura de Madariaga y las tesis violentas. Sin embargo, a finales del mismo año la línea obrerista de Iturrioz vuelve a hacerse con el poder, aprovechando que las autoridades francesas han confinado a Madariaga, *Txillardegui* y Benito del Valle en el norte del país vecino.

IV Asamblea. En el verano de 1965 Iturrioz y Zalbide son los hombres fuertes. Eugenio del Río es el responsable del órgano de prensa *Zutik*. La asamblea aprueba el principio de «acción-represión-acción», que luego ha sido una constante en la línea estratégica de ETA. Benito Zumalde, conocido como *El Cabra*, sale elegido responsable del frente militar. Años después, este dirigente aparecería implicado en un asunto de escuchas telefónicas a Carlos Garaikoetxea, quien fuera presidente del Gobierno vasco.

El fracaso de Iturrioz en la convocatoria del Aberri Eguna del aquel año desemboca en una nueva aproximación de Madariaga al poder.

ETA decide comenzar con los atracos a entidades bancarias para la financiación de sus acciones. Sin embargo, el primer asalto a un banco acaba en un verdadero fiasco. En septiembre de 1965 José Luis Zalbide es detenido por la policía cuando huía tras haber realizado un atraco en Vergara.

Patxi Iturrioz es expulsado de la organización unas semanas antes del inicio de la V Asamblea, acusado de españolista. Vence la línea dura de ETA formada por los hermanos Etxevarrieta, López Adán, Escubi, Madariaga y Krutwig. Iturrioz, en un número de la revista *Zutik*, había recomendado la participación en la actividad sindical.

V Asamblea. En diciembre de 1966, en Gaztelu. Una de las decisiones de esta asamblea es la expulsión de ETA de los seguidores del «patriotismo obrero frente al nacionalismo burgués». Txabi Etxevarrieta resulta elegido presidente.

En marzo de 1967 los seguidores de Iturrioz forman su propio grupo. ETA se divide en ETA Zarra y ETA Berri (la vieja y la nueva), formación esta última que acabaría integrándose en Comisiones Obreras. Dos años después pasa a denominarse Komunistak y, más tarde, acaba siendo el Movimiento Comunista de España. Zumalde se marcha también de ETA y crea un grupo militar, denominado los *Cabras*.

En la asamblea ETA queda definida como Movimiento Socialista Vasco de Liberación Nacional, en la línea del FLN argelino y el Irgum israelí de Menahem Begin. Krutwig consagra su teoría de la «acción-represión-acción» como única vía para acabar con la dictadura.[2]

En la V Asamblea ETA se reestructura con la creación de un órgano máximo de dirección, la asamblea nacional *(Biltzar Nagusia)*, que delega sus poderes en un comité ejecutivo *(Ket)*.

En abril de 1967 dejan la organización José Manuel Aguirre, Benito del Valle y *Txillardegui*, todos ellos opuestos al marxismo-leninismo y a las prácticas guerrilleras de ETA.

Primer asesinato

La organización armada no cuenta con una militancia superior a cuatrocientos miembros, entre quienes ya destaca Mario Onaindía, que se responsabiliza del frente obrero, manteniendo muy buenas relaciones con Comisiones Obreras.

Son años de voladuras de monumentos simbólicos del franquismo, de colocación de explosivos en centros oficiales, de atracos frecuentes y de los primeros enfrentamientos a tiros entre policías y terroristas. La represión policial es cada vez mayor. En San Sebastián alcanza cierta fama el comisario Melitón Manzanas por los malos tratos que infringía a los detenidos en las instalaciones policiales.

Javier Izco de la Iglesia lleva a cabo un atraco con éxito en una entidad bancaria de Eibar, apoderándose de medio millón de pesetas. El 7 de junio se producen las dos primeras muertes del terroris-

2. Krutwig, tras el asesinato en 1983 del capitán de farmacia Martín Barrios a manos de ETA, manifestó a *Cambio 16* que ETA estaba más cerca del pistolerismo: «Matar por matar es fascismo».

mo de ETA. En un control de carreteras el líder de la organización, Francisco Javier Etxevarrieta, mata al guardia civil José Pardines Arcay. Se produce una persecución policial y Etxevarrieta es acribillado a balazos. La persona que lo acompaña, Iñaki Sarasketa, es detenida y más tarde condenada a muerte. La sentencia es conmutada finalmente por Franco.

Como represalia, ETA asesina el 2 de agosto al comisario de San Sebastián Melitón Manzanas. El otro objetivo de la banda armada, el comisario de Bilbao José María Junquera, se libra del atentado porque ese día se encontraba fuera del País Vasco.

El asesinato de Melitón Manzanas provoca el estado de excepción en Vizcaya y Guipúzcoa. Las redadas policiales, sólo en el mes de agosto, conducen a las comisarías a más de quinientas personas. Los abogados Juan María Bandrés, Miguel Castell y Elías Ruiz Ceberio son deportados unos meses después, el día de Nochebuena. El saldo de la represión policial a finales del año siguiente es estremecedor: cinco muertos de ETA, seis heridos de bala, casi dos mil detenidos, trescientos exiliados forzosos, ciento cincuenta exiliados voluntarios y 192 fugados y escondidos en el monte.

Durante el verano de 1968, el nombre de ETA comienza a sonar en los hogares españoles y adquiere proyección internacional.

En *Iraultza*, publicación etarra, se compara a Euskadi con algunos países del Tercer Mundo colonizados por potencias extranjeras y se propone una salida independentista similar a los movimientos de liberación nacional de esos países.

A finales de año, ETA sufre los golpes más duros: son detenidos Arantza Arruti y José María Dorronsoro. En enero de 1969 son arrestados Izco de la Iglesia y López Irasuegui cuando intentan asaltar armados la cárcel de Pamplona, donde se encuentra presa la esposa de Irasuegui, Arantza Arruti.

En la primavera son detenidos: Gorostidi, Abrisketa, Onaindía, Víctor Arana, Eduardo Uriarte, el cura Etxabe, Jone Dorronsoro y Enrique Guesalaga. Más tarde son detenidos Jokin Gorostidi e Itziar Aizpurúa.

Es necesario destacar esta relación de detenidos pues son quienes después protagonizarán el proceso de Burgos en 1970, acusados de ser los responsables de ETA y de la muerte del comisario Manzanas.

Cuando está a punto de acabar la década de los sesenta, ETA asiste a un nuevo proceso de desintegración. Un sector obrerista se pasa a las filas del PCE. Se enfrenta al ala radical, militarista, encabezada por Juan José Etxabe, partidario de la lucha armada.

VI Asamblea. Con estos antecedentes da comienzo la VI Asamblea en agosto de 1970 en Itxaso. Reaparece la vieja dialéctica entre «españolistas» y nacionalistas radicales. Se crea un frente opuesto a la «izquierdización» de ETA.

En medio de esta discusión da comienzo el juicio de Burgos y la asamblea queda interrumpida. El 3 de diciembre de 1970, el fiscal pide penas de muerte para Francisco Xavier Izco, Mario Onaindía, Jokin Gorostidi, Francisco Xabier Larena y Edu Uriarte.

El juicio se convierte en un proceso al Régimen por parte de los acusados. Se lanzan gritos de *«Gora Euskadi askatuta»* y se canta el *Eusko gudariak gara.* Mario Onaindía declara ante el tribunal que él es un prisionero de guerra y pide acogerse a los convenios de Ginebra.

El mismo día 3 de diciembre, ETA secuestra al cónsul alemán en San Sebastián, Eugene Beihl, para presionar a escala internacional. Telesforo Monzón, al frente de Anai-Artea, organización que ayuda a los refugiados en Francia, inicia una campaña en la prensa internacional. Está ayudado por el párroco de Sokoa, Larzábal.

Los condenados en el juicio de Burgos escriben una carta, presentada como su testamento político, en la que critican el racismo de ETA y se desmarcan de los «viejos». Insisten en la idea de una Euskadi socialista. Asimismo, se muestran partidarios de combinar la influencia en el movimiento de masas y del mantenimiento de la actividad militar. Su doctrina queda calificada como *Berriak* (Nueva).

El 28 de diciembre de 1970 se conoce la sentencia. Cinco penas de muerte para Izco, Onaindía, Gorostidi, Larena y Uriarte y siete siglos de prisión para Atrana, Abrisketa, Gusalaga, López Irasuegui, Karrera, Itziar Aizpurúa, Jone Dorronsoro, Arantza Arruti, Etxabe (sacerdote) y Julen Kalzada (sacerdote). Varios gobiernos y el Vaticano piden clemencia, por lo que Franco se ve obligado a conmutar la pena de muerte por la de cadena perpetua. El cónsul alemán es liberado.

Según los expertos, el proceso de Burgos sirvió para catapultar a ETA cuando pasaba por una crisis interna de desintegración.

La segunda parte de la VI Asamblea se convoca en 1972. ETA Berriak no dura mucho. Se dispersa. Un grupo amplio se pasa a la Liga Comunista Revolucionaria (LCR), de carácter trotskista, que empieza a denominarse LCR-ETA VI. Otros militantes se pasan al MCE y unos pocos a la ORT y al PCE.

ETA queda totalmente marginada en el proceso de reorganización del movimiento obrero vasco, un gran error para sus planes de penetración en la sociedad vasca. Los historiadores critican a los dirigentes etarras no saber aprovechar la popularidad que le proporcionó el proceso de Burgos. ETA opta por la vía de la lucha armada.

ETA renace de sus cenizas a comienzos de 1972. Un ex monje de Lazkano, llamado Eustaquio Mendizábal, reúne a los etarras dispersos de la V Asamblea y recompone el grupo. El lema del benedictino, también conocido por el nombre de guerra de *Txikía*, es «libertad o muerte». Le acompañan Juan M. Villar, *Fangio*; Domingo Iturbe Abasolo, *Txomin*; Pérez Beotegui, *Wilson*; Beñarán Ordeñana, *Argala*, y Tomás Pérez Revilla, entre otros.

Txikía, de vida austera, casado y con dos hijos, era profundamente nacionalista y también creyente, por su antigua condición de monje. Su labor fue determinante para que ETA no se desintegrara.

De ahí que puede hablarse de una ETA de antes y después de Eustaquio Mendizábal.

A principios de año, ETA secuestra a dos empresarios vascos, Lorenzo Zabala y Felipe Huarte, y consigue un botín de nueve millones de pesetas en el atraco a una sucursal del Banco Guipuzcoano de Beasain.

Los dos secuestros coinciden con conflictos laborales en las empresas de los industriales. La banda terrorista, entre las condiciones para su rescate, exige la concesión a los trabajadores de sus reivindicaciones laborales.

En abril de 1973 fallece *Txikía* después de recibir un tiro en la cabeza en un enfrentamiento armado con la policía.

En agosto se reúne la VI Asamblea (*Nagusia Biltzar*) que nombra para el comité ejecutivo a José Ignacio Múgica Arregui, *Ezkerra*; Pedro Ignacio Pérez Beotegui, *Wilson*; Francisco Xabier Aya Zulaika, *Trepa*; Goiburu y Joseba Mikel Beñarán Ordeñana, *Argala*. Se sigue insistiendo en la lucha armada y se crean tres frentes: militar, obrero y cultural. Se decide secuestrar al almirante Carrero Blanco para canjearlo por presos de la organización.

Sin embargo, el 20 de diciembre de 1973 ETA asesina a Carrero Blanco. El comando que lleva a cabo la acción adopta el nombre de *Txikía*, en recuerdo del dirigente fallecido, y está formado por Ignacio Abaitua Gomeza; Javier María Larreategui Cuadra, *Atxulo*; José Miguel Beñarán, *Argala*; José Antonio Urrutikoetxea Bengoetxea, *Josu Ternera*; Pérez Beotegui, *Wilson*, y Juan Bautista Eizaguirre Santisteban.

El atentado y la muerte del presidente del Gobierno provocan fuertes discusiones dentro de la organización. El frente obrero se resiste a la lucha armada y funda el partido LAIA (Langille Abertzalen Iraultzalen Alderdia, o Partido de Obreros Revolucionarios y Patriotas). Pero la dialéctica interna provoca la división más importante en la historia de ETA.

En octubre de 1974 un grupo permanece fiel a las conclusiones de la última asamblea y constituye la formación ETA V Asamblea o ETA–militar. Otros militantes, los disidentes, forman ETA VI Asamblea o ETA–político-militar. La primera propugna la lucha armada; la segunda, simultanear la guerrilla con acciones de masas.

La explosión de una bomba, el 14 de septiembre de 1974, en la cafetería Rolando de la calle Correo de Madrid, que acarrea la muerte a varios ciudadanos madrileños, agrava el enfrentamiento, aunque la dirección de ETA se resiste a reivindicar su primer atentado indiscriminado contra la población civil.

En diciembre de 1974 ETA–militar celebra la segunda parte de su VI Asamblea y elige como máximo dirigente a *Argala*. Lo acompañan en la dirección *Txomin*, *Peixoto*, *Ondarru* y *Trepa*.

ETA–político-militar organiza su VI Asamblea el 1 de enero de 1975. Su comité directivo está formado por Goiburu, Abrisketa, Múgica Arregui, *Ezkerra*, y *Wilson*. Este último acababa de ser expulsado de los *milis*. Los *polimilis* proponen como programa los puntos Herrikoi Batasuna, que más tarde constituirían las bases para la *alternativa KAS*. Moreno Bergaretxe, *Pertur*, se encarga de la línea política y *Apala* queda como responsable de los comandos *berezias*, que funcionan con total autonomía.

ETA ya no es la misma que la de sus comienzos. En los catorce años que median desde su nacimiento hasta marzo de 1972 sólo había tenido una víctima. De marzo del setenta y dos hasta mediados del setenta y seis son veintiuno los etarras muertos en enfrentamientos con las Fuerzas de Seguridad del Estado. En dos años y medio, la cifra de muertes ocasionadas por ETA asciende a veinticinco, que llega al doble si se contabilizan los policías y guardias civiles muertos en enfrentamientos armados.

ETA Y LA TRANSICIÓN

Los años 1975 y 1976 son los más violentos de ETA. Durante el año de la muerte de Franco,[3] fueron detenidos en Euskadi 4.625 personas, es decir, un promedio de más de quince detenciones por día. Mientras el Generalísimo agonizaba, había en las cárceles españolas 632 presos vascos condenados a un total de 3.500 años de prisión.

La dictadura traspasa a la transición un dardo cargado de veneno. Una herencia que ha dado que pensar a muchos historiadores que ETA fue un fenómeno eminentemente franquista, aunque los muertos causados por la organización terrorista durante los años de la democracia fueron muchos más que en los años de la dictadura o la transición política.

Así, 1975 y 1976 fueron de los años más duros en las acciones etarras: pierden la vida cuarenta y seis personas. Hasta la caída de la cúpula de los *polimilis*, a raíz de la infiltración de *Lobo*, el protagonista de la mayoría de las acciones es esa fracción de la organización. Tras la labor del «topo», sólo quedan en activo tres dirigentes: *Pertur*, *Erreka* y *Apala*.

El 28 de agosto un tribunal militar, reunido en el acuartelamiento de Castrillo del Val (Burgos), condena a muerte a Garmendia y a Otaegui, que habían sido detenidos en una redada policial en el País Vasco.

El 20 de septiembre, otro tribunal militar condena a muerte en Barcelona a Juan Paredes Manot, *Txiki*. Con esta condena son once las que tiene pendiente la justicia militar: tres etarras y ocho militantes del FRAP.

El 26 de septiembre se confirman cinco de ellas: Otaegui, *Txiki*, Baena, García Sanz y Sánchez Bravo. Se conmuta la de Gar-

3. Datos obtenidos del libro de Gregorio Morán, Los españoles que dejaron de serlo, Planeta, 1982, p. 362.

mendia y cinco más, entre ellas las de dos mujeres. El sábado 27 los cinco condenados son ejecutados.

ETA–pm, a modo de venganza, asesina en Madrid a cuatro policías nacionales. Y los *milis*, que hasta la fecha estaban inactivos, matan a tres guardias civiles en Oñate y a otro en Zarauz. El 20 de noviembre muere Francisco Franco.

El año 1976 comienza con los secuestros de Arrasate y Luzuriaga por parte de los comandos *berezias* de los *polimilis*. Ambos son puestos en libertad. Quien no corre la misma suerte es el industrial Ángel Berazadi, secuestrado a mediados de marzo y encontrado muerto el 8 de abril. *Pertur* se enfrenta a los *berezias* por el asesinato y decide dimitir junto con *Erreka*. El 23 de julio, *Pertur* desaparece, hasta la fecha sin dejar rastro. Los últimos que hablaron con él fueron *Apala* y Francisco Mújica Garmendia, *Pakito*.

1976 acaba con el confinamiento de etarras en la isla de Yeu, en Francia, la fuga de la cárcel de Segovia, la celebración de la semana y huelga pro amnistía y el asesinato del presidente de la Diputación de Guipúzcoa. Se autoriza la *ikurriña* y se derogan los decretos franquistas contra Vizcaya y Guipúzcoa.

En el País Vasco se repiten las manifestaciones reclamando la amnistía. La violencia alcanza su momento cumbre en el mes de mayo de 1977, antes de la apertura de la campaña electoral. Se presenta un nuevo partido Euskadiko Ezkerra, nacido meses antes de las filas de ETA–pm y del grupo EIA (Euskadiko Iraultzalen Alderdia-Partido Revolucionario Vasco), cuyo precursor había sido *Pertur.* Herri Batasuna no aparecería hasta las elecciones de 1979.

El 20 de mayo es secuestrado Javier de Ibarra. Ese mismo día el Gobierno decide que los veintitrés etarras que continúan en la cárcel serán excarcelados en algunos casos si aceptan el extrañamiento. ETA, en cambio, contesta anunciando el relanzamiento de la lucha armada.

El 15 de junio se celebran las primeras elecciones democráticas. Obtiene la victoria UCD, Euskadiko Ezkerra, con sesenta mil votos, conquista un escaño para Letamendía en el Congreso y un senador (Bandrés).

El 22 de junio aparece asesinado el industrial Ibarra. Los responsables de la acción, los comandos *berezias* de *Apala*, deciden integrarse en ETA–militar.

A finales de septiembre, el Gobierno, con el apoyo del ministro Martín Villa, decide conceder la amnistía. Los comandos de ETA–militar, tras un corto respiro, deciden actuar. Asesinan al presidente de la Diputación de Vizcaya, al comisario de Pamplona y, más tarde, en 1978, al periodista José María Portell, que había hecho de intermediario entre ETA y el Gobierno en un intento de negociación con Juan José Etxabe.

El 4 de enero de 1978, el BOE publica un decreto-ley sobre la autonomía vasca, pero la violencia alcanza una espiral sin límite. En ese año los *polimilis* se encuentran en la retaguardia y no hacen acto de presencia hasta finales del setenta y ocho con el secuestro del delegado de Educación de Guipúzcoa para reivindicar, según ellos, la legalización de las *ikastolas* y el euskera.

En 1978 surge un nuevo grupo armado, desligado de ETA–militar, los Comandos Autónomos Anticapitalistas (CAA), al tiempo que la central nuclear de Lemóniz se convierte en uno de los motivos de lucha de la organización terrorista.

En el mes de julio ETA–militar asesina al primer general tras el atentado contra Carrero Blanco. Juan Manuel Sánchez Ramos y su ayudante, el teniente coronel José Pérez Rodríguez, caen ametrallados. Los terroristas siguen su política de acoso al gobierno de UCD y de provocación de los militares. Un portavoz de la organización lo reconocía: «No le queda otro recurso al aparato político de la monarquía que intensificar la represión al máximo, sometiendo a Euskadi a un estado de sitio. ETA puede resistirlo y después este aparato tendrá que negociar. Por tanto, no comprendemos por qué no negocia de inmediato». En estas palabras subyace la teoría trasnochada de ETA: «acción-represión-acción», marcadas por Krutwig en sus inicios.

ETA juega al golpe de Estado y lo consigue. No tarda en llegar una reacción del Ejército más inmovilista. A mediados de noviembre se descubre la denominada *Operación Galaxia*, propiciada por el oficial de la Guardia Civil Antonio Tejero Molina y el capitán de la Policía Armada Ricardo Sáenz de Ynestrillas.

El 6 de diciembre se aprueba la Constitución en referendo en medio de un baño de sangre. El 21 de ese mes es asesinado en el País Vasco francés José Miguel Beñarán Ordeñana, *Argala*, miembro de ETA que había participado en el atentado contra Carrero Blanco. Su coche también queda destrozado por una explosión.

La Constitución es aprobada en toda España, aunque en el País Vasco, con el apoyo del PNV, se produce una mayoría de abstenciones. La Koordinadora Abertzale Sozialista (*KAS*) propone los famosos cinco puntos para la consecución de un Estado *abertzale*. Herri Batasuna (HB) se presenta a las elecciones generales de marzo de 1979 y obtiene 150.000 votos. La coalición está formada en torno al grupo mayoritario HASI (Partido Revolucionario Socialista del Pueblo Vasco) y funciona como una correa de transmisión de ETA–militar. En las municipales de 1979, HB obtiene 180.000 votos y alcaldes en varias ciudades.

La Ley Orgánica del 18 de diciembre de 1979 crea las bases del Estatuto de Guernica, que es aprobado por todas las fuerzas políticas excepto por Herri Batasuna. En 1980 se producen las primeras elecciones para constituir un Parlamento vasco con la victoria final del PNV.

Los historiadores Raymond Carr y Juan Pablo Fusi tienen sobre esta época una opinión muy clara:[4] «En el País Vasco, Suárez no tuvo la misma suerte de encontrar otro Tarradellas. El Gobierno vasco en

4. *España, de la dictadura a la democracia*, Planeta, p. 298.

el exilio, aunque partidario de un compromiso con Madrid, entendió que era a los parlamentarios vascos a quienes correspondía negociar con el Gobierno el nuevo régimen autonómico... Las negociaciones no fueron fáciles. Se precisó una nueva amnistía para vaciar las cárceles de los últimos presos vascos. ETA continuó con su acción terrorista: cada nuevo atentado supuso un retroceso en la negociación, en un deliberado intento de detener un proceso autonómico que amenazaba sus aspiraciones independentistas. Surgió un nuevo problema: los parlamentarios de UCD de la provincia de Navarra, una provincia sólo parcialmente vasca, rechazaron la incorporación de Navarra al futuro Consejo General Vasco».

Numerosos observadores políticos destacan que los problemas actuales en el País Vasco arrancan de esos años de la transición, del retraso de una normalidad política en Euskadi.

En octubre de 1979 la mayoría de la población vasca aprueba el Estatuto de Autonomía. En marzo se elige el primer Parlamento. HB no asiste al órgano legislativo autónomo.

Los *milis* responden a la nueva autonomía con 88 muertos en 1980. La campaña sangrienta de ETA obtiene la respuesta del teniente coronel Antonio Tejero y sus seguidores con la toma del Parlamento español, el 23 de febrero de 1981.

Tras el intento de golpe de Estado, ETA–pm decide un alto el fuego. Un año más tarde, en febrero de 1982, se escinde en ETA VII Asamblea y ETA VIII. Los *séptimos*, tras los acuerdos entre el ministro Juan José Rosón y Euskadiko Ezkerra, deciden disolverse el 1 de octubre de 1982 y adoptar la vía de la reinserción.

Los *octavos*, fraccionados en *milikis*, pro KAS y otros grupúsculos, deciden pasarse a ETA–militar.

Los Comandos Autónomos Anticapitalistas, desde la operación policial de Pasajes, en la que perdieron la vida cuatro de sus militantes, y la expulsión de sus dirigentes a tierras americanas y africanas por las autoridades francesas, desaparecieron de la escena terrorista.

A finales de 1983, días después del asesinato del capitán de farmacia Martín Barrios, hacen acto de presencia los GAL (Grupos Antiterroristas de Liberación), que habían heredado la patente de la *guerra sucia* de otros grupos parapoliciales de la transición como Antiterrorismo ETA (ATE) y Batallón Vasco Español (BVE).

ETA y la reinserción

La vuelta a España de María Dolores González Catarain, *Yoyes*, en octubre de 1985, supuso un espaldarazo político a las medidas de reinserción social iniciada cuatro años antes por Juan José Rosón, ministro del Interior de UCD, y Mario Onaindía, secretario general de Euskadiko Ezkerra. *Yoyes*, una histórica de ETA, servía de ejemplo para otros militantes de la organización que estuvieran dispuestos a acogerse a las medidas de gracia. Pero *Yoyes* fue asesinada el 10 de septiembre de 1986 por sus antiguos compañeros de ETA–militar, en presencia de su hijo de tres años. Le dispararon tres tiros, uno de ellos en la sien.

María Dolores González Catarain, de treinta y dos años, había huido al País Vasco francés en 1973, donde se convirtió en una de las pocas mujeres que formaron parte de la dirección de ETA. *Yoyes*, que desde un principio estuvo alineada a las tesis de *Argala*, asumió a la muerte de éste, en diciembre de 1978, la dirección de la ejecutiva de ETA–militar junto con Eugenio Etxebeste, *Antxon*.

A finales de enero de 1979 fue detenida por la policía francesa, junto con otros trece refugiados vascos, y fue confinada en el departamento de los Alpes de la Alta Provenza. Ese mismo año, abandonó Francia y se refugió en México. Se casó con Juanjo Dorronsoro Goikoetxea y tuvo un hijo en tierras mexicanas. Trabajaba de traductora y estudió Sociología.

El 17 de octubre de 1985, regresó al País Vasco, tras doce años de exilio. Su nombre no figuraba en la lista inicial que habían elaborado los gobiernos central y vasco. Nadie se lo esperaba.

Su viudo, Juanjo Dorronsoro, en una carta dirigida al diario *El País*, el 17 de octubre de 1986, atacaba a ETA: «Habéis asesinado a *Yoyes* porque dijo no a vuestra orden de integrarse en ETA e incluso mostró su desacuerdo con vuestro militarismo y con la descarada represión que estabais ejerciendo sobre los presos y los refugiados para que se mantengan "prietas las filas". Necesitabais en la dirección personas como *Yoyes* y, ante su respuesta negativa, habéis optado por una venganza traicionera».

Un día después del asesinato, ETA se responsabiliza del crimen y acusa a *Yoyes* de haberse traicionado a sí misma. En su comunicado, la banda terrorista decía que *Yoyes* era una traidora al pueblo vasco y añadía: «Ha apoyado la política de reinserción que pretende atacar los flancos más vulnerables del movimiento nacional de liberación vasco».

Meses antes, el 4 de febrero de 1984, ETA–militar había asesinado de un tiro en la espalda a Miguel Francisco Solaún, de treinta y nueve años, uno de los primeros en acudir a la vía de la reinserción. Solaún, que había ingresado en ETA en 1969 y había sido indultado por el Consejo de Ministros en 1983, fue calificado por la organización terrorista de «traidor y colaborador de la policía», y su asesinato de «una advertencia para todos aquellos que busquen una salida personal a su situación».

Las cifras de la reinserción

Entre 1983 y 1986 regresaron a España 107 etarras acogiéndose a la vía de la reinserción social propiciada por el Ministerio del Interior. A esa cifra hay que sumarle los 44 miembros de las diferentes ramas de ETA que habían sido indultados desde la primera legislatura y que también se acogieron a la reinserción.

En el primer grupo, formado por militantes que regresaron de Francia, figuraban 77 miembros de ETA–pm (VII Asamblea). El último etarra en regresar lo hizo en abril de 1986.

Esta lista la completaban quince activistas de ETA–militar, once de ETA–pm (VIII Asamblea) y cuatro de los Comandos Autónomos Anticapitalistas (CAA).

«La prueba definitiva para el éxito de la operación —según palabras del entonces ministro Rosón, que falleció en agosto de 1986— fue la libertad de Víctor Garay, un condenado que no tenía delitos de sangre pero sí un buen paquete de delitos graves y cuarenta años de cárcel.»

El 80 por ciento de los *regresados* lograron un trabajo, aunque algunos de ellos encontraron escritas en las paredes de sus casas palabras como «traidor» o «arrepentido».

La segunda operación de reinserción social (la primera Rosón-Onaindía-Euskadiko Ezkerra) fue puesta en práctica por el Gobierno vasco en colaboración con el Defensor del Pueblo y los ministerios de Justicia e Interior en enero de 1984. A finales del ochenta y cinco, se estimaba que por esta vía unos treinta presos habían salido de la cárcel.

Finalmente, en el verano del ochenta y cuatro, el Gobierno propuso a su homónimo francés una nueva vía de reinserción a través de los consulados, que también logró buenos resultados.

La aceptación del pueblo vasco de estas medidas se comprueba en las encuestas publicadas en 1986 referentes al apoyo que tiene la violencia en el tejido social de Euskadi. El apoyo a las opciones violentas, que en 1979 lograba un 11 por ciento, en 1986 descendió a un 2 por ciento.

La reinserción *polimili*, paso a paso

El 30 de septiembre de 1982, diez militantes de ETA–pm VII Asamblea se presentan a cara descubierta en una rueda de prensa convocada en Francia y comunican el mensaje del año: «Queremos seguir luchando pero sin armas. La lucha armada y ETA ya han cumplido su papel».

Los diez *polimilis*, que más tarde se acogieron a la vía de la reinserción y volvieron a España, eran: Joseba Aulestia; José Miguel Goiburu, *Goyerri*; Pedro Díez Ulzurrun, *Periko*; José María Zubeldia Maiz; Juan María Ortúzar, *Ruso*; Miren Lourdes Alcorta; Fernando López Castillo; José María Lara Fernández, *Txepe*; Josu Sánchez Terradillos y Luis Emaldi Mitxelena, *Mendi*.

Algunos de ellos habían coincidido con Mikel Lejarza, *Lobo*, en su etapa francesa e incluso en el caserío donde permaneció unos meses recibiendo instrucción.

El anuncio del alto el fuego se producía sólo dieciocho meses después del anuncio de una tregua en la actividad armada.

En el otoño de 1980, uno de los más sangrientos de la historia de ETA, Mario Onaindía, secretario general de EIA, un partido vasco próximo a los *polimilis*, ya empezó a plantear que la lucha armada estaba tocando fondo y era el momento de hacer un balance. En una asamblea de su partido llegó a decir: «Conseguido el Estatuto, gracias a la unidad de las fuerzas políticas vascas, es a éstas a quien corresponde defender el desarrollo del autogobierno y plantear soluciones progresistas a los problemas pendientes de Euskadi, encauzando tras de sí a un amplio movimiento popular que haga posible una salida unitaria y democrática a la institucionalización de Euskadi».

Partiendo de este presupuesto, EIA se dirigió el 15 de febrero de 1981, unos días antes del intento de golpe de Estado, a las organizaciones armadas pidiéndoles un alto el fuego.

A final de ese mes se obtienen los primeros resultados. ETA –pm pone en libertad a los cónsules de Austria, El Salvador y Uruguay, que había secuestrado días antes, y hace público su alto el fuego.

Onaindía también propone al *lehendakari* Garaikoetxea que su Gobierno se encargue de encauzar un proceso de reinserción, pero no obtiene una respuesta positiva.

Pero en abril de 1981 recibe una llamada de Juan José Rosón, que lo cita a comer en el restaurante Los Arándanos. Onaindía había coincidido en una cena, organizada por María Teresa Alberdi, con un hermano de Rosón, a quien le había expuesto su tesis.

Rosón llega a un acuerdo con Mario Onaindía y deciden elaborar una lista con los nombres de presos y exiliados. La única condición que pone el ministro es que nadie tenga pendiente delitos de sangre. La lista podía recoger varios tipos de refugiados: quienes habían huido de España por miedo a ser detenidos, quienes no tenían reclamaciones judiciales pendientes y sólo estaban fichados por la policía, quienes estaban a la espera de juicio y quienes ya estaban condenados. Las soluciones se adoptarían de forma progresiva según las situaciones particulares.

Mario Onaindía viaja a Francia para dar cuenta de la situación y elabora una primera lista de 70 *polimilis*. Bandrés visita en las cárceles a una treintena de ellos y Rosón convence a los miembros de las fuerzas de seguridad de la viabilidad del plan.

A las negociaciones se suman por parte de Euskadiko Ezkerra los abogados Juan Infante y Arantxa Leturiondo. Rosón está asesorado por Francisco Laina, director de la Seguridad del Estado, los comisarios Fernández Dopico y Manuel Ballesteros, así como los jefes de la Guardia Civil, José Luis Aramburu Topete y Andrés Cassinello.

La negociación funciona y el 30 de septiembre alcanza un éxito con la autodisolución de ETA–pm VII Asamblea. Todos los históricos *polimilis* estaban sentados a la mesa de la paz con el retrato del desaparecido *Pertur*, que sirve de testigo de una solución que él había propugnado años atrás.

En el comunicado de disolución de los *polimilis* se recogen argumentos hasta ese momento impensables:

«La lucha armada implicaba en sus objetivos y efectos al conjunto de la población y aunque decidida y practicada por un sector mínimo de la misma era aceptada socialmente por su conjunto... Fue el catalizador simbólico (ETA) de la oposición vasca al franquismo».

«A partir de la muerte de Franco la lucha por la amnistía fue el marco en el que se manifestó toda la simpatía general alrededor de ETA.»

«La consecución del Estatuto de Autonomía fue el índice del cambio real operado en Euskadi. A partir de este período empieza a manifestarse un paulatino cambio de actitud respecto a la lucha armada y a ETA. El descenso del apoyo popular nos hizo plantear muy a fondo la táctica de la organización y es en este contexto cuando decidimos lanzar la tregua unilateral.»

«Pensamos que la violencia armada era necesaria en un momento determinado, pero hoy estamos convencidos de que los valores y la lucha democrática son los que en un avance de conciencia y organización del pueblo pueden dar soluciones verdaderas a los problemas de Euskadi.»

Los primeros *polimilis* regresaron a España a lo largo de 1983. Quienes optaron por la reinserción fueron amenazados por ETA –pm VIII Asamblea, que trató de relacionar el modelo español con el italiano, basado, principalmente en la delación.

Bandrés aclaró los términos de la reinserción: «La reintegración en la vida civil es voluntaria, no implica ningún género de arrepentimiento ni delación por colaboración u omisión».

En 1984 el gobierno socialista emprende una nueva operación de reinserción a través del Defensor del Pueblo y del Gobierno vasco, utilizando de intermediario al entonces senador del PNV Joseba Azkárraga. El nuevo sistema de reinserción, agotada la vía para los *polimilis* de la VII Asamblea, contemplaba tres fases:

Primera: afectaba a personas que no tenían ningún tipo de requisitoria, policial o judicial.

Segunda: englobaba a los terroristas que no tenían delitos de sangre, siempre que se comprometieran a abandonar la lucha armada, como los *séptimos*.

Tercera: abarcaba a los terroristas con delito de sangre, para quienes se arbitrarían fórmulas de extrañamiento a otros países.

Para la primera fase, que afectaba a unos doscientos refugiados en Francia, el ministerio facilitó un apartado de correos y un teléfono de Madrid para que cada uno consultara su caso personalmente.

A mediados de 1984, la Policía española estimaba que en el País Vasco francés residían entre ochocientas y novecientas personas que guardaban relación con ETA y los CAA, de las que sólo ocho disfrutaban de carta de refugiado y unas cien de permiso de residencia.

En definitiva, desde los primeros pasos de Rosón la cifra de *polimilis* que se acogieron a la reinserción pudo ascender a unos trescientos. De esta forma se terminaba con una de las facciones más violentas de ETA. La cuenta atrás de ese final negociado comenzó en 1974, cuando los servicios de información lograron infiltrar en su dirección al joven Mikel Lejarza. Su labor de «topo» propició la caída de sus generales, *Ezkerra* y *Wilson*. Desde entonces, los *polimilis* nunca levantaron la cabeza.

ETA–pm desaparece, pero los *milis* siguen sembrando de sangre las calles españolas después de cuarenta y cuatro años de actividad terrorista. La mayoría de los dirigentes etarras, que coincidió con *Lobo* en el sur de Francia, está entre rejas, ha muerto o ha dejado las armas. ETA ha quedado diezmada por la actividad policial, pero sigue matando. Sus actuales dirigentes no tienen nada que ver con la generación de Mikel Lejarza.

Documento 1

A principio de los años ochenta el CESID elabora un informe interno donde se reflejan, a modo de historia, los diferentes procesos que han ocurrido dentro de los servicios secretos. El informe consta de tres capítulos y éste, el que va desde 1939 hasta 1977, es el segundo de ellos.

Su utilización está restringida y sólo disponen del informe los jefes de servicio. Ésta es la primera vez que se hace público.

LA INFORMACION EN ESPAÑA (1.939 - 1.977)

Finalizada la guerra de ESPAÑA el 1° de Abril de 1.939,-- se inicia, en el campo de los Servicios informativos una reorganización de los mismos para ajustarlos a los nuevos tiempos de paz y mantenerlos en la necesaria vigencia que evite en el futuro las improvisaiones producidas en la experiencia bélica recién terminada.

1.- SERVICIOS INFORMATIVOS EXISTENTES

1.1. El Alto Estado Mayor

La Ley de Agosto de 1.939 y el Decreto de 30 de Agosto de 1.939 que crearon este Alto organismo y señalaban -- que el mismo nacía de la "necesidad de un órgano de coordinación, estudio e información que facilite al Mando Supremo los elementos de juicio convenientes para la orientación de sus designios".

Quedaba constituido el Alto Estado Mayor por tres Secciones, una Militar, otra Económica y la tercera de Información, a la que se le encomendaba la misión de ser el Centro de Inteligencia del Mando Supremo. Se le hacía depender directamente del Presidente del Gobierno.

En la práctica, se suscitaron cuestiones de competencia en el campo de la Inteligencia y hubo necesidad de formular, en 1.945, una Orden Reservada que señaló los siguientes campos concretos de actuación:

- Corresponde al Alto Estado Mayor cuanto se refiere al espionaje y al contraespionaje de carácter militar, dentro y fuera del país.

- Incumbe a cada Ministerio la información de carácter general, conforme a sus necesidades.

- El Ministerio de la Gobernación (Dirección General de Seguridad) será responsable de cuanto se relacione con la Seguridad interior del país. Debiendo entenderse por seguridad el conocimiento anticipado y la destrucción o anulación de cuantas actividades se dirijan a perturbar el orden público y/o a poner en peligro la vida del Estado.

A la Tercera Sección del Alto Estado Mayor, le correspondió la misión de:

- Proporcionar al Mando Supremo información política,

económica, social y militar para que aquél pueda conocer con precisión las posibilidades y potencialidad de países extranjeros.

- Desarrollar la Contrainteligencia dentro de los límites señalados.

Para poder cumplirla, dicha Tercera Sección, quedó articulada en los siguientes elementos fundamentales:

Jefatura

Secretaría

Negociado de Operaciones

. Grupo de operaciones en el exterior
. Grupo de operaciones en el interior

Negociado de Estudios e Informes

Negociado Técnico.

Esta organización subsistió sin cambios apreciables hasta el año 1.976. Las últimas variaciones orgánicas introducidas en el Alto Estado Mayor no afectaron en la práctica, a la Tercera Sección más que en el cambio de nombre: pasó a llamarse SEGUNDA DIVISION, de acuerdo con lo dispuesto en el Decreto 1.021 de 8 de Abril de 1.976 y Orden de la Presidencia del Gobierno de 2 de Julio de 1.976 (B.O.E. num. 159) sobre reorganización del Alto Estado Mayor.

1.2. Los Servicios de Información de las Fuerzas Armadas.

En el Ejército de Tierra, la información a nivel nacional, estuvo representada durante los años considerados por la 2ª Sección del E.M.C. y la Segunda Bis Central, en sus aspectos generales de Inteligencia la primera y de Contrainteligencia la segunda.

La Red Naval de Inteligencia se correspondía con el escalonamiento jerárquico en la Marina y el despliegue en la Armada, ocupando el vértice superior la Sección de Inteligencia del Estado Mayor de la Armada.

En el Ejército del Aire, existía igualmente la 2ª Sección del Estado Mayor del Aire y la 2ª Sección Bis, con funciones semejantes a las correspondientes del Ejército de Tierra.

La Guardia Civil cuenta con el SIGC para el cumplimiento y dirección de los servicios informativos que le son propios.

1.3. Servicio de Inteligencia de la Dirección General de Seguridad

Durante los años que se consideran en el presente Capítulo, ha funcionado en ESPAÑA el Servicio de Información bajo la Superior autoridad y personal dependencia del Director General de Seguridad.

Con ligeras variaciones sobre lo que aquí se señala a continuación, fruto de la adaptación a diversas circunstancias administrativas u operativas, el Servicio de Información estuvo compuesto de:

- Sección de Coordinación, Operaciones y Enlace (SCOE)
- Sección de Asuntos Especiales
- Sección de Observaciones (también se llamó de Censura).

1.4. El Servicio Central de Documentación de la Presidencia del Gobierno.

Por Decreto 511/1.972 (B.O.E. núm. 60) se creó el Servicio Central de Documentación (SECED), a nivel de Dirección General adscrita a la Presidencia del Gobierno, con dependencia directa del Ministro Subsecretario.

La Orden de 16 de Marzo de 1.972 (B.O.E. núm.68) estructuraba el SECED, dándole unas misiones administrativas que servían de cobertura a la Organización Contrasubversiva Nacional (OCN). En ella quedaba prevista la posible creación de Delegaciones Regionales, con el ámbito territorial que expresamente se determinase en cada caso, y la constitución de Oficinas de enlace en los distintos Departamentos ministeriales civiles para el mejor desarrollo de las funciones encomendaadas al SECED.

Con todo ello se amparaba la estructura de la OCN y se concedía a su Jefe el rango necesario para una funcional y efectiva relación con otros órganos de la Administración del Estado.

Sus misiones fueron las siguientes:

. Asesorar al Presidente del Gobierno en el planeamiento y dirección de la lucha contrasubversiva en el interior y exterior del territorio nacional.

. Coordinar la acción de cuantos organismos de la Administración (excepto las Fuerzas Armadas) se ven complicados en la lucha antisubversiva.

. Mantener actualizados, a disposición de los Mandos Superiores de la Defensa, informes sobre la situación antisubversiva.

Por lo tanto, en el interior del territorio nacional tenía como competencia la acción contrasubversiva general, con las siguientes limitaciones:

. En las FAS, la acción contrasubversiva estaba a cargo de los servicios específicos de cada Ejército, que debía coordinar la 2ª División del Alto Estado Mayor.

. La represión contrasubversiva y los asuntos de Orden Público que se derivaban, quedaban bajo la competencia del Ministerio de la Gobernación.

En el exterior del territorio nacional y previo acuerdo con el Alto Estado Mayor (2ª División) el SECED realizaba acciones contrasubversivas centradas en las organizaciones de emigrantes y exiliados y entre los núcleos subversivos españoles en el exterior, para neutralizar su influencia en los medios políticos y la prensa del extranjero.

El SECED redactó su propio Plan Permanente de Información y su Programa de Investigación para atender las peticiones del Presidente del Gobierno y cuantas necesidades informativas surgían de la propia actividad operativa.

En líneas generales, la estructura que el SECED adoptó para el cumplimiento de las misiones asignadas fue la siguiente:

Jefatura

Secretaría General

Gabinete de Estudios

División de Información

División de Operaciones

División de Exterior.

Dispuso de Delegaciones Regionales en el interior del territorio nacional, Bases en el exterior y Oficinas de Enlace en algunos Ministerios.

Su personal estuvo constituido en su casi totalidad por miembros de las FAS y del Ministerio de la Gobernación.

No existía más requisito para la selección, que la idoneidad estimada por el SECED y la superación de unos cursos y etapas de formación.

Al Jefe del Alto Estado Mayor (y por su delegación, al Jefe de la 2ª División "Inteligencia") se le atribuyó una función inspectora del SECED, que en la práctica casi no se ejerció, si bien facilitó la autorización, acuerdo y coordinación de las acciones a realizar en el extranjero.

2.- REORGANIZACION DE LOS SERVICIOS DE INFORMACION.

La transformación del marco constitucional debía ser aprovechada, en ESPAÑA, para plantear la posibilidad de un estudio meditado de las circunstancias que encuadraron la problemática de los Servicios Informativos durante los años contemplados en este Capítulo (1.939 - 1.977) y preparar su adaptación a los nuevos tiempos venideros, mejorando en lo posible aquellas estructuras que hubiesen demostrado poca eficiencia, modificando o anulando las inútiles y promoviendo -fundamentalmente- la creación de normas y criterios de coordinación absolutamente ausentes, en la práctica, durante el tiempo considerado.

Los problemas básicos que, desde un punto de vista teórico, necesariamente deberían ser afrontados y resueltos podrían enumerarse en la forma siguiente:

a) Fijar el número de órganos que deberían cubrir las áreas informativas, teniendo en cuenta que por una parte la funcionalidad y la eficacia aconsejan que el número de ellos se reduzca lo más posible, mientras que otras consideraciones -como excesivo "poder" concentrado en pocas manos, etc.,- pueden aconsejar lo contrario.

b) Delimitar campos y establecer normas y órganos de coordinación entre los creados.

c) Establecer órganos de coordinación entre los distintos órganos de la Administración que obtienen información abierta en el extranjero y los Servicios de Información a fin de:

- Determinar los "Planes Generales de Información".
- Señalar los "Programas Generales de Investigación".
- Presentar al Mando Supremo o Gobierno de la Nación una información de conjunto correcta.

d) Establecer medidas y medios para la "coordinación interna" entre los órganos de Seguridad del Estado y los propios de Contrainteligencia, fundamentalmente en cuanto al archivo de datos, explotación de informes y normalización de procedimientos.

e) Dado que un país no actúa sólo, sino enmarcado en grandes bloques de países "amigos" (con intereses parciales comunes), establecen normas y órganos apropiados para mantener, con la debida seguridad propia, ciertas relaciones con los Servicios similares de países "amigos".

f) Desvincular los Servicios de Inteligencia de las opciones políticas concretas y circunstanciales.

g) Estudiar las repercusiones que las peculiaridades de los procedimientos de acción de los Servicios de Inteligencia producen.

En efecto, estos Servicios tanto en su vertiente --- ofensiva, se ven obligados a realizar actividades clandestinas que pueden vulnerar la legalidad (incluso la de rango fundamental) al verse enfrentados a poderosas organizaciones que actúan más allá de las fronteras y las jurisdicciones y pueden poner en muy grave riesgo la seguridad nacional. Todo ello exige:

. Un control preciso que garantice que los derechos de los subditos nacionales no se quebranten salvo en caso de justificada necesidad.

. Un elevado grado de especialización de los cuadros operativos.

. Un estatuto de personal, una permanencia, formación y profesionalidad del mismo que asegure el necesario nivel de seguridad, eficacia y ética.

h) Los Servicios de Información no deben ser improvisados. El tiempo tiene una excepcional importancia en el planteamiento de la Inteligencia. La citada preparación y necesaria experiencia de los cuadros, la implantación de redes, la acumulación y métodica clasificación de datos, la prolongada duración consustancial de este tipo de operaciones exige imperativamente una amplia dosis de previsión.

i) En caso de guerra, el paso al control militar de los Servicios de Inteligencia no debe representar una solución de continuidad, precisamente cuando su rendimiento debe ser más elevado. Por esta causa, todos los Servicios de Inteligencia, aún los no específicamente militares, deben estar ampliamente nucleados por personal procedente de las Fuerzas Armadas.

j) La funcionalidad operativa y la posición informativa, imponen una relación lo más directa posible entre el -- Mando y los Servicios de Inteligencia, sin que la necesaria existencia de órganos de control y coordinación - de éstos suponga, en ningún caso, escalones intermedios en el funcionamiento cotidiano.

La clara conciencia de los problemas citados y la oportunidad que ofrecía la transición institucional y orgánica del Estado movió a los más altos niveles de la Administración a afrontar decididamente el problema. Despues de una serie de reuniones de un "comité de expertos" en el que estaban representados miembros del Alto Estado Mayor, Dirección General de Seguridad, Dirección General de la Guardia Civil y Servicio Central de Documentación de la Presidencia del Gobierno se llegó, en Mayo de 1.977, a la convocatoria por parte del Vicepresidente Primero - para Asuntos de la Defensa de una reunión de Primer Nivel que debería estudiar y proponer la reorganización de los Servicios de Información existentes y determinar su coordinación.

Los aspectos más importantes que se derivaron de esta reunión fueron los siguientes:

- Especializar los órganos informativos de las Fuerzas Armadas en su ámbito propio.
- Necesidad de organizar un Servicio de Inteligencia constituido por una rama de Exterior, otra de Interior y un órgano de Apoyo Técnico.
- Precisión de crear órganos que establezcan el mecanismo de coordinación de las actividades informativas a nivel nacional.

La coordinación en el ámbito interejércitos se realizaría en la JUJEM. En cuanto al segundo aspecto, la necesidad señalada se tradujo en la creación del CENTRO SUPERIOR DE INFORMACION DE LA DEFENSA, del que se tratará en el Capítulo III de este MANUAL.

Sin embargo, diversas circunstancias del momento actual no han permitido que se tradujese en realidades las propuestas relacionadas con los órganos de coordinación nacionales. Por la importancia que su conocimiento puede tener para futuros estudios sobre el tema se señalarán a continuación las líneas maestras de los organismos que en quella ocasión se habían proyectado.

La Coordinación Nacional de los diversos Servicios Informativos debería hacerse a través de los siguientes órganos:

. Consejo Nacional de Información

. Comisión Nacional de Información.

a) El Consejo Nacional de Información debía estar presidido por el Presidente del Gobierno y su Secretario sería el Presidente de la Comisión Nacional de Información.

Su misión debía ser la de trazar las líneas directrices de la actividad informativa para largos períodos de tiempo.

b) La Comisión Nacional de Información debía ser el órgano técnico de la coordinación, estar presidida por el Jefe del Servicio de Información de la Defensa y tener como vocales a los Jefes de los diversos Servicios informativos del Estado.

Su misión debía ser la de redactar programas de investigación, de acuerdos con las directrices emanadas del Consejo Nacional de Información, y coordinar la actividad informativa de los diferentes Servicios.

94.

Debía contar, como órgano de trabajo, con una Secretaría Permanente, a la que se le hubiese asignado -entre otras- las siguientes misiones: preparar el orden del día para las reuniones de la Comisión Nacional de Información; redactar y difundir a los distintos Servicios las instrucciones decididas en las reuniones de dicha Comisión; facilitar a la Comisión los documentos necesarios para la valoración de los temas incluidos en la orden del día; registrar y archivar toda la documentación de trabajo de la Comisión.

En síntesis la reestructuración propuesta suponía:

. La diferenciación entre las actividades informativas específicas de los Ejércitos y las de la Defensa.

. La organización de un Servicio de Inteligencia de la Defensa por la integración de medios procedentes de la 2ª División del Alto Estado Mayor y del SECED, que se disuelve.

. La creación de órganos de coordinación a nivel nacional.

. En el campo de la Seguridad interior, la definición del órgano de coordinación de la Subsecretaría de Orden Público y la creación de órganos de coordinación a nivel provincial.

- - -oOo- - -

Documentos 2 y 3

Estos dos documentos del CESID, que corresponden al año 1983, demuestran y confirman que los servicios secretos utilizaban documentación oficial para camuflar a sus agentes y así tener más de una identidad.

Nº 3 21.09.83

NOTA DE DESPACHO

ASUNTO: NECESIDAD PASAPORTES.

Con vistas al trabajo en el exterior, la AOME. necesita renovar los pasaportes con nombres operativos. La forma utilizada hasta el momento es el oficio autorizándolo por parte del Sr. Director.

Otro medio podría ser solicitar una serie de ellos cada vez que se hiciera una operación con el MULC.

Así mismo son necesarias tarjetas en blanco para confección de DNI,s. y Permisos de Conducción.

MINISTERIO DE DEFENSA	CENTRO SUPERIOR DE INFORMACION DE LA DEFENSA

S/Rf.ª .... Núm. .... Fecha .... N/Rf.ª .... Núm. ....

ASUNTO: CONCESION PASAPORTE CIVIL.

Por considerarlo de interés para este Centro Superior de Información de la Defensa, ruego a V.E. dé las órdenes oportunas, a fin de que por esa Dirección de la Seguridad del Estado, le sea concedido Pasaporte Civil al Sr. Don -

____

Dios guarde a V.E. muchos años.
Madrid,____ de__________de 1983.

EL DIRECTOR GENERAL,

- Emilio Alonso Manglano -

EXCMO. SEÑOR DIRECTOR DE LA SEGURIDAD DEL ESTADO.-

Documento 4

Primero el SECED y después el CESID han contado y cuentan con una serie de colaboradores civiles en los diferentes campos empresariales, tanto en sociedades públicas como privadas. Este trabajo fue bautizado por el CESID como *Operación Araña*, y el documento refleja la situación, provincia por provincia, de los colaboradores y agentes en 1984.

COLABORADORES Y AGENTES

OPERACION ARAÑA

La Operación Araña, cuenta con 104 fichas de colaboradores en contacto con Agentes de la ACME, a los que se puede solicitar colaboración o apoyo - tanto para gestiones como para obtención de información.

Se trata de una red latente en condiciones de ser activada cuando surge la necesidad informativa en un ámbito encubierto por algún colaborador y su característica principal es la inexistencia de un interés crematístico - ya que los colaboradores tienen diversas motivaciones, de carácter familiar fundamentalmente y están basados en la honorabilidad, nunca en razones económicas.

La distribución de los mismos es:

MADRID

. Bancos	6 Colaboradores
. Ministerios	9 "
. Empresas públicas	9 "
. Centros médicos	3 "
. Grandes almacenes	1 "
. Empresas privadas	11 "
. Profesionales	7 "
. Hoteles	2 "
. Cafeterías	1 "

PROVINCIAS

. Alicante	1 Colaboradores
. Barcelona	1 "
. Bilbao	2 "
. Coruña	2 "
. Jaen	1 "
. Murcia	1 "
. Oviedo	1 "

. Pontevedra .... 1 Colaboradores
. Salamanca .... 2 "
. Valencia .... 2 "
. Valladolid .... 2 "
. Zaragoza .... 2 "

EXTRANJERO

. Argelia .... 1 Colaboradores
. Belgica .... 1 "
. EE.UU .... 1 "
. Inglaterra .... 3 "
. Marruecos .... 1 "
. Francia .... 1 "
. Japón .... 1 "
. Venezuela .... 4 "

EMBAJADAS

. Venezuela .... 1 Colaboradores

AMBITOS

. Colegios Profesionales... 2 Colaboradores
. Colegios Internacionales. 3 "

PARTIDOS POLITICOS

. Alianza Popular
. Bloque Nacional Popular Gallego
. Xunta de Galicia

Documento 5

Corresponde a un estudio interno de los servicios secretos donde se refleja la labor de los agentes femeninos y su ubicación dentro del CESID. El documento está elaborado en 1986 y analiza el período entre 1978 y 1980.

ESTUDIO DE LA TRAYECTORIA PROFESIONAL DE LOS TO,s FEMENINOS

La experiencia de AO desde el año 1978, en que ingresaron -- las primeras mujeres en la Unidad, indica que el desarrollo de su trabajo se ve sujeto, con cierta frecuencia, a distintas vicisitudes tales como embarazos, periodos de lactancia, atención a los hijos.

Estas vicisitudes, cuando se plantean, hacen que la afectada deb. estar separada de la actividad de los Equipos Operativos;- acogiéndose, durante el periodo de tiempo que dura esa circunstancia, a un puesto de carácter administrativo en una oficina o técnico en un gabinete.

Por otra parte, la experiencia dice que este tipo de vicisitudes, familiares, una vez que comienzan, lejos de llegar a desaparecer, tienden a ser más exigentes debido a su propia naturaleza; por lo que normalmente, las perspectivas de futuro de - la mujer, en el trabajo operativo de la calle son más cortos.

Analizando el historial de las mujeres que ingresaron en AO en los años 78 y 80, se obtienen los siguientes datos:

- Ingresadas en el año 78.............	5	
- En otros Departamentos o Zonas.......	2	...80%
- En AO, fuera de los EOMES...........	2	
- En AO, en los EOMES.................	1	...20%
- Ingresadas en el año 80.............	13	
- En otros Departamentos o Zonas......	3	...69'3%
- En AO, fuera de los EOMES...........	6	
- En AO, en los EOMES.................	4	...30'7%

En la actualidad, el total de miembros de AO, excluído los - Directivos, es 201; entre los que hay 31 TO,s femeninos; lo que supone un porcentaje de 15'5%.

De estas 31 mujeres, actualmente se encuentran ocupando puestos administrativos 10; lo que supone un porcentaje del 32'2%.

Por todo ello, y al ser limitada la capacidad de absorción que tiene AO, a través de sus puestos administrativos y técnicos, para hacer frente a estas necesidades planteadas, procede contemplar la trayectoria profesional de las mujeres de AO, enmarcada en el conjunto del Servicio, de manera que siempre permanezca abierta y ágil la posibilidad de cambio de Departamento o Zona.

Documento 6

Los servicios secretos informan al departamento de personal del CESID de que dieciocho alumnos femeninos han superado el curso de agentes. El documento está fechado en octubre de 1983.

Nª 3 05.10.83

NOTA DE DESPACHO

ASUNTO: AGENTES FEMENINOS DEL XVI CTOI.

Se ha remitido a AP, DIECIOCHO contratos de trabajos por tiempo indefinido, correspondientes a las 18 alumnas que han superado el-XVI CTOI.

Tanto a los 15 Guardias Civiles como a los 18 agentes femeninos (alumnos del Curso), se les podría considerar a efectos económicos como fecha de integración en el Centro, a partir del 1ª de Mayo, -(el curso empezó el día 28 de Abril).

A efectos legales y en cuanto a la fecha de los contratos laborales por tiempo indefinido, podría determinarse el mes de Octubre.

Documento 7

En este documento se recoge la ubicación y situación de cada una de las «antenas» o sedes del CESID, tanto en España como en el extranjero.

ESTADO DE LAS INSTALACIONES

La situación de las cuatro instalaciones en que la AOME tiene repartidos sus Grupos ha evolucionado en general a peor, relacionándose algunos aspectos concretos de cada una de ellas:

PARIS

Alberga a la Jefatura de AOME, PLM, GAT y GAO y el número de personas que diariamente realizan su actividad es de 63, aunque frecuentemente se ve aumentado por la presencia de otros miembros de la Unidad, reuniones funcionales, operaciones, despachos, etc.

La actividad que se desarrolla, produce un deterioro acelerado en la instalación, a pesar de ser buena, ya que es excesivo el movimiento que hay en ella. Prácticamente no hay ningún hueco más.

El carácter de instalación secreta, en general se ha debilitado desde el día que se produjo el atentado. Actualmente en el barrio es comúnmente conocida por la "casa de los espías".

La amenaza más probable es una investigación por periodistas, policía, etc, que busquen deteriorar la imagen del Servicio, y la más peligrosa que sea objetivo para alguna acción terrorista.

JACA

Alberga a la Escuela, con un número de personas de 10. Por su reducido tamaño, esta instalación no es apta para realizar cursos de cierta entidad, superiores a 20 alumnos. Para el resto de actividades es suficiente.

Al igual que PARIS, no puede soportar el movimiento de personal, sobretodo en época de cursos, ya que es una casa para una familia y las instalaciones sanitarias y otros servicios han sufrido un deterioro grande.

El carácter de secreto, se ha debilitado lo mismo que la anterior, si bien, la discontinuidad de su actividad, permite proporcionar algo más de seguridad sobre posibles investigaciones de periodistas o policía. No está exenta de amenaza terrorista.

ROMA

Alberga al Grupo 1 con un número de personas de 76 y ha mejorado mucho con la ampliación por lo que su funcionalidad es aceptable.

Al estar aislada de vecinos, es más discreta, pero tambien sujeta a las mismas amenazas que las anteriores. Está previsto dotarla de medios pasivos- para vigilancia exterior.

BERLIN

Alberga al Grupo 2 con número de personas de 76.

Este local es alquilado, estando permanentemente sujeto a reparaciones- debido a su vejez y a que el número de personas que allí se encuentran y su- actividad es excesivo.

Los mayores problemas que se derivan de su ubicación, que dificulta --- enormemente el carácter discreto que debía tener así como la operatividad. Está totalmente quemada, por lo que las amenazas en esta instalación son mayores, ya que además es difícil controlar el tráfico normal que allí existe. Es un - punto neurálgico de actividad pública, rodeado por parada de autobús, farmacia, bares, iglesia, etc.

Se considera necesaria una solución urgente para trasladar este Grupo,- puesto que un acto terrorista contra esta instalación sería más fácil que -- contra las anteriores.

RESUMEN

. De las cuatro instalaciones, una solamente es buena para albergar al contingente de personas y su acitividad.

. La seguridad en las cuatro se ha debilitado, lo que exige un esfuerzo operativo en este sentido con la correspondiente hipoteca de medios.

. La amenaza más probable [illegible]

- Investigaciones de periodistas.
- Policía.
- Represalias de posibles objetivos - involutivos principalmente- .

. La más peligrosa:

- Atentado por algún [illegible] terrorista.

. Previsto: Aumentar las medidas pasivas en las tres instalaciones que no las tienen.

BASES OPERATIVAS

LOCALIZACION	EMPLEO	GASTO 1.984				
		Alquiler	Luz	Telefono	Otros	Total
Pinar, 15-3º F	Coberturas COME-1 Op. GRAJO.	524.356	13.798	14.413	43.624	596.191
Dr. Esquerdo, 160 5a. Planta 8.	Coberturas COME-2 Op. SARIO	213.750	4.030	8.588		226.368
Virgen Aránzazu, 1	Antiguo almacén SIMES. Material diverso. Tarjeta VISA.	367.500	2.769		10.747	381.016
Costa del Sol	Organización Pantalla SIMES. Op. REJA.	25.700		25.842	58.000	109.542
Pradillo, 20 6º B.	Op. MAZO. Domiciliación vehículos.	264.000	9.971	27.431		301.402
Islas Cíes, 15 2-2º A.	Domiciliación de vehículos.	449.179				449.179
Ramón la Cruz 12- Dep. 106	Domic. Vehículos Contestador autom. Cobert. Cont. Varios	243.400		10.579		253.979
Sagasta, 22-2º Desp. 9.	Coberturas COME-1	223.193		33.188		256.381
Sagasta, 24-6º Izq. Desp. 5.	Domiciliac. Veh.	172.500		28.844		201.344
Marqués Cubas, 25-6º Izq. B.	Contestador aut. Domic. Vehículos	259.500	4.621	33.063		297.184
Hortaleza, 70 2º Izq. Desp. [illegible]	Domic. Vehículos	144.000				144.000
	TOTALES..........	2.887.078	35.189	181.948	112.371	3.216.586

TELEFONOS

INSTALACION	LINEA	EMPLEO	GASTO	ABONO	TOTAL
PARIS	723 05 10	Uso operat.	71.407		
	723 05 11	Entr.Central	29.603		
	723 05 12	Trámt.Codex	277.695		
	723 05 09	JAOME	51.138		
	21 60 14	Salida	296.507		
				252.146	978.496
JACA	209 02 40	Uso operat.	23.730		
	209 02 41	Uso operat.	59.852		
	209 02 42	Trámite	37.599		
	21 60 13	Salida	73.516		
				184.648	379.345
ROMA	459 83 52	Trámite	143.177		
	459 86 16	Uso operat.	53.313		
	450 53 91	Uso operat.	140.485		
	450 26 00	Salida	97.813		
				302.050	736.838
BERLIN	200 76 17	Uso operat.	160.681		
	200 81 29	Uso operat.	246.777		
	200 85 07	Trámite	168.221		
	200 89 10	Uso operat.	11.071		
				226.980	813.730
SAGASTA	447 98 55	COME-1	33.188		33.188
SAGASTA	446 71 45	GAO	24.844		24.844
COSTA SOL	763 57 66	GAO	25.842		25.842
M. CUBAS	429 83 52	GAO	33.063		33.063
R. CRUZ	275 08 12	GAO	10.579		10.579
PRADILLO	416 00 68	GAO	27.431		27.431
PINAR	262 59 84	COME-1	14.413		14.413
DR.ESQUERDO	252 65 87	COME-2	8.588		8.588

TOTAL...... 3.086.357

Documentos 8 y 9

Corresponde a un trabajo interno del CESID del año 1984, donde se informa del número de empresas «pantalla» utilizadas por los servicios secretos y el motivo por el que fueron cerradas en 1983.

Con posterioridad (documento 6), los servicios secretos se replantean seguir adelante con las empresas «pantalla» y vuelven a organizar otro número importante, pero ahora en el sector de la electrónica.

G A O

EMPRESAS PANTALLA DEL SERVICIO

Durante al año 1.983, han estado funcionando varias empresas, habiendose creado una nueva y suprimido otra, contabilizandose en total las siguientes, por orden de antiguedad:

PHOTORAY
SIMES
CODEYCO
COSFE

OBJETIVOS

Los objetivos fijados de antemano a la creación de una empresa son:

- Presencia en el mundo técnico y comercial.
- Adquisición de información técnica y operativa.
- Proporcionar cobertura a actividades operativas.
- Facilitar la contratación de personal civil especializado, sin necesidad de integrarlo en el Servicio.

PHOTORAY

SITUACION GENERAL.- De acuerdo con los objetivos anteriormente expuestos, y en función de la demanda de los gabinetes técnicos, se inició este camino con la apertura de una tienda de fotografía en 1.976.

La orientación dada a esta empresa, encaminada a la realización de trabajos de revelado, como su situación de comercio abierto al público le hizo desviarse del resto de objetivos, junto con que se plantearon problemas insalvables con la Administración Municipal, llevaron al replanteamiento de su existencia, decidiendose cerrarla en el verano de 1.983.

C O D E Y C O

(Consultores de Electrónica y Comunicaciones)

ANTECEDENTES Y CREACION

Sintiendo la ACME la necesidad de contar con una empresa para apantallar la adquisición de diverso material, especialmente electrónico y de transmisiones, facilitar el contacto con firmas comerciales españolas y extranjeras, realizar directamente importación de material y equipos y estar en condiciones de poder representar en exclusiva a empresas del ramo en España, el año 1981 se propone al Mando la conveniencia de la creación de una empresa del ramo de la electrónica y transmisiones.

Estudiada y analizada la propuesta por la Jefatura, se autoriza iniciar los trámites tendentes a la puesta en marcha de la empresa.

Las gestiones dan como resultado el alquiler de una oficina en la calle Jorge Juán nº51 en Madrid, licencia de apertura,alta fiscal, registro de la Propiedad Industrial, etc.., todo ello entre los meses de Diciembre de 1981 y Mayo de 1982.

PUESTA EN FUNCIONAMIENTO

Para titular la empresa se decide contratar a un técnico en electrónica ajeno al Servicio. La elección recae en D. SANTIAGO CRIADO, y para la dirección de la misma se nombra a un TO. de la ACME.

Las personas anteriormente reseñadas inician los contactos tendentes a conocer representaciones de empresas del ramo, futuros clientes entre empresas y organismos oficiales, así como las posibilidades de representar en exclusiva para España alguna de las compañías extranjeras.

Para los gastos de alquiler, licencias, acondicionamiento del local y varios, se hace una provisión de fondos por un importe de UN MILLON CUATROCIENTAS VEINTICUATRO MIL OCHOCIENTAS pesetas, y para iniciar la actividad comercial se hace otra provisión de QUINIENTAS MIL pesetas, haciendo un total de UN MILLON NOVECIENTAS VEINTICUATRO MIL OCHOCIENTAS pesetas. - Posteriormente la empresa viene generando beneficios suficientes para su autofinanciación. Se adjunta balance de cuentas al 31 Diciembre 1981.

PERSONAL

Las personas que trabajan actualmente en la empresa son:

. Un TO. de la AOME: Director Técnico.
. D. SANTIAGO CRIADO: Titular de CODEYCO. Propietario. A su nombre se encuentra todo el negocio, estando controlada su actuación por medio del TO. Tiene firmado un documento en el que se especifica su dependencia y en el que están previstas las condiciones de desenganche.
. D. LUIS ECHARRA: Ingeniero de Telecomunicaciones. Trabaja en horario de media jornada. Se dedica a la actividad comercial. Puede ser captado como miembro del Servicio y adjudicarle parte de las acciones de la Sociedad que se cree y de otras ORPAS.
. D. ANGEL BIELSA: Ingeniero Industrial. Profesor de la E.T.S.I.I. de Bilbao. Antiguo representante de G.E. Actualmente ostenta la Delegación de CODEYCO en Bilbao en régimen de comisionista con una pequeña cantidad fija mensual para apoyo a sus actividades.
. Srta. MARIA ANGELES: Secretaría
. D. ALFREDO CRIADO: Hijo del Sr. CRIADO.
. Sr. CHAVES: Técnico de taller. Horario de tarde.

FIRMAS REPRESENTADAS

Como consecuencia de los contactos habidos con firmas comerciales extranjeras se ha conseguido la representación de las siguientes:

. KEL CORPORATION .... USA (Comunicaciones)
. JABRO .... USA (Baterías)
. GENERAL ELECTRIC .... USA (Comunicaciones)
. CONTROLONICS-UNEX .... USA (Accesorios comunicaciones)
. PHONAK .... SUIZA (Accesorios comunicaciones)
. REGENCY .... USA (Scanner)
. MICRO-GIKEN .... JAPON (Comunicaciones clandestinas)

FIRMAS CON LAS QUE SE TIENE RELACION COMERCIAL

Se tienen relaciones comerciales con las siguientes empresas y organismos oficiales. Se especifican los materiales servidos.

ESPAÑA

. ALFA-LAVAL .... Barridos electrónicos
. MARVILSA .... PHONAK
. SITRE .... PHONAK
. EXPER .... PHONAK y Comunicaciones
. GUARDIA CIVIL .... Material de comunicaciones
Material operaciones audiotécnicas
. CUERPO SUPERIOR DE POLICIA........ Material operaciones audiotécnicas
. E.M. del EJERCITO .... Comunicaciones
. GEOS .... Material de Grabación
. ELECTRO-VIESGO .... Comunicaciones
. OTEMA
. PHILIPS
. INTAL
. PAYMA
. PETROLIBER
. PROMOTORA CUADRO
. CESID
. POLICIA NACIONAL
. ARMADA ESPAÑOLA
. GOBIERNO VASCO
. PROTECCION CIVIL

EXTRANJEROS

. METHODS-VISUAL
. C.C.S .... (Al parecer CIA)
. DEKTOR .... (Al parecer CIA)
. DAC .... (Al parecer CIA)
. ISA
. SST .... (Inglesa)
. SDSE .... (Inglesa)
. ALC .... (Japonesa)
. CYANAMID
. LEA
. ALCON .... (Al parecer M-5)
. POLICIA DEL PERU
. EMBAJADA DE SUDAFRICA
. EMPRESAS ESTATALES DE CUBA

C E R S A

(Compañía Europea de Repuestos S.A.)

ANTECEDENTES

Las conversaciones iniciales con el hoy Gerente de la Sociedad, cristalizaron en un proyecto de compra de acciones y ampliación de Capital que podría servir para mantener la Empresa durante los primeros meses. A este fin se fijó la ampliación de capital en tres millones de pesetas que con un gasto estimado de unas 300.000 Pts./mes daría para unos 8-9 meses de vida, tiempo que parecía en principio normal de lanzamiento y consolidación, habida cuenta la personalidad, experiencia y contactos del Gerente, personal introducido en el negocio de la Importación-Exportación. En caso de que la Sociedad fuera utilizada por el Servicio, este correría con los gastos que dicha utilización produjera.

FUNCIONAMIENTO

Estas previsiones iniciales no se han desarrollado conforme a lo previsto, ya que en la liquidación practicada el 30 de Septiembre, se establece un gasto global de dos millones cuatrocientas quince mil trescientas ochenta y siete pesetas (2.415.387.-) y en 31 de Diciembre de cuatro millones doscienta mil pesetas (4.200.000.-)(pendientes de liquidación).

En este punto, que se ha aprovechado para efectuar una revisión total de la situación, se ha determinado que la proyección de la Sociedad es la siguiente:

- Operaciones realizadas, pendientes de cobro: Tres, con un rendimiento neto de 1.200.000 pts.
- Operaciones pendientes de decisión: Sin determinar.
- Proyectos: Continuar los contactos.

ACTIVIDADES

Por prescripción administrativa, hasta no haber obtenido la inscripción en el registro de la Dirección de Seguridad del Estado, la empresa no podía desarrollar ninguna actividad relacionada con la Seguridad.

Una vez conseguida esta inscripción se iniciaron gestiones con la empresa IBEREXPES, con la finalidad de impartir a 6 de sus vigilantes jurados un cursillo sobre protección de personas.

El cursillo se imparte durante 3 días del mes de Marzo de 1984.

Entre los meses de Septiembre y Octubre se cede el aula para impartir un cursillo a miembros del Servicio Mauritano. Esta cesión del aula se efectuó como alquiler al CESID.

A lo largo del año se llevaron a cabo diversos trabajos de Seguridad, unos directamente por personal de la AOME, y otros interpuestos a través de la Empresa IBERPROSA mediante la percepción de un porcentaje previamente acordado, tanto a organismos oficiales como a particulares.

FINANCIACION

Durante el presente año la empresa se ha financiado al 50% en recursos propios generados de su actividad y con créditos de la caja de la AOME.

PREVISIONES

Dada la escasa operatividad actual de la empresa, debida en gran parte a una falta de impulso de gestiones por no existir órganos de dirección efectivos, está prevista su transformación en Sociedad Anónima o Limitada -- contratando personal civil para ocupar el órgano gestor que conlleve la desaparición de los actuales propietarios-gerentes.

C O S F E

(Consultores de seguridad y electrónica)

ANTECEDENTES Y CREACION

En Diciembre de 1982 se decide la creación de una empresa de Seguridad, con el fin de facilitar las gestiones comerciales de la sección de Seguridad y Alarmas.

El día 26 de Diciembre de 1982 se procede al arrendamiento del piso correspondiente a la calle PRINCESA, 1, de la Torre de Madrid, planta 17, puerta 5, que servirá de sede a la futura empresa. El contrato es suscrito por D. JULIAN, que será titular de COSFE.

Durante los meses siguientes se solicitan los documentos prevenidos para la puesta en funcionamiento de la Empresa, tales como:

. Registro de la Propiedad Industrial como marca de servicio y rótula "COSFE".
. Altas fiscales de reparación, mantenimiento y consultoría de Seguridad.
. Licencia municipal de apertura.
. Impuesto de radicación.

El 25 de Mayo de 1983 se obtiene la licencia provisional de Apertura Municipal.

El 14 de Septiembre de 1983 se solicita su inscripción en el Registro de Empresas de Seguridad del Estado, figurando como titulares en Comunidad de bienes D. JULIAN y Sr. MORA, con ámbito provincial y actividad de Empresa asesora de Seguridad.

El 24 de Octubre de 1983 se recibe la licencia definitiva de apertura municipal, dándose de alta en la empresa la Srta. OLGA.

Por último el día 10 de Diciembre de 1983 se recibe comunicación de la Dirección de Seguridad del Estado otorgando a COSFE el número 456 del Registro de Empresas de Seguridad.

Documentos 10 y 11

La Agrupación Operativa de Misiones Especiales (AOME) del CESID informa a su director, mediante una nota interna, de que próximamente se va a realizar una serie de «acciones en el sur de Francia», detallando los medios y los agentes que van a intervenir. Más tarde, en noviembre de 1983, ya da cuenta de las acciones y de los resultados: control de una serie de dirigentes etarras.

Nª 5

NOTA DE DESPACHO Fecha: 30 - 03 - 83

Con el fín de ir preparando una acción en el Sur de Francia se considera que son necesarias una serie de actividades previas como son:

1 .- Instrucción de movimiento en carreteras francesas para familiarizarse con la zona de aduanas y estudio de la problemática de el paso de fronteras de personal y material.

- Esta acción se llevaría a cabo acompañando a dos colaboradores en los viajes que periódicamente hacen en dos camiones T.I.R. de su propiedad.

- El coste de la misión sería mínimo ya que no hay que pagar el viaje. Este se realizaría con una frecuencia quincenal.

- Estan designados los Agentes AR y SH que hablan perfectamente francés.

- Para cada viaje se designaría a un Agente.

- No se efectua ninguna actividad operativa,

2 .- Conseguir cobertura mediante la matrícula en la Universidad de Pau, para los cursos de primavera de idioma francés.

- El curso empieza el 10 de Abril y dos Agentes se establecerían en esta Ciudad al objeto de llevar a cabo el curso descrito.

C E S I D

De Jefe AOME A Director CENTRO

N/Ref. 03/16.11.83

S/Ref.

NOTA DE TRAMITE INTERNO

ASUNTO: ACTIVIDADES EN EL SUR DE FRANCIA.

Situación actual.

Desde el mes de Abril se vienen realizando actividades en el S.F. consistentes en el establecimeinto de base logística que pudiera -- apoyar, las acciones operativas que se decidiesen posteriormente.

Superada esta 1ª fase, en el mes de Octubre se desplazó un equipo operativo (al S. de F.), tratando de localizar la reunión que -- ETA tenía prevista en la ciudad de Tarbes, al mismo tiempo -- se - hicieron reconocimientos de la zona por lo que se pudo establecer contacto con el etarra ANTCHON, número 2 de la organización. Las actividades desarrolladas por otras fuerzas del Estado, impideron profundizar en las investigaciones, al tener que retirar de la zona al equipo. Actualmente y con la información existente, se pretende en esta 2ª fase:

- Ampliar la base logística a la ciudad de Burdeos.
- Fijar los objetivos concretos de:
  . Pello... responsable de finanzas.
  . Lujua... Disidente en la operación
  . Kaiku... Presenta ciertas facilidades para una operación técnica.
  . José Angel Múgica Arregui.
  . Abrisqueta.... Máximo responsable de ETA (PM)
  . Ana Puyo.... esposa del anterior, a la que se tiene controlada, por sus frecuentes venidas a Madrid.

Para llevar a cabo estas actividades de información, se desplazan en fecha próxima CUATRO Agentes, que estarán DOS en Burdeos y otros DOS - en Biarritz. El establecimiento de estos Agentes implica ya, el disponer de vehículos y locales así como el ampararse en una cobertura a plazo - medio.

Documento 12

El CESID utilizaba todos los medios a su alcance para infiltrarse en los ambientes pro etarras. En este documento interno, de octubre de 1984, se asegura que un agente especial está trabajando como maquillador en una película producida por *abertzales*.

C E S I D

De Jefe AOME A Sr. Director CENTRO

N/Ref. 164/24.10.84

S/Ref.

NOTA DE TRAMITE INTERNO

ASUNTO: TO. EN SAN SEBASTIAN.

Un TO. de la Unidad Especialista de Caracterización, ha utilizado la cobertura profesional de maquillador, está colaborando en la filmación de una película en San Sebastián, lo que le permite estar encontacto con extremistas abertzales, al mismo tiempo que aumenta sunivel de especialidad.

Documento 13

Mikel Lejarza trabajó durante un tiempo para los servicios especiales del general Andrés Cassinello de la Guardia Civil. Este documento de los servicios secretos confirma que esos servicios existían y que en ellos estaban, entre otros, el coronel Ostos y el capitán Félix Hernando. En 1984, fecha de la «nota interna» del CESID, los GAL ya estaban en pleno apogeo.

C E S I D

De Jefe AOME A Sr. Director CENTRO N/Ref. 170/24.10.84

S/Ref.

NOTA DE TRAMITE INTERNO

ASUNTO: NUEVO GRUPO OPERATIVO EN LOS SERVICIOS ESPECIALES DE LA GUARDIA CIVIL.

El Curso que se impartirá para los miembros de la Guardia Civil tiene como finalidad constituir un Grupo Especial Contraterrorista que:

- No dependerá de los Servicios Especiales.
- Estará a la orden directa del General Casinello y del Director General de la Seguridad del Estado.
- El Jefe del Grupo es el Capitán Felix Hernando, que estuvo de Jefe de Operaciones en el Gabinete que dirigió el Tte. Coronel Ostos.
- Uno de los destinados al citado grupo es el Teniente Miguel Sales Marote, que recientemente ha causado baja en el Servicio.
- Los Sargentos, uno de ellos ya destinado,es procedente de la AOME, que causó baja por ascenso.

De acuerdo con las informaciones anteriores, se hacen las siguientes - consideraciones:

- El Grupo va a estar dependiendo de la autoridad del Ministerio del Interior, sin precisar en que medida, podrá el General Casinello - monopolizar el mando. Es posible que un futuro este grupo podría - ser utilizado por las autoridades del Ministerio del Interior, Cuerpo Superior en funciones de CI, al igual que en su epoca trabajo el grupo que apoyaba al Alto Estado Mayor.
- En principio el Teniente Sales figura entre los alumnos que asistiran, viene todo el grupo completo. Su asistencia y presencia en la Agrupación se considera poco conveniente ya que de ésta Unidad causó baja por los sucesos del 23-F y por entonces se plantearon tensiones entre oficiales que actualmente estan en la Unidad y el Tte. Sales. Se considera además que la imagen que representaría la presencia del Tte. Sales en la Agrupación, por lo que respecta al resto de sus miembros sería poco coherente con la decisión que en su - día se tomó de separarle.

Documento 14

Después de la *Operación Sokoa*, por la que la policía consiguió el listado del impuesto revolucionario de ETA y un importante arsenal de armas, los servicios secretos confirman que la CIA norteamericana intervino en la acción.

C E S I D

De J.AO A DG

N/Ref. 43/10.11.86

S/Ref.

NOTA DE TRAMITE INTERNO

NOTA DE DESPACHO

ASUNTO: SOKOA.

En la Operación de SOKOA, se han utilizado medios técnicos de seguimientos proporcionados por la CIA a la Policía. Estos medidos, parece ser, son propios del Servicio y no estan en el mercado.

EL JEFE DE AO,

ESTE LIBRO HA SIDO IMPRESO
EN LOS TALLERES DE
NOVOPRINT, S. A.
ENERGIA, 53.
SANT ANDREU DE LA BARCA (BARCELONA)